国家出版基金项目
NATIONAL PUBLICATION FOUNDATION

话说世界

TALKING ABOUT THE WORLD

3

王国时代
Kingdoms Age

张子恺◎著

主 编：陈晓律   颜玉强

人民出版社

主　　编：陈晓律　颜玉强
作　　者：张子恺

编　　委：
高　岱
北京大学世界史教授
梅雪芹
清华大学世界史教授
秦海波
中国社会科学院世界历史研究所
研究员
黄昭宇
中国现代国际关系研究院研究员
《现代国际关系》副主编
任灵兰
中国社会科学院世界历史研究所
《世界历史》编审
姜守明
南京师范大学世界史教授
孙　庆
南京晓庄学院外国语学院
世界史副教授

策　　划：杨松岩
特邀编审：鲁　静
　　　　　杨美艳
　　　　　陆丽云
　　　　　刘可扬

图片提供：
中国图库
广州集成图像有限公司
视觉中国

《话说世界》出版说明

希望与探索

为广大读者编一部普及世界历史的文化长卷

　　今日世界植根在历史这块最深厚文化土壤中。要了解世界首先要从学习世界历史开始。学习世界历史不仅有助于我们借鉴外国历史上的成败得失，使我们在发展的道路上少走弯路；而且还有助于我们养成全球视野，自觉承担起作为大国对人类的责任；同时还有助于我们更深入地理解和贯彻构建人类命运共同体理念。人类文明发展5000多年来，各地区和各民族国家的文明差异性很大，都有自己独特的发展轨迹和文化，在交往日益密切的今日世界，我们更要努力学习世界历史与文化。因此我们策划出版这套《话说世界》。

　　世界史方面的读物出版了不少，但一般教科书可读性不足，专题类知识读物则不够系统全面，因此我们在编撰这套《话说世界》时，主要考虑普及性，在借鉴目前已有的世界历史读物的基础上，进行了新的尝试：

　　首先，史实准确。由著名世界史专业教授和研究员组成的编委会保证学术性，由世界史专业教授和博士为主的创作队伍保证史实的准确性。

　　其次，贯通古今。从史前一直到2018年12月，目前国内外尚没有时间跨度如此之大的历史读物。本套书内容丰富，传奇人物、探险故事、艺术巨作以及新思潮、新发明等，无所不包，以独创的构架，从政治、经济、文史、宗教、思想、艺术、科学、生活等多维度地切入历史，从浩瀚庞杂的史料中，梳理出扼要明晰的脉络，以达到普及世界史知识的作用。

　　再次，图文并茂。采用新颖的编排手法，将近万张彩图与文字形成了有机组合。版面简洁大方，不失活泼，整体编排流畅和谐，赏心悦目。

最后，通俗易懂。作者秉持中肯的观点，采取史学界主流看法，立论中肯、持平、客观，文字深入浅出，绝不艰涩枯燥，流畅易懂。

这套书总计20卷，各卷书名分别为：《古典时代》《罗马时代》《王国时代》《封建时代》《宗教时代》《发现时代》《扩张时代》《启蒙时代》《革命时代》《民族时代》《工业时代》《劳工时代》《帝国时代》《一战时代》《主义时代》《危机时代》《二战时代》《冷战时代》《独立时代》《全球时代》。

十几年前，上海锦绣文章出版社出版的《话说中国》，以身体作为比喻说还缺少半边身子，缺失世界历史的半边，因此《话说世界》的策划项目在七年前孕育而生。经过近七年的努力，这套图文并茂的普及性世界史《话说世界》（20卷）陆续出版。今年又适逢新中国成立70周年，这套书被列入国家出版基金资助项目，作为一个从事36年出版工作的出版人感到由衷的喜悦。

在本套书行将付梓之际，特别感谢陈晓律、颜玉强、秦海波、刘立群、黄昭宇、任灵兰、鲁静、杨美艳、陆丽云、刘可扬等十几位世界史专家的辛勤劳作，感谢所有参与《话说世界》（20卷）本书的作者、专家、学者、编辑、校对为此作出的贡献。最后，谨以两位世界史专家对本套书的点评作为结束：

徐蓝（中国史学会副会长）：首先要说这套书使得我眼睛一亮。这不是我们通常说的以政治经济为全部内容的世界历史，而是多维度的世界历史解读，其内容涵盖了政治、经济、文史、宗教、思想、艺术、科学、生活等，使世界历史更加充盈饱满相生相成。特别是将其每卷书的类别单独合在一起，相当于一部部专题史。这在国内世界历史读物中是仅见的，具有很高的出版价值。《话说世界》又是一套通俗读物。全套书5000篇左右的文章，通过人文地理、重回历史现场、特写、广角、知识链接等拓宽了内容的容量，增强了趣味性。可以说这是一套具有"广谱"特性的世界历史普及读物。这套书的社会效益不仅会普及国民的世界历史知识，也拓宽了国际视野，将世界历史作为基础知识之一，才能具备大国的胸怀和责任担当。

　　吴必康（中国社会科学院世界史所，国家二级研究员）：历史题材类的通俗读物一向是热门读物，富有意义。但其出版物主要是中国史，世界历史通俗读物出版甚少。而且，这些不多的世界历史出版物也多为受众少的教科书式作品。《话说世界》可以说弥补了这方面的缺憾。今天，中国正处民族复兴之时，作为世界第二大经济体，其世界影响越来越大，责任也更大，广泛了解世界，具有国际视野成为大势所趋。广大人民需要了解世界，知晓世界历史，已是必不可少之举。世界历史虽然内容浩如烟海，但作为文明历程有规律可循，有经验教训可资借鉴。《话说世界》的专业作者梳理千古，深入浅出，从容不迫地娓娓道来，使世界历史清晰明了，趣味盎然。这套丛书应该说是一套全民读物也不为过，可谓老少咸宜，可谓雅俗共赏。尤其是其文体具有故事性，很适合青少年。也望通过这套书能激发青少年阅读世界历史的广泛兴趣，兴起热潮，为我国的各类国际人才打下知识基础，更好地立足祖国走遍世界。知晓天下，方可通行天下。

人民出版社编审　杨松岩

2019 年 8 月 27 日

《话说世界》序一

读史使人明智

在世界历史的洪流中寻找人类的智慧

不知不觉，现在已经是 2019 年了。在人类几千年有文字记载的历史中，这个时间点或许并没有什么特别之处，但对于处于改革开放进程中的中国而言，这样一个年代显然具有不同寻常的意义。那就是，历经磨难成立新中国以后，中华民族在对外开放的过程中，重新找到了一个与自己国力吻合的位置。

中国是一个历史悠久的国度，创造了十分丰富的物质与精神的财富。尤其是在东亚这一范围，中国几乎就是文明的代名词。然而，在近代以来，中国却被自己过长的衣服绊倒了，结果从鸦片战争开始，中华民族经历了一段屈辱的历史，不仅使天朝上国的心态遭受沉重打击，也迫使我们重新认识外部世界。

从历史的角度看，中国人如何看世界，并不是什么新问题。古代中国人对周边"蛮夷"的看法千奇百怪，但无论是否属实，对自己的生活似乎影响不大。不过近代以来情况有所变化，自 1840 年始，中国人想闭眼不看世界也难。然而，看似简单的中国人应该如何睁眼看待外部世界，尤其是西方国家，却并不简单，因为它涉及"华夷"之间的重新定位，必然产生重大的观念与思想碰撞，所以它经历了一个几起几落的变化。

从传统的中国视角考察，以中国为天下中心的历史观一直在我国的史学领域占主导地位。因此，在 1840 年以前，中国还没有今天意义上的世界史，有的只是《镜花缘》一类的异域风情书，或是一些出访周边国家的记录，严肃的史书则只在中国史的范畴内。鸦片战争之后，中国被迫接受中国之外还存在一个世界这一事实。但对外部世界，主要是西方的研究是以急功近利的原则为出发点，缺少系统的基础研究。直到新中国成立前夕，我国的高校中，世界史都还不能算是能与中国史相提并论的学科，一些十分有名望的老先生，也必须有中国史的论文和教中国史的课程才能得到承认。这一事实反映出一种复杂的民族心态和文化背景。人总是从自己已有的知识基础上去发现和分析外部世界的，没有对外部世界知识的系统了解，要正确地看世界的确不易。

实际上，早在 100 多年以前，张之洞就认为，向西方学习应该是学习西艺、西政和西史。但是如何以我为主做到这一点，则是至今尚需继续解决的问题。

在一个开放的时代，任何一个试图加入现代发展行列的国家都必须尽量地了解他国的情况，而了解他国最主要和最基本的途径，除开语言外，就是学习该国的历史。就笔者所接触的几所学校看，美国一些著名大学的历史系往往都是文科最大的系，而听课的学生也以外系的学生居多。我的体会是，出现这样的现象无非两点原因：通识教育的普及性与本科教育的多样性，以及学生的一种渴望了解和掌控外部世界的潜意识。相比西方，我们的教育课程设置显然还有许多需要完善的地方。

按北大罗荣渠老师的看法，中国在向西方学习的过程中经历了三次大的起伏。一次是鸦片战争前后，中国是在战争的威胁中开始了解西方的，这种了解带有表面的、实用主义的性质，对西方的了解和介绍都十分片面，社会的大部分人对此漠不关心，甚至国家的若干重要成员对此也十分冷漠。与此相反，日本却密切地关注着中国的情况，关注着中国在受到西方冲击后所作出的反应，以致一些中国介绍西方的书籍，比如《海国图志》，在中国本身尚未受到人们重视时，日本已在仔细地阅读和研究了。尽管如此，第一次学习还是在中国掀起了洋务运动。

由于甲午战争的失败，中国开始了第二次向西方的学习，即体用两方面都要学。但不想全面改革而只想部分变革的戊戌变法因各种原因失败了，最终是以辛亥革命作了一次总结。从此以后，中国的政治实践大体上是在全面学西方，但是又由于历史的机遇不好，中国的这种学习，最终也未成功。尽管我们不能完全说它是失败的，但要成为一个强国的愿望却始终未能实现。

新中国成立以后由于西方的封锁和我们自己的一些政策，使中国经历了一个主动和被动地反对向西方学习的过程。直到改革开放以后，我们才再次开始了向世界强国——主要是西方国家学习的第三次高潮。而这次持续的时间显然要长得多，其内涵也要丰富得多。其中一个最重要的标志也许是，在沉默了几十年以后，中国的学术界终于开始出版一批又一批的世界史教材和专著，各种翻译的世界史著作也随处可见。这是一个令人欢欣鼓舞的现象。在这个意义上，中国人重新全方位看世界是改革开放的产物。

从中国人看世界的心态而言，也先后经历了三种变化：最初是盲目自大式的看世界，因为中国为中央之国，我们从来是当周围"蛮夷"的老师，尽管有时老师完全打不过学生，但在文化上老师终归是老师，我们从未丧失自信心。所以，对这些红毛番或什么其他番，有些"奇技淫巧"我们并没有真正放在心上。然后面临被列强瓜分的危机，我们的心态第二次变化，却是以一种仰视的方式看世界——当然主要是看西方国家，这种格局直到新中国成立后才开始逐渐改变。而改革开放后，中国重回世界舞台中心，成为GDP第二大国，自信心再次回归，看世界的态度又一次发生了变化——中国人终于可以平视外部世界了。

心平气和地看外部世界，需要的是一种从容和淡定，而这种心态，当然与自己的底气有关。随着物质生活的丰富和对外交流的日渐频繁，国人已经意识到，外国人既不是番鬼，也不是天使，他们是与我们一样，生活在这个地球上的人类。当然，由于历史、文化、地域、宗教乃至建国的历程各不相同，差异也是明显的，甚至是巨大的。如何客观地认识外部世界，对有着重新成为世界大国抱负的国人而言，已经具有了某种紧迫性。而互联网时代的信息爆炸，对较为靠谱的学理性知识的需求，也超过了任何一个时代。因此，无论于公于私，构建一个起码的对外部世界认识的合理框架，都成为一门必修课而非选修课了。

　　应该说，国内学界为此做了大量的工作，从学术论文到厚重的专著，从普及型的读物到各类期刊，乃至各种影视作品，有关西方的介绍都随处可见，一些过去不常见的国家和地区的研究成果也开始出现。同时，为了增进国人对这些问题的了解，国内出版界也做了很好的工作，出版了很多相关的著作。

　　大体上看，这些著作可分为以下几类：第一类是关于西方国家、政府等有关政治机构的常识性问题。这些现象我们虽然十分熟悉，但并不等于我们已经从理论上了解了它们。因此很多国内的著作对一些概念性的东西进行了提纲挈领的解析，有深有浅，大致可以满足不同人群的需求。第二类是关于各个国家的地理旅游的书籍，这类书籍种类繁多，且多数图文并茂，对渴望了解国外情况的人群，读读这些书显然不无裨益。第三类是各国的历史著作，这些著作大多具有厚实的学术根基，信息量大，但由于篇幅原因，或许精读的读者不会太多。最后一类则是对各种国际组织和机构的介绍，包括各国概况一类的手册，写作的格式往往是一条一款，分门别类，脉络清晰，这类知识对于我们了解外部世界尤其是西方世界应该也很有帮助。

　　然而，总体上看，在我国历史学教育中，严格意义上的"世界历史"还是属于小众范畴，由此这个领域的普及出版物相对较少，这与现在日新月异的我国国情和日益全球化的国际形势很不契合。

　　对于这种不合拍的情况，原因很多，但学界未能及时提供合适的历史读物，尤其是世界史读物，难免是一种遗憾。这不是说目前没有世界史普及读物，而是说我们的学者和出版界未能完全跟上时代对世界史知识的需求，尤其是广大普通民众对世界史知识的需求。随着我国经济实力的不断增强，出国求学和旅游对普通中国民众而言已经不是一种可望而不可及的事情。而踏出国门，中国人通常会有一个共同的感受：在各种聚会或是宴请的活动中，只要有"老外"在，哪怕是一个人，气氛就很难避免那种浓厚的"正式"味道；而一旦没有"老外"，都是华人，气氛会一下轻松起来，无论是吃喝还是交谈，人们的心态转瞬之间就已经完全不同。我常与一些朋友讨论这一现象，大家的基本看法是，中外之间，的确有一种文化上的隔膜。这种隔膜十分微妙，甚至并非是相互不能沟通的问题，而只是一种"心态"。

这种心态往往是只可意会，却难以言传。其难以言传的根源在于，人是生活在一个由文化构筑起来的历史环境中的，这种长期浸润，会不知不觉地对一个人的行为方式、心态产生巨大的、具有强烈惯性的影响，这种影响往往也不是通过一两本学术著作而能轻易加以归纳的东西。

因此，要体验这种微妙的文化隔膜，最好的方式就是对世界的历史文化有一种"全景式"的了解，除开去所在国进行深度体验外（当然，这对很多人而言有些奢侈），读一些带有知识性、系统性和趣味性的世界史读物，应该也是一种不错的选择。而这类读物恰好是我们过去的短板，有必要尽快地将其补上。

为了满足国人这类迫切需求，本套丛书的策划编辑团队怀着强烈的家国情怀和对中华民族特有的忧患意识，一直在积极地筹编这样一套能满足时代需求的世界史读物。他们虽然是在筹编一套普及性读物，却志存高远，力图要将这样的一套读物做成精品，那就是不仅要使普通读者喜欢，还要经得起学界的检验。历经数年，颜玉强主编总算在全国的世界史学界找到了合乎他们要求的作者团队。这些作者当中，既有早已成名的学术大家，也有领军一方的中青年学者，更有留学归国的青年博士群体。而尤为重要的是，这些学者，都长期在我国的高校从事世界史的教学和科研工作，他们对我国学子乃至一般民众对世界史知识的需求有着更深的感受，因此，由这样的一支作者队伍来完成这样的一部大型作品，显然是再合适不过了。

历经数年的讨论和磨合，几易其稿，现在《话说世界》总算问世了。以我的一管之见，我觉得这套书有这样一些特点值得关注。

首先是体例方面的创新。历史当然是某种程度上按照时间顺序发展的，但作为一种世界历史的视野，人们的眼光当然不可能横视全球，而是自然地落在一些关键性的区域和事件上。这样，聚焦和分类就是一个基础性的工作。作者对历史的分类不仅显示出作者的学术功力，也会凸显作者的智慧。本套丛书的特点是将"时代"作为历史发展的主轴，比如古典时代、罗马时代等等。这样的编排，读者自应一目了然。然而，作者的匠心就此展现：因为一些东西并不仅仅是纵向而是横向的，所以，王国时代、宗教时代、民族时代、主义时代这样的专题出现了。

这样的安排十分精巧，既照顾了历史的时代顺序，又兼顾了全球性的横向视野。相对于一般教科书的编排，比如在人类起源部分，从两河文明到尼罗河文明，再到希伯来、印度和中国文明，然后再到古典时代的希腊罗马文明、希腊化文明，固然十分系统，但对于非专业的读者恐怕也有点过于正规，索然无味。所以，丛书的安排看似随意，却有着精心的考虑和布局，在目前的类似书籍中，应该是不可多得，别具一格。

而对有着更多需求的读者，《话说世界》则又是一种趣味盎然的教科书，因为它将各个时代的内容分门别类，纵向来读，可以说是类别的世界通史。比如可以将政治、经济、文化等串联下来的就是该类别的世界通史，这样读者能够全景式地看到每个历史切面，还能了解整个历史线索和前因后果。

其次是《话说世界》为了达到可读性强的效果而采取了图文并茂和趣味性强的杂志书编撰方式，适合以各种休闲的方式阅读。《话说世界》的图片不仅与文章内容结合紧密，还有延伸文字内容的特点，特别是每本书都有数张跨页大图呈现了历史节点的宏大场面或艺术作品的强烈感染力。这样的布局，显然能使读者印象深刻。实际上，国外的历史教科书，往往也是图文并茂，对学生有着很强的吸引力，使学生即便不是上课也愿意翻阅。我们目前的教科书尚达不到这一水准，但《话说世界》能够开此先河，应该是功德一件。

第三则是强烈的现场感，这是为了增进读者真正理解国外历史文化所做的一次有价值的尝试。从这套丛书的内容看，其涉及面很广，并不单单是教科书式的历史，而是一部全景式乃至百科全书式的历史：从不同文明区域之间的人员交往到风俗习性，从军事远征到兵器工艺，从历史事件到地标和教堂，从帝国争霸心态到现代宣传套路，从意识形态到主义之争，可以说林林总总，斑驳杂陈，十分丰富，具有很强的可读性。一个也许对编辑并不十分重要，但对读者而言却十分重要的事实是，这些读本的作者都是"亲临视察"了所写的对象的，所以除去知性之外，还多了难得的感悟。因为这套丛书的作者，都是亲临所在对象的国家和地区进行过求学乃至工作的。他们对这些对象的了解，或许还做不到完全学理意义上的深刻，但显然已经早就超越纸上谈兵的阶段了。因此，在这个意义上，他们是真正的"中国人看世界"。这种价值，在短期内或许并不明显，但随着时光的流逝，它肯定会越来越闪烁出学术之外的瑰丽光芒。

值得指出的是，今天移动互联的势不可挡，知识碎片化也日益严重，需要学者和出版社联袂积极面对，克服互联网内容的不准确性，做到价值恒定性；克服互联网知识的碎片性，做到整体性。《话说世界》于上述的三个特点，显然是学者和出版社共同合作的成功范例。

如果你是一个依然保持着好奇心，对问题喜欢打破砂锅问到底的人，那么，请阅读这套匠心独具的丛书吧！它既能增加你的知识，又能丰富你的生活，也或许能在紧张的工作与生活中给你带来一丝和煦的清风。

当你拿到这套书，翻开第一页的时候，我们衷心地希望你能够从头至尾地读下去，因为这是在一个全球化时代，使你从知识结构上告别梦幻童年、进入一个绚丽多彩的成人世界的第一步——读史使人明智。

愿诸君在阅读中获得顿悟与灵感。

南京大学历史学院教授、

博士生导师　陈晓律

2019 年 2 月 15 日

《话说世界》序二

立足学术　面向大众

献给广大读者的具有国际视野的世界历史全景图书

2019 年我国的经济总量腾飞为世界第二大经济体，社会经济文化都日益成为地球村重要的一部分，了解世界成为必要。正如出版说明所言，了解世界首先要从世界历史开始，我们不仅可以从外国历史的成败得失中得到借鉴，而且还能从中培养国际视野，从而承担起作为大国对人类的责任。人类文明发展 5000 多年来，各地区和各民族国家的文化差异性很大，都有自己独特的发展轨迹，在日益融为一体的今日世界，我们在世界历史知识方面也亟须补课。

我国史学界编撰世界史类图书内容有不包括中国史的惯例，加之上海锦绣文章出版社已经在 2005 年出版了取得空前成功的 20 卷《话说中国》，所以我们这套《话说世界》就基本不包括中国史的内容，稍有涉及的只有为数几篇中国与外国交集的内容。

《话说世界》共 20 卷，分别是 20 个时代，时间跨度从史前一直到 2018 年。基本囊括了各个时代的政治、经济、文史、思想、宗教、艺术、科学和生活娱乐等。

参与《话说世界》编写的作者有教授和博士共 30 多人，都是名校或研究所的世界史专业学者。学有专攻的作者是《话说世界》质量的保证。我们还邀请了一些世界史的著名专家教授作为编委，确保内容的准确性。

今天读者阅读的趣味和习惯都有变化，业界称为"读图时代"。所以我们在文章的写法和结构都采取海外流行的"杂志书"（MOOK）样式。我曾经为台湾地区的出版社主编过 300 本杂志书，深得杂志书编撰要领。杂志书的要素之一是图片，《话说世界》以每章配置3—4幅图的美观标准，共计配置了10000张左右的图片，有古代的历史图片，也有当今的精美图片。在内容的维度上也进行拓展，引入地理内容，增加了历史的空间感；每本书基本都有"重回历史现场"，以增强阅读的现场感；同时每篇文章都有知识链接，介绍诸如人物、事件、术语、书籍和悬案等，丰富了文章内容，使文章更流畅、可读性更强。

当然，不能说《话说世界》就十全十美，但是不断完善是我们的追求。

启动编撰《话说世界》工程之时，我们就抱定了让《话说世界》成为既有学术含量又有故事可读性这个目标，使世界史知识满足大时代的需要。

结笔之际，感蛰居七年，SOHO生活，家人扶助，终成书结卷。这里要感谢各位作者的辛勤笔耕，特别感谢人民出版社通识分社社长杨松岩慧眼识珠以及编辑们兢兢业业、精雕细刻的工作。"幸甚至哉"！

资深出版人　颜玉强

2019 年 10 月 28 日

《王国时代》简介

在人类创造的所有伟大结构之中，罗马帝国无疑是最具迷人魅力的政治体之一，它不仅是西方古典世界的集大成者，"永恒之城"的光彩在以后的岁月中也未曾褪色。然而，西方文明形成的关键阶段却是以罗马的崩溃为开端。古典世界虽光荣而伟大，但它仅仅提供了某种底色，恰恰从5世纪后，真正意义上的"欧洲"才开始形成，现代西方世界正是脱胎于这个"欧洲"。蛮族入侵虽不是突然爆发，但他们基本瓦解了罗马帝国的秩序，伴随着帝国一同消失的还有古典时代的世界体系。

古代帝国仍以某种形式延续下来，这就是欧洲东部的拜占庭帝国，它处于众多古典文明交汇的十字路口，也成为它们的杰出继承者。9世纪以后斯拉夫人国家的出现，使希腊文明伴随着拜占庭的影响而日益扩展，保加利亚、塞尔维亚、基辅罗斯以及斯拉夫人的"第三罗马"——沙皇俄国的形成改变了东欧的政治格局。东欧的经济与社会发展，使它与西欧形成了有机联系，东西向的纽带取代了曾经的南北欧分野，使基督教文明的世界影响力大为扩展。

西亚和南亚是诸多古老文明的故乡，人类最早的文明苏美尔文明

和古印度文明就发祥于此。7世纪伊斯兰教的兴起使阿拉伯帝国迅速扩张，影响所及囊括了半个地中海世界和整个西亚。10世纪以后统一的阿拉伯帝国不复存在，来自中亚的突厥人等游牧民族登上西亚的历史舞台，并建立起一系列强大的政权。13世纪蒙古人自中亚如旋风而至，虽在短期内打碎了西亚版图，但他们很快被穆斯林同化。南亚次大陆的印度虽然躲过了蒙古征服，但是笈多王朝崩溃后就再未出现统一的本土政权，穆斯林入主印度建立德里苏丹国，对印度经济社会的发展影响深远。

孤悬于东亚海外的日本有着独特的发展道路。日本早期的历史与神话传说相杂糅，直到6世纪才形成较可信的历史，从此其演变的轨迹愈发清晰。7世纪中叶至8世纪晚期是日本全面效法中国的时代，中国隋唐时期的制度和文化成为日本学习的范本。但是自平安时代以后日本学习中国的精神衰退，其原生文明中的固有特征逐渐回流、发展，从而加深了日本社会的封建化特性，武家势力兴起与幕府政治形成，是主导后来日本历史的首要线索。

目录

国家形成的协奏曲

如果说西罗马帝国灭亡是冰山一角，那么海面以下的民族融合早已暗流涌动。后世倾向于夸大476年事件（罗马末代皇帝被废）的划时代意义，实际上它不过是为长期的转型画上句号，这种转型早在帝国极盛时就已开始，北方"蛮族"逐渐渗透并与罗马人融合。帝国防线崩溃后进入高卢的日耳曼人所见到的不仅有罗马居民，也有不少早先移居于此的同族。不同族群分据罗马各行省，彼此攻伐混战不输往日，由此奠定西欧国家的最早版图。转眼向东，罗马陷落并未引起拜占庭的太多震惊，独立的发展轨迹，拜占庭熬过了穆斯林的轮番进攻。君士坦丁堡于1453年终究陷落，但东欧的新兴国家都不同程度地继承了拜占庭传统。

西亚和中亚的广袤腹地，使得任何单一强权都无法长期支配，阿拉伯帝国、塞尔柱人王朝、蒙古人和奥斯曼帝国在这片土地上潮涨潮落，共同构成民族与国家交相辉映的协奏曲，伊斯兰教一直是当地的主导因素。笈多王朝覆灭以后，印度本土陷入了长期的混战，几乎没有统一的迹象，直到穆斯林从西北方进入南亚次大陆，把当地王公全都征服为止。日本虽然是中国的近邻，但是其政治发展走了与中国几乎完全相反的路线，室町幕府建立后日本也陷入长期的列国混战时代，一直到德川家康重建幕府才开启日本历史的新篇章。

人文地理

从古典欧洲到欧洲人的欧洲
西欧文明

世界与西方之间的冲突至今已持续了四五百年。在这场冲突中，到目前为止有重大教训的是世界而不是西方，因为不是西方遭到世界的打击，而是世界遭到西方的打击——狠狠的打击。

——阿诺德·汤因比

在本书所述时代之初，以西欧为核心的文明还远不足以对世界造成什么打击，相反它却在四方强邻的蹂躏之下喘息呻吟，危在旦夕。然而仅仅几百年后，西欧文明就开始绽放绚烂的光彩，无论是否承认"欧洲中心论"，它都以独特的方式形塑了现代世界。

亚欧大陆的一个半岛

西欧的地理范围既小也大，说它小是因为从世界地形图上看，孤悬亚欧板块西北端的欧洲，更像是从亚洲大陆伸出去的

欧洲地图。北欧的斯堪的纳维亚半岛、南欧的伊比利亚半岛、亚平宁半岛和巴尔干半岛使欧洲的海岸线曲折多变，加之海洋性气候的影响，塑造了极具多样性的欧洲文明。

一个半岛——只是轮廓更多变而已。一个普遍印象是，在比例尺略小的地图上，欧洲许多国家是无法标注国名的，只能以数字对应标注在图例；说欧洲大则是因为它的地理和气候分布的多样化，使它成为一个丰富多彩的独立世界。欧洲历来是小国的天堂，经历了国家数量锐减的20世纪，今天欧洲仍有近50个国家。从某种程度而言，西欧文明也是人类文明最集中的缩影。

欧洲自身的海岸线曲折多变，这得益于著名的四个半岛，包括南欧地中海的伊比利亚半岛、亚平宁半岛和巴尔干半岛，它们也是古典世界的中心；第四个半岛是北欧的斯堪的纳维亚半岛，这是现代欧洲人种最初的家园。对应于南欧的三大半岛，自西向东延绵的比利牛斯山脉、阿尔卑斯山脉和巴尔干山脉构成了天然屏障，而它们都属于更大规模的、横跨欧亚大陆的阿尔卑斯—喜马拉雅山系带。从地中海盆地越过阿尔卑斯山，一直到北海波罗的海之间，开阔的冲积平原从比斯开湾一路向东伸至维斯杜拉河，这片扇形区域是西欧文明的襁褓。狭义上的西欧文明范围更小，它以塞纳河与卢瓦尔河冲击而成的法国北部平原、莱茵河流域和南部英格兰为核心，最北不过约克，最南抵比利牛斯山，东临易北河，西达布列塔尼。

西欧地区大部分都属于海洋性气候，雨量丰沛、空气湿润，北大西洋的和风沿着开阔平原自西向东吹拂，造就了内陆的众多水系。阿尔卑斯山以南则属于独特的地中海气候，夏季炎热干燥，冬季温和多雨，有金色的阳光沙滩、海岸美景，对农作物的生长也颇有影响。

被塑造的"日耳曼人"

如果说古典世界是希腊人和拉丁人的时代，那么罗马崩溃以后的西欧则是日耳曼人的世界。但是与通常认识形成反差的是，无论是罗马帝国崩溃之前还是之后，阿尔卑斯山以北诸民族从未意识到自己是"日耳曼人"，在他们看来各族群彼此之间的差别，并不比他们和罗马人之间的差别要小，当不去劫掠帝国的时候，他们很自然地以邻为壑。这种由他者强加而塑造的概念，与各民族的自我认同几乎不相干，它更多的是罗马世界"华夷之辨"的产物，塔西佗的名著《日耳曼尼亚志》可谓功不可没。

如果要说日耳曼人有什么共性，那么同属印欧语系日耳曼语族或许算一个，另外就是他们的体貌和精神特质：披散的长发，高大强壮的身材，性格凶悍好战。虽然他们早已过着定居的农业生活，但是战斗却是永恒的主题。请注意，这里用的是"战斗"而非"战争"，因为很难说日耳曼人有什么明确的战略方向或目标，他们后来在民族迁徙浪潮中扮演的角色，主要源自两个因素：东方游牧民族的侵袭和对罗马帝国的渗透。

日耳曼人早在公元前 15 世纪就定居波罗的海沿岸，此后他们逐渐南迁，到 1 世纪即塔西佗写作的时代，大致分成了三支：北日耳曼人留居斯堪的纳维亚半岛的波罗的海沿岸，他们的后代成为 9 世纪横扫西欧的维京人、诺曼人；东日耳曼人迁徙到了易北河以东的欧洲，蛮族入侵时期的汪达尔人、哥特人和勃艮第人就属于这支；第三支包括法兰克人、盎格鲁人、撒克逊人，还有群体较小的朱特人，等等，

语言树。印欧语系分支繁盛，在历史长河的流转之中，各分支语系成为今天亚欧大陆许多现代语言的始祖。

他们被泛泛地"捏合"成西日耳曼人，正是他们成为后来西欧历史的主角。然而不应忘记，作为欧洲最古老的土著，凯尔特人也影响了中世纪的民族分布，他们被日耳曼人的入侵挤压到了欧洲外围，奠定了苏格兰、爱尔兰和布列塔尼半岛的文化底色。一直到罗马崩溃前，日耳曼人很少信奉基督教，他们的原始信仰自有其魅力，在帝国崩溃后也没有很快皈依罗马教会，各种部落神和阿里乌斯教派对日耳曼人还是有相当影响。

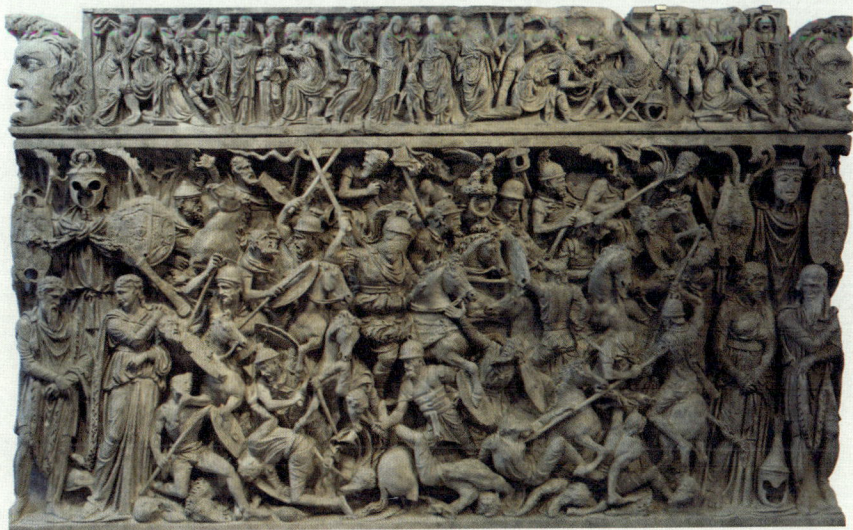

古罗马建筑上的日耳曼人石刻浮雕。罗马人曾数次占领日耳曼人地区——即今日德国，但往往很快就失去了控制，奥古斯都（屋大维）去世后帝国北方边境逐渐固定于莱茵河一线。

帝国斜阳
罗马3世纪危机

> 当军队本身都开始腐化的时候，他们自身就成了一切民族瓜分的对象了。
> ——孟德斯鸠《罗马盛衰原因论》

罗马帝国的鼎盛时期到3世纪走到了尽头，爱德华·吉本称这一鼎盛时期为"两安东尼统治下的黄金时代"，皇帝马可·奥勒留（Marcus Aurelius，121—180年）去世之后，这位《沉思录》的作者、哲学家皇帝的遗产未能阻止帝国衰落的脚步。

经济与社会危机

从235年之后，罗马帝国陷入了严重的危机之中，经济衰退、农业凋敝，城市失去活力，中央权威衰落。政治局面的混乱一直延续到284年，而此后虽然戴克里先（Diocletianus，245—311年）暂缓了帝国颓势，但是罗马往日的光辉已经一去不返。

203年为纪念罗马战胜帕提亚而建立的塞维鲁凯旋门。这个凯旋门不仅代表了当时最辉煌的装饰艺术，直到今天，即便损坏严重，依旧展示着罗马的伟大。

这是格鲁吉亚优比西修道院中的壁画，描绘的是圣乔治来到戴克里先面前，为其祝圣。

罗马3世纪的危机从根本上来说源于经济的危机，奴隶制是古典世界的经济基础，而作为古典文明的集大成者，罗马帝国概莫能外。公元前后罗马的奴隶制危机，在共和国转变为帝国之后得到了有效调适，因此奴隶制度在奥古斯都及其继承人的时代，迸发出最后的生机。但是，随着帝国对外扩张的停止，奴隶制经济固有的弊病和隐患逐渐显露出来：奴隶们被迫参加劳动，其生产积极性之低可想而知。帝国建立以后，奴隶的反抗运动并未停止，而这就促使生产成本上升，于是农村地区许多与市场有着密切联系的大庄园，开始改变奴隶们的地位，以改善其生产积极性。中世纪农奴的前身——

隶农——逐渐在帝国的广大农村出现了。但是伴随着农村经济的不景气，大庄园的自给自足特性日趋明显。经济组织的嬗变对工商业的生产造成了负面影响，城市生活的衰退也随之而来。

政治动乱的开始

如果政治层面能够维持强有力的治理，那么经济和社会危机或许仍有转机。然而，自马可·奥勒留之后，其继任者康茂德（Commodus，161—192年）远不能达到这样的标准。许多人相信，正是从康茂德开始，结束了帝国五位贤明君主统治的时期。康茂德在即位后停止了其父所发动的日耳曼战争，但这并未为他赢得声誉。相反，他的倒行逆施很快就引发了宫廷血案——皇帝于192年的最后一天被谋杀于宫廷。而在随后的政治动乱中，近卫军半年之内迎立两位皇帝，与此同时各行省也不乏僭越称帝者，以至于仅仅193年一年之中就出现了5位皇帝，直到潘诺尼亚总督塞维鲁（Septimius Severus，145—211年）获胜称帝，才暂时摆脱了动荡局面。

不过，塞维鲁及其继承人的统治并没有持续多久，他本人在211年去世后，继任者卡拉卡拉、马克里努斯和亚历山大·塞维鲁均未能善终。塞维鲁在去世前曾言："让士兵发财，其余的人可以一概不管！"这种对军队的巴结谄媚，是塞维鲁王朝诸帝少有善终的重要原因，皇帝必须依靠军队的承认才能登基，而军队的掌权者一旦稍有不满就会弑君篡逆，这种状况在帝国初期是无法想象的。然

而从塞维鲁王朝开始，这种逻辑却构成了罗马帝国晚期的主要特征。235年，随着亚历山大·塞维鲁的被杀，连王朝的外在形式都不复存在了，于是各方近卫军首领和军队统帅纷纷僭越称帝，"罗马皇帝"的尊严几乎跌至谷底。伴随着"三十僭主"的出现，许多行省甚至脱离帝国独立，在很大程度上，此时的罗马早已失去了实质上的统一。帝国的外患也与日俱增，各僭主利用北方边境的蛮族为自己的奥援，这对于帝国来说无异于引狼入室，为此后蛮族入侵埋下了伏笔。这一阶段由于内乱与外患的相互交织，罗马自共和时代以来所积蓄的国力，受到极大的削弱，也显露出古典世界走向衰落的轨迹。

装扮成大力神海格力斯的康茂德胸像。据说康茂德尤为注重自己的形象，甚至有人怀疑他是同性恋者。他是安敦尼王朝唯一的父死子继的元首，也是该王朝的末代皇帝。

多米诺骨牌
蛮族入侵与帝国分裂

不同的部族渐渐融合，在罗马的影响下，在西罗马帝国的领土上形成了部落王国。

——朱迪斯·M.本内特

说"蛮族入侵"易引起误解，因为所谓"蛮族"（barbarians）一词仅在相对意义上而言。对于古典世界的人们来说，只要居住在已知世界之外，都可视为"蛮族"，国境意味着文明的边界，这种观念类似中国古代的"天下"。

帝国北境的民族迁徙

当罗马初立之时，古典余韵犹在的希腊人尚且称罗马人为蛮族。事实上，蛮族进入罗马帝国定居由来已久。2世纪以后，蛮族逐渐渗透进入帝国境内。他们在大多数情况下因充当帝国的雇佣军，才得以在边境地区停留，幸运者获得"罗马公民"的称号。因此蛮族进入帝国是渐进的过程，正如约达尼斯所言：哥特人最初进入罗马帝国，是以和平的方式到来的。

西班牙的西哥特国王雷塞斯温特的王冠。从这项王冠的工艺水平看，似乎与人们对蛮族的固有印象形成极大反差。实际上，即便在进入罗马帝国之前，蛮族也已经具有相当的文化艺术审美。

4世纪下半叶是转折点，散布于里海草原的匈奴人向西突进，引发了多米诺骨牌效应，一波接一波的蛮族向西挺进，西哥特人挤压日耳曼人，日耳曼人挤压法兰克人，法兰克人挤压勃艮第人和汪达尔人，欧洲历史上著名的"民族大迁徙"开始了。原本就定居于帝国边境的蛮族，受到当地官员的敲诈勒索，西哥特人于376年愤而起义反抗罗马。帝国皇帝瓦伦斯（Flavius Julius Valens，328—378年）挂帅镇压，在阿德里安堡战役中全军覆灭，皇帝

四帝共治的雕像。这尊花斑岩雕像是1204年十字军从拜占庭的宫殿中掠夺而来的，如今屹立于威尼斯圣马可教堂西南角。

本人也命丧黄泉。从此之后，帝国的堤坝再也无法抵挡蛮族的狂澜，从和平的渗透转变为武力入侵，西哥特人先后于408年和410年围困并洗劫了罗马，所谓"永恒之城"在西哥特人的面前显得苍白脆弱、不堪一击。415年西哥特人进一步向高卢南部挺进，并驱逐了早先居于西班牙的汪达尔人，致使后者越过直布罗陀海峡进入北非。从纳尔榜高卢到西班牙东北部，哥特人建立了以图卢兹为都城的西哥特王国。罗马帝国不仅丧失了对高卢和西班牙两行省的有效控制，北非诸行省也落入了汪达尔人之手。

帝国东西部的分裂

继瓦伦斯之后为帝的提奥多西一世（Theodosius I，347—395年）慑于蛮族的威力，不得不采取怀柔政策，将帝国在多瑙河下游的行省马其顿和色雷斯让与哥特人定居，放弃了帝国在东部的实际权力。提奥多西是第一位将基督教尊为国教的罗马皇帝，教会史家称其为"大帝"，而且他在位时曾将被戴克里先分为东西两部分的帝国重新统一起来。然而正是这位大帝，在395年他去世前再次将帝国一分为二，东部帝国传给长子阿卡迪乌斯，西部帝国分给幼子霍诺留乌斯，从此之后罗马帝国正式分裂为东西两个帝国，走上了完全不同的发展道路，也深远地影响了欧洲历史的格局。

蛮族对罗马帝国及古典文明的感情是很复杂的。一方面，罗马人视他们为"蛮夷""化外之民"，可以随便凌辱、敲诈和镇压，因此他们内心极为痛恨罗马当局——实际上是针对地方总督和军团首领之类的官员；另一方面，当他们进入罗马帝国定居之后，很快被这种辉煌灿烂的文明所折服，站在罗马城的神殿庙宇之间，壮美雄浑的视觉冲击使他们内心自惭形秽，争相以获得罗马当局的认可为荣。就是在这种复杂的矛盾心态之中，蛮族逐渐冲散了

帝国的边界，也模糊了古典文明的界限。

407年罗马驻军被迫从不列颠撤出，420年以后法兰克人入侵高卢北部并不断扩大势力范围，同时期勃艮第人则占据高卢东南部至阿尔卑斯山北麓的地区，于是西罗马帝国失去了对行省的有效控制，西罗马皇帝的控制区仅限于意大利一隅，此时的罗马皇帝准确地说只能叫"罗马城皇帝"。因此也就不难理解，为什么当476年日耳曼雇佣军首领奥多亚克进入罗马，宣布废黜末代皇帝罗慕路斯（Flavius Romulus，463—?）之时，帝国瞬间就灰飞烟灭了。尽管这最后一位皇帝与传说中的罗马建城者有相同的名字。

提奥多西一世方尖碑。位于君士坦丁堡（今伊斯坦布尔），其上的希腊铭文歌颂了这位皇帝重整帝国、肃清祸乱的伟大业绩。

希腊人的罗马
拜占庭帝国的形成

罗马不是一天建成的，拜占庭也是如此。

今天我们所说的"拜占庭帝国"，在某种程度上是一种对历史的误解，在这个帝国形成之初它的名称是东罗马帝国。而且其臣民——虽然大部分是希腊人——也自称为罗马人，虽然实际上这个帝国早已不是罗慕路斯创建的、由奥古斯都改造过的那个罗马。

"新罗马"的诞生

上述区别并不影响帝国臣民对罗马帝国的认同。只是到了 17 世纪时，西欧的历史学家为了区分古典世界的罗马帝国和延续至中世纪的东罗马帝国，才将后者称为"拜占庭帝国"。抛开名义上的帝国国号之争，作为一个政治实体的拜占庭帝国，其形成的时间却相当早。323 年，君士坦丁一世（Constantinus I，272—337 年）击败了李基尼乌斯，成为罗马帝国唯一的奥古斯都。罗马帝国经历了 3 世纪的危机和此起彼伏的政治动乱之后，在戴克里先的统治下获得了喘息。而到君士坦丁的手上，以意大利半岛为核心的帝国西部早已失去了往日生机，而东部地区却相对较少受到战乱的蹂躏，经济持续繁荣。330 年，君士坦丁大帝在拜占庭建立新的首都，当时名称是"新罗马"，但它更以建立者之名"君士坦丁堡"而闻名于世。虽然如此，罗马城依旧保留着帝国首都的地位，君士坦丁在"第二罗马"建立了与旧都平行的元老院，不过实际大权掌握在君士坦丁皇帝的官僚机构手中，东西两个首都的元老院本质相同，都是共和制形式的遗存。

虽有首都之名，而且皇帝也长期驻扎于此，甚至在短期内君士坦丁堡就成为欧洲最大的城市，但是这些都无法掩盖"永恒之城"罗马的光辉。原因在于，虽然帝国的经济中心东移，西部地区也深受蛮族劫掠的苦难，但是"新罗马"是在希腊人移民城市拜占庭的基础上建立的，而且帝国东部从文化渊源上来说并不是拉丁人的势力范围，自马其顿征服希腊以来，这个区域成为希腊化世界的核心地带，因此虽然罗马帝国实际上已经东西分裂，但是新都君士坦丁堡的影响力仍不如罗马城。

从东方鸟瞰，君士坦丁堡城防坚固，又有普罗蓬蒂斯海（即马尔马拉海）环绕。可以说固若金汤。

奥多亚克在意大利发行的钱币。日耳曼人首领奥多亚克废黜西罗马皇帝之后，向东罗马皇帝宣誓效忠，后者确认了其意大利国王的地位。

从东罗马到拜占庭

真正使东罗马帝国成为实际上的拜占庭帝国的事件，是 476 年西罗马帝国的灭亡。逻辑其实很简单："西部"帝国一旦消失，那么原来的"东部"这个区分也就变得没有意义了。面对西部帝国的消亡，东罗马帝国人们的心态是很复杂的。一方面他们为同源的罗马帝国被废黜而感到痛惜，另一方面又为自己成为罗马帝国的唯一继承人而欣喜。如果说东罗马人的这种心理尚可理解，那么与我们今天的印象截然相反的是灭亡西罗马的蛮族人的态度，在废黜西罗马皇帝之后，日耳曼雇佣军首领奥多亚克（Odoacer，435—493 年）也甘愿对东罗马皇帝芝诺宣誓效忠。而当时的人们也的确是这样理解的，既然西部首都沦陷了，那么分裂的罗马世界又在东罗马皇帝领导下统一了，这种观念增强了东罗马帝国的幻象。而后来的历史证明，罗马帝国不仅没有在东罗马皇帝治下合并，就连东罗马皇帝本人也逐渐褪去了罗马皇帝的光环，他的东方君主的神秘色彩日益明显。身处希腊人的世界，东罗马帝国在政治传统、语言文化、宗教思想和社会风俗方面逐渐成为独立的世界，这个世界既不是古典的罗马帝国，也不是西欧各蛮族王国后继者的世界，而是一个属于希腊人的中世纪罗马帝国。正是这种与"永恒之城"时间与空间上的双重错位，构成了东罗马帝国，也就是拜占庭帝国最为显著的特征，极大地影响了其历史进程的发展。

这幅作于 19 世纪的插图，描绘的是西罗马末代皇帝罗慕路斯·奥古斯都的退位。当时的实际情况并非如此，这幅画面仅是后人根据中世纪以来的想象而描绘的。

第 32—33 页：查士丁尼

当日耳曼移民与入侵者瓜分昔日西罗马帝国的领土时，东罗马帝国则处于繁荣昌盛之中。这是位于拉文纳圣维塔莱教堂内的一幅查士丁尼一世的马赛克肖像画。在这幅画中，他被描绘成基督教会的领袖，端着香炉，周围簇拥着手持圣物（圣经、十字架）的追随者。

野蛮大陆
早期蛮族王国的兴衰

要幸福，需自由；要自由，需勇敢。
——日耳曼人古谚

410 年西哥特人首领阿拉里克攻陷罗马城以后，"永恒之城"的神话摇摇欲坠，而帝国的堤坝在蛮族的洪流前很快失去作用，罗马帝国当局越来越无法抵挡入侵的蛮族人定居甚至建国，只能被动地予以承认。随后的两个世纪中，蛮族建立王国变得势不可挡。

西哥特人与汪达尔人的工国

提奥多西一世皇帝死后，罗马帝国在莱茵河与多瑙河一线的防御力量日趋薄弱，406 年罗马当局决定将防线从莱茵河撤退至意大利北部一线，致使北方各蛮族纷纷从莱茵河流域进入高卢和西班牙地区。汪达尔人（Vandals）、苏维汇人（Suevis）和阿兰人（Alans）推进至高卢中部，其后往南进入阿基坦并于 409 年越过比利牛斯山进入西班牙，占领半岛大片地区。约 411 年汪达尔人—阿兰人和苏维汇人分别在西班牙南部和北部建立王国，罗马当局无力阻止却又不愿承认蛮族王国，只得承认他们为"同盟者"。

5 世纪初西哥特人（Visigoths）越过阿尔卑斯山进入高卢南部，夺取了以图卢兹为中心的地区。此后迅速向南扩张，从汪达尔人—阿兰人手中夺走了巴塞罗那，迫使后者退守西班牙南部。419 年西哥特人在大本营图卢兹建立了西哥特王国，地跨今天法国南部和西班牙东北部，皇帝对此只能予以承认，罗马的西班牙行省几乎独立。尤里克王统治时期（466—484 年在位），西哥特王国进入全盛时期，其子阿拉里克二世在位时编订了《阿拉里克法典》（506 年）。与此同时，西哥特人的扩张并未终止，他们进一步南下征讨汪达尔人—阿兰人，429 年汪达尔人的首领盖萨里克（Geiseric）率领 8 万部众渡过海峡进入北非，先后击败了罗马的北非总督和皇帝的军队，431 年攻陷了希波城，并以此为中心建立了汪达尔王国，罗马当局逐渐承认了汪达尔人—阿兰人在北非的统治，由此也丧失了对北非各行省的实际控制。

来自北非迦太基的汪达尔骑士镶嵌画。许多罗马的工匠，如镶嵌画工匠，在汪达尔人的统治下仍然继续工作。

西哥特人的商业活动遍及整个地中海地区。这是西哥特人的铜制兽形垂饰，时间可以上溯至公元500—600年，垂饰上可以看出希腊与近东艺术风格的影响。

勃艮第人的国家和各王国的衰亡

正当西哥特人与汪达尔人争夺西部诸行省时，勃艮第人（Burgundians）渡过莱茵河进入高卢，定居于今日内瓦湖畔的萨瓦地区，5世纪中叶进一步扩展到罗纳河与索恩河流域，以里昂城为核心建立了勃艮第王国。在度过了6世纪初的鼎盛时期后，勃艮第王国被另一支蛮族法兰克人（Franks）征服，其领土也并入了法兰克王国。507年法兰克王国又击败了高卢境内的西哥特人，后者将都城迁往西班牙的托莱多，但西哥特王国从此一蹶不振，直至8世纪亡于阿拉伯人之手。而早先被迫进入北非的汪达尔人并不甘心被逐出欧洲，自5世纪后期开始经常发起对意大利半岛和罗马城的侵袭，直到534年拜占庭皇帝查士丁尼时期，大将贝利撒留才率军彻底征服了汪达尔王国，暂时恢复了东罗马帝国对北非的实际控制。

476年西罗马皇帝被日耳曼雇佣军首领奥多亚克废黜后，东罗马皇帝一方面授予奥多亚克"执政官"头衔，另一方面故伎重演，利用东哥特人来驱逐奥多亚克的势力。489年东哥特人在首领狄奥多里克（Theoderic，约455—526年）的率领下进入意大利，并很快结束了奥多亚克在拉文纳的统治，从此东哥特王国开始统治了原罗马帝国的中心区——意大利北部。虽然东哥特王仍奉罗马皇帝为宗主，并且基本延续了帝国原来的治理模式，但是查士丁尼仍将盘踞意大利的东哥特人视为眼中钉，认为这将阻碍重建帝国的进程。因此在534年灭汪达尔

王国后，查士丁尼命令班师回朝的贝利撒留转道意大利，征剿东哥特王国。战争旷日持久，前后连绵二十余载，贝利撒留中途被纳西乌斯接任，直到554年之后才基本消灭了阿尔卑斯山以南的东哥特人，而此时东罗马帝国的鼎盛时期也开始褪色了。

日耳曼战士版画。菲利普·克吕佛作于1616年。罗马人与日耳曼人的区别被过分夸大为文明与野蛮的对立，这种文化情结一直到近代欧洲仍然流行，从版画中就能看出这一态度。

墨洛温家族
前期法兰克王国

当国王辞离人世之际，他的国家就被其诸子们所分割，但这纯属是由征服所使然的一种后果，并非为特定的日耳曼式的特征。

——亨利·皮朗

就在各蛮族王国兴衰混战的阵痛之中，一个不同于古典欧洲的"新欧洲"诞生了。5—6世纪，各蛮族王国相继衰落、分裂乃至灭亡，在西罗马帝国的废墟上，只有一个纯日耳曼人国家延续了下来，那就是法兰克王国。

法兰克王国的主要特征

虽然与早期的蛮族王国相比，法兰克建国姗姗来迟，崭露头角也很晚，甚至连其本身是否符合"国家"的概念都尚存疑问，但毕竟通过它，衰亡的古典世界和中世纪连接了起来。法兰克人也是日耳曼人的一支部族，原本居住于莱茵河中下游的右岸地区。4世纪开始，法兰克人越过莱茵河进入高卢行省。481年法兰克人首领克洛维（Clovis I,

克洛维与西哥特人之战。中世纪手抄本中的插图，往往以当时人们的装束去想象古人，实际上手抄本盛行的时代距离克洛维已经久远，可以肯定的是克洛维时代武士们的服装远不如图中的繁复。

466—511年）在高卢罗马贵族和教会人士的支持下，建立了法兰克王国。相传克洛维的祖父名叫墨洛维（Merovech），因而他的家族被称为墨洛温家族（Merovingian）。克洛维的法兰克王国与其他日耳曼人王国的区别之一在于，他们早在496年就接受了洗礼皈依基督教，而且信奉的是以罗马主教即教皇为代表的正统教派，这就使墨洛温家族在罗马人聚居的高卢比较受欢迎。

墨洛温家族统治时，依据法兰克人征服的时间顺序，其领土分成了奥斯特拉西亚（Austrasia，王国东北部相当于今天德国西部、比利时、荷兰、卢森堡和法国东北部一带）、纽斯特里亚（Neustria，王国西北部相当于今天法国北部除布列塔尼之外的地区）和勃艮第（Burgundy，王国东南部大致为法国东部、瑞士和奥地利一带）三个部分，三个地区之间有时候各自为政，有时候又拥戴共主。当时的日耳曼人尚无明确的国家观念，因此王国也被当作寻常的家产那样在继承人中间平分。

墨洛温家族的衰落

511年克洛维死后，他的四个儿子提奥多里克（Theodoric）、克洛多梅尔（Chlodomer）、希尔德贝尔特（Childebert）和克洛塔尔（Chlothar）就将父亲的国土当作战利品给瓜分了，然而他们并不是分别按照上述三个地区继承国土，而是分别在兰斯、奥尔

这尊雕像位于法国绍莱圣母院中，讲述的是法兰克人首领克洛维由圣雷米施洗，作者是埃蒂安·伊波利特·曼德隆。

良、巴黎和苏瓦松即位称王，这样就产生了四个小王国，加之原本就存在的三个地区的分野，法兰克王国很快就陷入分裂状态。可以想见，这种国土的代际分割用不了多久就会毁掉法兰克王国，因为它只会产生两种后果：要么其中一个国王雄心勃勃，为统一法兰克而手足相残；要么各小国王皆平庸无能之辈，最后一点点丢掉了统治的权力。

不幸的是，晚期墨洛温王朝不仅见证了兄弟间手足相残的悲剧，也经历了各王国昏君辈出的时代，这一时期的法兰克王被称为"懒王"。朝政逐渐被宫相所控制，宫相原本只是主管王室产业的官员，后来逐渐成为总理国家政务的实权人物。由于法兰克的王权有限，对领土的控制有赖于地方权贵的合作，而宫相基本上都出自这类权贵家族。与晚期墨洛温王朝"懒王"辈出的局面相对应的是，担任宫相之人多励精图治、雄才大略。不过即便如此，仍有一个问题尚待解决，那就是在纽斯特里亚和奥斯特拉西亚两地之间的宫相之争。

克洛维与其王后的画像。据说王后曾劝说丈夫皈依基督，克洛维承诺，如果上帝能帮助他取得胜利，他就皈依基督教。后来一次战役中克洛维见到了"圣迹"并转败为胜，从此受洗成为基督徒。

"上帝之锤"
查理·马特与普瓦提埃战役

假如没有查理·马特和他的胜利,法国将是阿拉伯的一个省。

——伏尔泰《风俗论》

伏尔泰对阿拉伯征服法国前景的假设,爱德华·吉本在《罗马帝国衰亡史》中也有相类似的阐释,近代欧洲的学者将查理·马特终止伊斯兰世界的入侵,上升到信仰与文明冲突的层面。不过在查理·马特生活的那个时代,这个意义或许并不明显。

统一法兰克的宫相

查理·马特(Charles Martel,688—741年)是奥斯特拉西亚宫相丕平二世(即赫斯塔尔的丕平,Pepin of Herstal)的私生子。在他出生之前,丕平家族已取得了奥斯特拉西亚的实际统治权,墨洛温王朝的"懒王"形同傀儡。但是在纽斯特里亚,由于深受罗马帝国传统的影响,那里的宫相往往对国王较为忠诚,所以纽斯特利亚国王提奥多里克三世和宫相艾布罗时常协同对抗丕平二世,以削弱其作为宫相的实力。虽然丕平二世并不总是占优势,但在687年他还是战胜了其他对手,成为全法兰克王国的宫相,并分别任命两个儿子为纽斯特里亚和勃艮第的宫相。

714年丕平二世去世,查理因为是私生子,被把持朝政的丕平之妻投入监狱。不过,此时的法兰克再次陷入混乱,内有纽斯特里亚贵族发动叛乱,外有萨克森人对边境的侵袭。查理就利用这动荡的局势,逃出监狱后迅速走上夺取权力的道路。就任奥斯特拉西亚宫相之后,他依靠自由农民组成的军队,平

定了纽斯特里亚的反叛,扶植克洛塔尔四世为傀儡国王,自任纽斯特里亚宫相。与此同时他的精锐部队在莱茵河流域的法兰克尼亚和巴伐利亚地区,分别击溃了萨克森人和阿瓦尔人的进攻,从而缓解了法兰克王国东部边界的局势。719年,他成为丕平家族又一位统一全法兰克的宫相,此时他已是名副其实的无冕之王。

普瓦提埃战役的胜利

732年普瓦提埃战役的胜利,为查理赢得了"上帝之锤"的威名,古法语中Martel有锤子的意思,从那时起查理便以查理·马特(Charles Martel,亦即"锤子"查理)名扬后世。既然是来自上

斯特拉斯堡大教堂彩绘玻璃上的查理·马特形象。斯特拉斯堡这个城市本身就具有典型的加洛林风格,它处于东西两法兰克王国的争夺地带。

查理·马特在普瓦提埃战役中，夏尔·德·斯托邦绘于1834—1837年。战役局势曾一度非常不利于查理，紧要关头他改变了排兵布阵的计划，从而取胜。

帝的锤子，可想而知其针锋相对者即不断扩张之中的伊斯兰世界。

自7世纪伊斯兰教创立以来，伴随着星月旗的脚步，阿拉伯帝国的铁骑从两河流域一直打到欧洲的比利牛斯山。730年，阿卜杜勒·拉赫曼（Abder Ramán）接任安达卢斯总督，成为阿拉伯帝国在伊比利亚半岛的最高军政长官。732年他再次集结大军北征，一路势如破竹并洗劫了波尔多，随后击败阿基坦公爵厄德（Eudes）。阿基坦虽然独立于法兰克王国，但此时已经退无可退，只得向查理·马特求援。眼见阿拉伯军队将逼近富庶的卢瓦尔河谷，查理·马特决定前去迎战。

10月，查理·马特与拉赫曼在图尔至普瓦提埃之间的战线上摆开阵势，为了避开阿拉伯军队的兵锋，查理·马特让厄德带领骑兵从侧方对拉赫曼的军队进行包抄，以断其辎重和补给队伍。惊讶之余拉赫曼决定向普瓦提埃撤退，但地形的限制使其军队行动缓慢。他用来殿后的部队又抵挡不住查理精锐骑兵的进攻，被一点点吃掉。无奈之下他只能决定在普瓦提埃城下与查理·马特决战，然而他陷

入了进退维谷的地步：前方是法兰克的追兵，后方是尚未攻克的普瓦提埃城。拉赫曼在前后夹击下死于战阵之中，从而解除了阿拉伯人对普瓦提埃的威胁。

普瓦提埃战役被后世看作基督教文明对伊斯兰文明的一大胜利，查理·马特被认为在关键时刻抵挡住了穆斯林的进攻，从而拯救了欧洲文明。不过，也有历史学家认为，此时阿拉伯已扩张到地理极限，对欧洲的侵袭更多在于劫掠财富而非新的征服。无论普瓦提埃胜利的意义是否被夸大，至少它对查理·马特的家族来说是至关重要的，因为正是这次胜利最终奠定了加洛林家族取代墨洛温王朝的格局，查理·马特之子宫相矮子丕平在751年废黜了墨洛温家族，加洛林王朝从此开始。

比利牛斯山位于西班牙与法国边境，中世纪这里曾长期是伊斯兰教与基督教世界的分水岭，普瓦提埃战役之后，伊斯兰国家的北方边界基本固定于此。

欧洲之父
查理大帝

我应该甘冒世人之指责，应该让我拙劣的才能甘蹈写作艰险，
而不应该吝惜我的声名，使这位伟大人物的遗念被后人忘掉。

——艾因哈德

查理大帝画像出自丢勒手笔，这也是查理大帝最著名的画像之一。画中查理的许多服饰其实是16世纪的式样，在查理本人生活的年代，即便是九五之尊的服饰也不可能如此富丽精致。

查理大帝是法兰克王矮子丕平的长子，不过他的身高并未继承乃父基因：2014年欧洲科学家在历经26年的研究后，确认了亚琛大教堂发现的遗骨确实属于查理，他们测算查理身高达1.84米，体重约78公斤。这位身材健硕的长者在46年的统治生涯中，通过南征北战建立了囊括整个西欧的帝国，也奠定现代欧洲的雏形，因此被形象地称为"欧洲之父"。

独掌江山

查理大帝（亦称查理曼 Charlemagne，约742—841年）的父亲矮子丕平原本是法兰克王国的宫相，逐渐掌握实权后就废黜了墨洛温王朝君主，自立为法兰克国王。当然这一切都是建立于查理·马特的赫赫武功之上的。756年时任教皇的斯蒂芬二世避难法国，寻求矮子丕平强有力的庇护，年仅12岁的查理受父命前往迎接教皇。斯蒂芬二世为查理施涂油礼，神圣的仪式似乎预示着查理称王的远景。

矮子丕平晚年发动了对高卢南部阿基坦地区的战争，年轻的查理随军作战。常年的军旅生涯培养了他的韬略与魄力、强悍勇武并对权力野心勃勃。而年幼时即蒙教皇祝圣的记忆，又让他深以"基督教保卫者"自居。768年矮子丕平去世后，按照法兰克人的习俗，国土将由查理和弟弟卡洛曼分享，

一话一说一世一界一

阿尔昆是一位来自英国约克的学者，定居于亚琛，并且担任宫廷内学校的校长。此外，他还是查理大帝的老师与政治顾问。图中他正向其他人传授他的知识。

10月9日卡洛曼在苏瓦松登基为王，查理则在努瓦永继承王位。法兰克王国出现了两个君主。这与从前墨洛温王朝时期的四分五裂、众王并存的局面相比，已经是很大的进步了。即便如此查理也不愿意与弟弟分享权力，他联合了岳父伦巴第王和巴伐利亚公爵塔西洛，结成反对卡洛曼的同盟。不过771年卡洛曼突然死亡，避免了兄弟间的手足相残，分裂的国土终于在查理手中重归一统。

南征北战

成为法兰克的唯一统治者后，查理的矛头立即指向了伦巴第国王德西德里乌斯。一方面，卡洛曼死后他的妻子——伦巴第国王的另一个女儿——携其子和卡洛曼的残部逃往伦巴第，受到德西

德里乌斯的庇护，后者希望以卡洛曼之子这张王牌制衡查理；另一方面，德西德里乌斯于773年入侵教皇国，而教皇国作为"丕平献土"的产物，是罗马教廷与加洛林君主的联盟象征，对教皇的威胁无异于挑战加洛林王朝的正统性。774年查理大军直抵伦巴第都城帕维亚，德西德里乌斯沦为阶下囚。于是在法兰克王冠之后，查理为自己带上了第二顶王冠——伦巴第人的铁质王冠。复活节时查理率军进入罗马，重申意大利领土归教皇所有，此后伦巴第人在意大利半岛的统治终结。

自772年以来，查理就开始对德意志的萨克森人用兵，希望将加洛林的统治和基督教的福音一同扩散到这片异教土地上。查理征服伦巴第后，萨克森人慑于他的威力，宣誓对查理效忠并皈依基督教。可是一旦查理离开罗马返回高卢，萨克森人就起而反抗。查理认

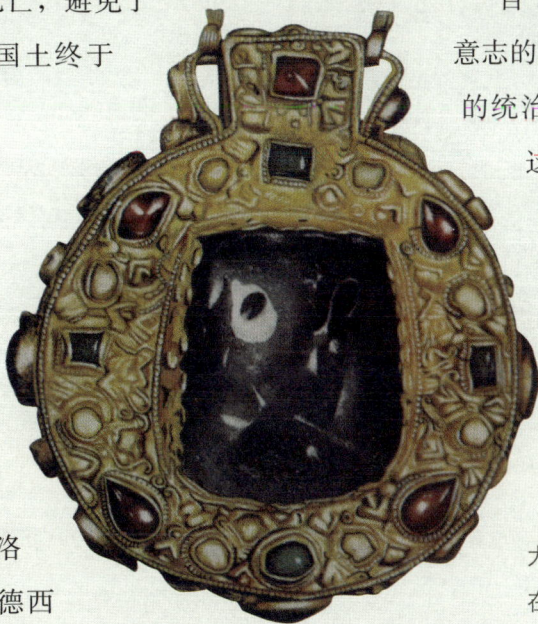

黄金与蓝宝石制作而成的查理大帝时代的首饰，据说它曾经镶嵌在一个基督的十字架上。

41

为这不仅是政治上的背叛，也是宗教上的变节。从772年至804年，查理先后18次和萨克森作战，双方互有胜负，但最终萨克森人不得不臣服于查理。事实上，查理与萨克森人的历次战役中也暴露了他的残忍嗜血，然而正是由此萨克森才成为法兰克王国的领土，进入了当时不断扩展的基督教文明圈。这对于后来中世纪德意志国家的形成具有非凡的意义。

除了在东部和东北部的扩张外，查理还继承了父亲向南扩张的事业。查理完成了对阿基坦的征服后，亲率大军越过比利牛斯山进入伊比利亚半岛。兵锋所指为摩尔人所建立的安达卢斯，也正是在查理征战西班牙的历程中，侄儿罗兰在朗塞瓦尔峡谷一战中英勇捐躯，这次战事后来演化成为中世纪最著名的英雄史诗《罗兰之歌》。795年查理设立了西班牙边区，标志着加洛林王朝在伊比利亚半岛的

> **知识链接：查理的几顶王冠**
>
> 查理原本就继承了法兰克的王冠。在此后的历年征战中，他所征服地区和王国的王冠也逐渐叠加在他的头上。首先他在攻灭伦巴第后获得了伦巴第人的铁质王冠。其后他完成了对阿基坦的吞并，又获得了阿基坦的王冠。不过，到781年查理第二次造访罗马，他说服教皇将他的两个儿子丕平和路易分别加冕为伦巴第国王和阿基坦国王。

统治。此外，查理通过对巴伐利亚和布列塔尼半岛的军事行动，进一步扩展了法兰克王国的疆域。查理的帝国西抵大西洋，南濒地中海，东临多瑙河，北达波罗的海，几乎囊括了今天的法、德、意、西、瑞士、比利时和卢森堡等国，奠定了西欧政治版图的雏形。

加冕称帝

799年，罗马的城市贵族发动暴乱攻击教廷，教皇利奥三世逃难至查理的宫廷。查理决定第三次进军罗马，亲自护送教皇。一路上查理的大军势如破竹，800年11月查理在罗马受到了空前隆重的礼遇。圣诞节当天查理在圣彼得大教堂做弥撒时，教皇利奥三世将一顶金皇冠戴在查理头上，并尊称他为"奥古斯都"。由于"奥古斯都"意指罗马人的皇帝，从此"查理大帝"的称号就诞生了。

这个今天看来确凿无疑的事实，在当时和后来的中世纪，却是经常引发争议的问题。一方面，罗马教廷竭力营造一种舆论，认为加冕是出自查理的请求，希望由教宗确认他为古罗马皇帝的继承人；另一方面，加洛林王朝则认为，查理的加冕是在他

查理加冕。与查理加冕事件本身的重大意义相比，教会和宫廷的不同记载似乎也很值得玩味。双方都力图将加冕说成是对方有求于自己的结果，埋下了中世纪数百年教权与俗权之间争斗的伏笔。

"缮写室"。查理大帝在位期间，奖励学校与图书馆的发展：它们之中有许多都成为手抄本装饰画的中心，也被称为"缮写室"。这张插图出自于亚琛学校所抄写的《金福音书》中的一页，描绘基督教的圣人——圣路加。

本人事先毫不知情的情况下，教皇主动为其戴上帝冕的。几百年来，无论是加洛林王朝还是他们的德意志继任皇帝们，都在这个问题上和罗马教廷各执一词，并进而引发教俗权力的激烈争夺。原因就在于，教廷的说法让人感觉是世俗君主有求于宗教君主——教皇，皇帝的权力来自教皇，由此教权应当高于俗权。世俗君主的解释则在于加冕乃是以君主

知识链接："奥古斯都"

一般提到"奥古斯都"（Augustus）主要是指罗马帝国的首位皇帝盖乌斯·屋大维·图利乌斯，不过从他开始以后的罗马皇帝也自称"奥古斯都"。因为罗马皇帝也是神，自称"奥古斯都"可以神化自己。正因此，拉丁文的 Augustus 具备了"神圣的、尊严的"意思。查理加冕时用的"奥古斯都"称号，表明他是罗马皇帝的继承者。而查理的帝国又基本与西罗马帝国的疆域吻合，所以人们又开始相信：罗马从没有灭亡！

庇护教皇为条件的，没有君主的保护教皇也就失去了法统，因此世俗权力高于教权。后来，由于加洛林帝国在查理死后很快分裂，而以查理继承人自居的德意志神圣罗马皇帝相对于教廷来说，其延续性相对较弱。所以中世纪大部分时期，教廷的理论占据了上风。

查理大帝不仅以南征北战而奠定西欧政治版图，他治理帝国的许多创举也对后世影响颇深。他将广大的帝国分成若干辖区，分别由伯爵和主教管辖，从而保证了有效的行政体系。此外，虽然查理出身行伍，但他对文化和学术极为重视，他在位于亚琛的宫廷中设立学校，奖掖文化事业方面有贡献者。据说查理不仅精通法语、德语、拉丁语和希腊语，他在枕头下面还放着手稿和蜡版，以方便随时学习数学和天文。也正是因为有了这种个人气质，才引领了加洛林文艺复兴之一时风气，从这个意义上说查理大帝不仅是政治地缘上的"欧洲之父"，他在文化学术方面的许多做法，虽由于帝国分裂而未能持久，也使他足够被称为文化上的"欧洲之父"了。

《凡尔登条约》
西欧国家的雏形初现

查理大帝依靠武力和手下士兵的不稳定的忠诚，只手撑起大伞，但是伞下却是习俗、文化、语言、宗教迥异的众多民族。

——C. 沃伦·霍利斯特

查理大帝虽然伟大，但终究是法兰克人，帝国对他未来的安排使他也逃不脱法兰克传统。他曾将帝国平分给几位继承人，但只有一个儿子活到查理大帝死后，所以这位名叫路易的皇子成为帝国唯一的继承人。查理大帝死后帝国没有立即分裂，实在是机缘巧合而非人意为之。

虔诚者路易时期的乱政

虔诚者路易（Louis the Pious，778—840 年）是查理大帝与皇后希尔德加德的儿子，查理大帝的长寿使得他几个儿子都在他之前离世，所以 814 年查理大帝死后，路易成为加洛林王朝的唯一继承人，他也被法国王室谱系追溯为路易一世。与他的父亲查理大帝、祖父矮子丕平和曾祖查理·马特的崇尚武功不同，路易更多地具备基督徒的理想主义情怀，他热切盼望实现《上帝之城》中尘世基督教王国的愿景，这种宗教上的笃信为他赢得了"虔诚者"的称号。

不过，好基督徒不一定能做好国王。与其先人们相比，路易缺乏强有力的手腕，政治谋略的缺乏也使他不能充分利用父亲留下的遗产。法兰克王国在查理大帝时期如同滚雪球那样越来越大，这些新近被征服的民族并未与原法兰克王国整合在一起，所以查理大帝去世之后，温和软弱的路易就不得不面对重新抬头的分立势力，比如法兰克东

境的萨克森人。然而，最让路易头疼的则是自家的内乱：他四个儿子之间的纷争以及他们合伙对抗父亲，构成了路易统治时期的主要历史。

817 年，即位不久的路易就遵照父亲的详细遗嘱，将帝国分给三个儿子：长子洛泰尔（Lothar，795—855 年）任共治皇帝并领有意大利，次子丕平（Pepin of Aquitaine，797—838 年）担任阿基坦国王，第三子日耳曼人路易（Louis the German，810—876 年）成为巴伐利亚的国王。然而到了 818 年，路易的皇后埃尔芒加德去世，他续娶巴伐利亚的朱迪斯公主为皇后，后者在 823 年为路易生下幼子，取名"查理"。从其为新生儿命名——以自己

查理大帝为虔诚者路易加冕。虔诚者路易正如其绰号那样，个人品质并不符合君主的标准，既缺少其父那种军事才能，也没有坚强意志压服宫廷的权力斗争。

的父亲查理之名——就能看出路易对他宠爱有加，于是他改变先前的安排，重新将帝国东部包括阿尔萨斯、勃艮第和部分德意志的领土分给小查理。此时，本就不安分的贵族们指责皇后朱迪斯集团蒙蔽昏聩的皇帝路易，在他们的煽动下前皇后的三个儿子联合发动了反对父亲的战争。他们先后于 830 年和 833 年两度囚禁路易和朱迪斯母子，

> **知识链接：虔诚者路易的传说**
>
> 虔诚者路易是中世纪笃信基督教的国王的典范，他对宗教的虔诚到了宿命论的地步。平时他每天都要穿过王宫的大回廊去礼拜堂祈祷。有一次他路过回廊时被上方断裂的石料砸伤，他判定这是神意在警示他将不久于人世，所以赶紧将国土分给儿子们。孰料以后他又活了很多年。

在教皇格里高利四世的支持下甚至废黜了父亲的皇位。834 年路易复位后，与丕平和日耳曼人路易讲和，但是长子洛泰尔仍对父皇的偏心不满，很快又发动叛乱，不过由于两位弟弟没能策应他，不久便被制服。到了 839 年，三子日耳曼人路易又起来反叛，不过由于丕平前一年已经去世，势单力孤的小路易并没有捞到什么好处就被赶回了巴伐利亚，皇帝路易趁胜把法兰克大片国土分给幼子查理。

兄弟三分帝国

840 年，心有不服的日耳曼人路易本想再次反叛，不过此时路易皇帝垂垂老矣，同年 6 月就撒手人寰，留下了一个国本未定、四分五裂的烂摊子。但是他几个儿子的战争并未因父亲去世而中断，绰号为秃头的幼子查理也加入了同父异母的哥哥们的角逐。显而易见，没有皇帝尊号的日耳曼人路易和秃头查理并不甘心臣服于长兄洛泰尔。而法兰克的大贵族们也不愿意看到皇帝洛泰尔的实力过于强大，所以在他们的默许支持下，日耳曼人路易和秃头查理联合起来对抗洛泰尔。名义上来说，洛泰尔作为皇帝应该拥有对全法兰克的统治权，但经过其父路易的乱政后，皇权逐渐成了空架子，终于在

虔诚者路易雕像位于德国汉堡市政厅。原来的市政厅在 1842 年大火后被毁，这座雕像兴建于 1913—1922 年。

图为1982年法国发行纪念《凡尔登条约》的邮票

世纪末的民族对立中扮演怎样的角色。

"罗马皇帝"的传承

这里所说的"罗马皇帝",是指公元800年加冕的查理大帝及其后继者。查理大帝在接受"罗马人的皇帝"尊号时,似乎是恢复了西部罗马帝国的往日荣光。然而应区分的是,这个头衔仅仅属于个人,并没有与之对应的国土,因为加洛林王朝的法兰克并不是罗马帝国,只是其国王拥有这个称号而已。

843年两位弟弟取得了对长兄的实质性胜利:他们迫使洛泰尔以分裂帝国为条件,承认其皇帝头衔。这就是843年的《凡尔登条约》。

根据条约,秃头查理获得了斯凯尔德河、默兹河、索恩河、罗纳河下游一线以西的国土,称西法兰克王国,这成为后来法兰西的主体部分;日耳曼人路易取得莱茵河以东、阿尔卑斯山以北的东部领土,这个东法兰克王国发展成后来的神圣罗马帝国;而长兄洛泰尔虽然得以承袭帝位,但其领土是从北海沿岸至意大利中部的狭长地带,被夹在了两个弟弟的国土中间。也不能排除当时路易与查理合谋的可能,将这片难以维持的国土留给洛泰尔。因为后来的历史证明,夹在两个王国间的皇帝直属领地很快就被挤压殆尽。

843年的《凡尔登条约》奠定了西欧国家——法国、德国和意大利——的雏形,而且兄弟之间的长久对抗纷争也影响了语言和文化的分野。当秃头查理向其西法兰克军队训话时,他所用的语言是现代法语的前身;而当他联合东法兰克军队时,他又必须以对方能听懂的方言讲话,这成为后来的德语。而直到今天,在法德两国结合处的斯特拉斯堡,法语和德语在此并行不悖,更具深远的象征意义。只消回顾历史,就知道这结合部的土地在19

从843年以后,随着加洛林帝国实际上的分裂,这个称号最后的威力也剥落殆尽。855年洛泰尔去世,他的三个儿子又瓜分了他的中法兰克王国,于是三分帝国成了五个王国之间的战斗。不过正如前面所说,这片狭长地带易攻难守,很快中法兰克王国的洛林地区就被东西两法兰克吞并。洛泰尔在阿尔卑斯山西南麓的领地——普罗旺斯——不断被西法兰克蚕食,所以不用多久皇帝的直属领地就仅剩下意大利北部一隅。

没有了稳固的领土做保障,加洛林王朝的皇位就变得更加虚弱。855年洛泰尔的皇位由其子路易继承,875年路易死后无嗣,不仅他的封地洛林被

查理大帝的孙子,皇帝洛泰尔,在帝国分裂后他占据中部地区(从北海直至意大利北部)。

两位叔叔瓜分，他的皇位也被秃头查理获得，秃头查理于同年圣诞节在罗马由约翰八世加冕称帝。仅两年后秃头查理去世，他的儿子路易二世（绰号"口吃"）是个胸无大志的人，甚至拒绝去罗马加冕为帝。所以皇位就转移到东法兰克日耳曼人路易的长子卡洛曼头上，皇位在各王国间的无序流转，不仅令后世眼花缭乱，就连当时的人们也颇感费解。当各法兰克君主忙于扩充自己的国土时，皇冠的贬值程度则可见一斑。不过，在880年卡洛曼死后，他的弟弟胖子查理将三个法兰克王国重新统一。因为早在876年胖子查理就继承父位成为施瓦本国王，879年接任意大利王位，881年由教皇加冕为帝。而当882年西法兰克路易三世死后，他又获得了西法兰克的王位。所以在他的统治下，

知识链接：勃艮第家族企图恢复洛泰尔王国

14、15世纪，法国的勃艮第家族逐渐取得了低地国家的众多领地，历代勃艮第公爵都希望将这些领地与其在法国的勃艮第公国连接起来，有许多历史学家认为，这实际上是勃艮第公爵想要恢复往日洛泰尔王国的雄心壮志。

分裂的加洛林帝国形式上又统一起来，只不过这次统一为时短暂，而且胖子查理远没有其同名先人那样的雄才大略。伴随着维京海盗和马扎尔人的入侵，加洛林王朝最后的光辉也即将被淹没。

斯特拉斯堡直到今天仍然保留着浓厚的多元文化色彩，尤其是法德两种语言、文化、思想观念都在此交融，虽然如今归属法国，但是这并不影响它历史上长期受德意志文化的熏陶。

大帝身后的帝国
拜占庭早期诸王朝

加洛林王朝的帝国虽然强大,却从来没有达到能和拜占庭帝国一较高下的程度。

正当西部欧洲各蛮族王国此起彼伏、相互攻伐之际,东方的罗马帝国——拜占庭——却维持着相对的统一与安定。虽同样面临着蛮族的威胁,但得益于早期诸皇帝的谨慎谋略,拜占庭帝国还是保持了边境总体的安定。

君士坦丁王朝后期的混乱

作为拜占庭帝国的首位皇帝,君士坦丁的统治在337年结束。他的去世预示着其王朝此后20多年的血腥内乱,而内乱的根源和后来加洛林帝国分裂也是如出一辙。君士坦丁大帝即位之前曾与米尔维娜生有一子,名叫克里斯普斯(Crispus)。成为皇帝后,君士坦丁又娶了地位较高的福斯塔为妻,育有君士坦丁二世(Contantine II)、君士坦提乌斯二世(Constantius II)和君士坦斯(Constans)三个儿子以及两个女儿。君士坦丁大帝原

位于罗马卡庇托尔的君士坦丁皇帝头像,这也是他为数不多的雕像之一。

本将长子克里普斯和次子君士坦丁二世立为恺撒,作为皇位继承人。然而好景不长,被父亲寄予厚望且军事才能卓著的克里斯普斯却被怀疑与其后母、年轻的皇后福斯塔有染。盛怒之下的君士坦丁于326年秘密处决了克里斯普斯。当然也有人怀疑,这本身就是福斯塔的阴谋,她本人后来也被皇帝淹死在浴池中。

经此变故,君士坦丁决定将其余的三个儿子同时立为继承人。337年君士坦丁在尼科米底亚行宫去世前,将帝国交给他们并划定了统治范围:君士坦丁二世统治西班牙、高卢和不列颠等西部行省,君士坦提乌斯二世统治东部的色雷斯、西亚和黑海地区,君士坦斯则获得了北非、意大利、达西亚和马其顿的统治权。很显然,君士坦丁晚年的这个安排是相当失败的,他儿子们血腥的手足相残很快就导致君士坦丁直系后裔中的男性基本被杀,最后只得由君士坦丁异母弟的儿子朱利安(Julianus)来继承皇位,他也是君士坦丁王朝最后的皇帝。由于他在位时改变了君士坦丁对基督教的政策,转而恢复了古典多神教崇拜,所以他被冠以"叛教者"之名。

提奥多西王朝和利奥王朝

从363年朱利安皇帝死后,东西分立已成趋势的帝国又经历了十多年的混乱,到379年提奥多西一世即位后终于恢复了相对安定,很大程度上是由

利奥一世时期发行的金索利达。462—473 年间于君士坦丁堡铸造。由于其质地上乘且币值稳定，拜占庭金币曾长期是中世纪欧洲通用的国际货币。

知识链接：《提奥多西法典》

罗马法律由历代皇帝颁布的敕令和法令汇编而成，到提奥多西二世时这些法令不仅疏漏而且相互矛盾。皇帝以学者的严谨态度，组织了一个编纂委员会，历时八年编订完成法典，即《提奥多西法典》，438 年正式颁布。这是现存最古老的法律汇编，也是最能体现当时帝国治理的很多方面的文献。

子小利奥手中夺权，然而他的权力也不稳固，外戚瓦西里斯库斯又将他赶下皇位。最终的结局颇为讽刺，一个名叫阿纳斯塔修斯的安条克大教长结束了利奥家族的乱政。

于他对北方的蛮族由过去的镇压转向怀柔安抚，暂时缓解了边境上的危局。此外，他即位后在帝国东部维护了基督教正统教派的地位，继续推行君士坦丁的宗教政策。393 年他更是宣布将基督教定为国教，从而为他赢得了基督教史家笔下"大帝"的称号。

提奥多西一世是统一的罗马帝国最后的皇帝，他死后帝国东西部分别由他的两个儿子继承，不过他的后继者多是庸碌无为、乏善可陈之辈。值得一提的是，提奥多西一世的孙子提奥多西二世（Theodosius II，401—450 年）在位时，编订了著名的《提奥多西法典》。这位学者型的君主并不善于治国理政，实权基本掌握在他的姐妹手中。但是作为他学术活动之一的法典编纂却成为重要遗产。

457 年，出身行伍的伊利里亚人利奥一世（Leo I，457—474 年在位）成为拜占庭皇帝，开始了利奥王朝的统治。利奥一世的后人们深通君士坦丁家族骨肉相残的精髓，所以利奥一世的女婿芝诺从儿

提奥多西一世与圣安布罗斯，范戴克绘。圣安布罗斯是当时的米兰主教，也是著名的早期拉丁教父之一（其他教父包括圣奥古斯丁、圣热罗姆和大格里高利等）。

重铸帝国
查士丁尼的对外扩张

他把诸多蛮族国家都纳入罗马帝国，建立了许许多多城市，确立了纯正的信仰，堵塞了错误的思想道路，宽容地对待那些反对者。

——普罗柯比《建筑》

无论普罗柯比的赞颂是否如后世所说是"违心之作"，我们可以肯定的是从 527 年至 565 年这段时期是拜占庭帝国史册上最光辉的篇章，这个帝国的第一个黄金时代至今仍以它的主宰而命名——查士丁尼时代。

早年的峥嵘岁月

查士丁尼（Flavius Petrus Sabbatius Justinian，约 483—565 年）不同于先前那些系出名门的皇帝，他的家乡在巴尔干半岛的达尔达尼亚省，他是一名普通农民的儿子。可能是出身于山区的缘故，他为人严肃、阴沉甚至有些木讷。但是这种外表下隐藏着他作为帝王的特质：刚强、果断、遇事冷静，虽近乎专制但不乏宽广的胸怀。不过，他初登拜占庭历史的舞台，却是由于他的舅父——行伍出身的查士丁一世（Justin I，518—527 年在位）当上了拜占庭的皇帝。

实际上，早在查士丁一世戎马倥偬之时，他的这个外甥就是其得力助手。查士丁一世之所以被大贵族们拥立为帝，很大原因在于其文化程度较低，据说他甚至连自己的名字都不会写，这样的皇帝自然更便于他们操纵。然而他们打错了算盘，查士丁尼自 518 年以后就是皇帝权力的实际掌控者，虽然直到 9 年后查士丁一世才以 80 岁高龄去世，但查士丁尼作为皇帝的生涯似乎应早于这个年头。在

正式成为皇帝查士丁尼一世之前两年，他获得了将极大影响其帝王生涯的另一个人——他的妻子，即皇后塞奥多拉（Theodora，500—548 年），这个同样出身寒微的女子以其特有的方式影响了丈夫，从而也影响了拜占庭的历史。即便是抨击她

这尊象牙浮雕的主人公被认为是查士丁尼，不过也有人怀疑是另一位拜占庭皇帝阿纳斯塔修斯一世。

查士丁尼出生地，位于今天马其顿共和国境内的塔雷西姆古镇。

残酷、奸诈的普罗柯比也承认她的钢铁意志和政治韬略。应该说，拜占庭黄金时代的光辉应分属于皇帝伉俪。

然帝国与波斯最终打了个平手，但是这次缔结和约使拜占庭获得了移师西征的有利时机。而在尼卡暴动中受损的君士坦丁堡，在有计划的修缮中逐渐恢复起来，查士丁尼毕其一生未停止过新罗马的扩建工程。君士坦丁大帝赋予这个城市以生命，查士丁尼则要赋予其荣光。踌躇满志的皇帝准备上路了。

皇帝的踌躇满志

532年，帝国都城君士坦丁堡爆发了著名的尼卡起义，这场由竞技场比赛引发的大规模暴动带来了整座城市的骚乱，一时间帝都大有毁于暴动之势。初登帝位的查士丁尼也开始自乱阵脚，打算仓皇出逃。正是在这个关键时刻，皇后阻止了他的愚蠢计划，并且以其特有的镇静稳健，压服了朝廷中的不同政见者。著名的将领贝利撒留（Belisarius，约505—565年）率领军队，以非常残忍的方式镇压了这次起义，付出的代价是屠杀了3万多人。不过，正是站在民众支配政治的牺牲品的盾牌上，查士丁尼开始了他真正的专制统治。

贝利撒留在镇压尼卡暴动的过程中成为皇帝的得力助手。早在527年开始的第一次波斯战争中他就显露出查士丁尼时代最重要统帅的潜质，虽

帝国的光辉重现

贝利撒留作为拜占庭历史上最杰出的军事统帅，能与查士丁尼皇帝生活于同一个时代，正可谓生逢其时。贝利撒留不仅以实战经验而闻名，而且对军事技术和战术的发展也有着重要贡献，而查士丁尼一心想恢复往日罗马帝国的荣光，这种壮美的雄心正好为贝利撒留提供了广阔的舞台。而作为拜占庭的文化名人之一，历史学家普罗柯比（Procopius，500—565年）当年就是作为贝利撒留的秘书随军而行的，因此他得以亲眼见证了许多重大历史事件，从而成为查士丁尼时代最重要的记录者。

自君士坦丁以来，历代拜占庭的皇帝都以罗马帝国的继承人自居，尤其是476年西罗马帝国毁于蛮族以后，君士坦丁堡的皇帝们更是自称罗马皇

帝。面对西方蛮族不断建国的浪潮，拜占庭皇帝依然宣称在法统上具有最高君主的地位，而各蛮族国王都是作为皇帝的"代理人"和"委托者"定居于这些行省。然而，早期诸帝对此主要停留在口头和道义层面，帝国在东部立足未稳和王朝的内乱，使得皇帝们对于收复故土心有余而力不足。不过，这一切都将因查士丁尼而改变，他不仅声称自己是最高权威，他更要以实际行动来重现昔日帝国雄风。

527年，在查士丁尼即位当年就开始的第一次波斯战争，实际上就是为全力西向所做的准备。时年25岁的贝利撒留在德拉一战中获胜（530年），随后又趁胜在贾里尼克战役中以2万军队击溃了1.5万波斯骑兵，从而迫使进犯的波斯国王库斯鲁一世停战，这就为调兵西向提供了稳定的后方。

喂马。作于6世纪的镶嵌画，描绘的是当时拜占庭居民的日常生活场景。

查士丁尼重铸帝国的历程是从北非故地开始的。533年，查士丁尼命贝利撒留统帅1.8万将士和百余条舰船直驱北非的汪达尔王国。自5世纪以来，拜占庭逐渐丧失了对北非诸行省的有效控制，不得不默认汪达尔人的实际统治。贝利撒留通过充分了解地形和敌军部署之后，决定避实就虚，由南向北的海岸线进取汪达尔王国，534年打败了汪达尔国王盖里默，从而为帝国夺回了北非的国土。

在北非的局势稳定后，535年贝利撒留挥师北上，越过地中海在西西里岛登陆，一路上不断击败东哥特人，并于536年底光复了罗马城。东哥特人对罗马城久攻不克，反而被贝利撒留的兵锋逼退到波河流域，537年北部都城拉文纳光复。但是540年波斯再次西侵，查士丁尼诏令贝利撒留回师东部。东哥特人获得了喘息之机，迅速反攻至半岛南部的那不勒斯。此后贝利撒留虽短期夺回罗马，不过直到552年拜占庭军队才在纳尔西斯（Narseas）的率领下彻底击败东哥特人，收复了意大利全境。

意大利拉文纳圣维塔莱大教堂中的贝利撒留马赛克像，拉文纳在查士丁尼时代是拜占庭统治意大利的首府，因此其教堂保存了大量拜占庭镶嵌画。

重新恢复了帝国在地中海南岸和意大利的国土后，查士丁尼下一步目标是西班牙行省。占领意大利半岛为此提供了极大便利，554年帝国军队进入西班牙击败西哥特人的抵抗，征服了伊比利亚半岛的东南部，将科尔多瓦设置为西班牙行省的首府。

然而，黄金时代并不是没有阴影。查士丁尼的征服战争逐渐穷兵黩武，给当时的帝国臣民带来了很大负担。此外，君士坦丁堡也在559年陷入保加利亚人和斯洛文尼亚人的围攻，帝国都城霎时间危在旦夕，贝利撒留再次成为帝国的拯救者。不过，应该说到此时为止，查士丁尼基本实现了他的夙愿，他重新将地中海变成了帝国的内湖，这个帝国虽然还不能和当年的罗马帝国相比，但是相对于查士丁尼以前的领土，已经大为扩展。只是，查士丁尼的雄才大略无法改变已成型的欧洲格局，短暂的征服虽然恢复了国土，但是民族的分布却早已今非昔比。所以，查士丁尼去世后，一度扩张到极限的拜占庭帝国很快就收缩了，以后的皇帝们再也没能达到查士丁尼的高度。

塞奥多拉皇后。来自于圣维塔莱的马赛克画局部，拜占庭皇帝查士丁尼之妻——塞奥多拉皇后及其随从。

查士丁尼发行的拜占庭金币

战略收缩
希拉克略时代的拜占庭

在一系列战争进行之时，一位伟大的皇帝挺身而出，保卫了帝国边境。如果历史止于那时，希拉克略无疑会跻身"大帝"之列。

查士丁尼后期，拜占庭的边防就已出现了松懈，这种趋势在他死后更加明显。后继者们缺乏查士丁尼的雄才大略，从6世纪晚期到7世纪初的几十年间，拜占庭帝国的实力迅速下滑，伴随着疆土日蹙，拜占庭也完成了向希腊帝国的转型。

力挽狂澜的希拉克略王朝

查士丁尼虽实现了重铸帝国的梦想，但是他在西欧的战果没能持续多久。570年左右，作为蛮族入侵的迟到者伦巴第人攻入亚平宁半岛，占据了意大利北部的波河流域，形成伦巴第王国，从而将拜占庭在意大利的领土挤压至南端一隅。查士丁尼在伊比利亚半岛的战果，也在616年被反攻的西哥特人所吞噬。失去了地中海北岸和西岸的优势后，拜占庭又在7世纪90年代丢掉了北非的领土，前汪达尔王国的土地被新兴的阿拉伯帝国吞并。

逐渐丢失西方领土的同时，拜占庭也面临着来自东部的威胁。波斯帝国在7世纪最初20年里占据了叙利亚、巴勒斯坦和埃及，而且阿瓦尔人在巴尔干半岛的势力也膨胀起来，甚至一度与波斯人联手围困了君士坦丁堡。查士丁尼以后的皇帝们不得不放弃了在西方的野心，全力转向东方、北方的防务。610年即位的希拉克略一世（Heraclius I，610—641年在位）是一个极具组织能力的统帅、政治家，于危难之时拯救了拜占庭。他将阿瓦尔人

的威胁暂且放下，于622年至630年间取得了对波斯人的胜利，遏制了东部边境的涣散。波斯帝国与拜占庭缔结和约，将之前侵占的领土全部归还。此外，在对波斯的战争中，他为基督教世界赢回了至高无上的圣物——据传是耶稣受难时的那座十字架。而阿瓦尔人在626年围困君士坦丁堡未果之后，就开始盛极而衰。希拉克略与保加利亚人结成联盟，从而有效地牵制了阿瓦尔人。

战略收缩与帝国定型

然而，波斯帝国对东部的威胁刚刚褪去，新兴的伊斯兰世界就开始对拜占庭形成新的压力。穆斯林军队在伊斯兰教的感召下，从中东横扫而至，一路夺取了叙利亚、巴勒斯坦和埃及。取得东地中海的控制权后，阿拉伯人很快就直接威胁君士坦丁

现藏于卢浮宫的一块十字架饰板，铜质表面以珐琅彩和镀金装饰，描绘的图景是小天使和罗马神话中的大力神海格力斯接受波斯王库斯罗二世投降。反映了591年拜占庭军队击败波斯军队后发生的一幕。

图为中世纪彩绘，描绘了东罗马帝国军队和波斯军队交战的场景。

希拉克略统治时期，全国分为三大军区，9世纪时军区增加到10个，10世纪达到29个，11世纪多达38个。各军区的辖区越来越大，这样各个地方都直接处于军事将领的实际控制下了。

堡，这种态势将希拉克略皇帝当初的战绩一扫而光。自673年开始，阿拉伯人就屡次三番进攻君士坦丁堡，从海陆两方面的同时进军给拜占庭的防卫带来巨大压力，717年的围困更是令帝国都城命悬一线。不过，凭借着传奇的"希腊火"（拜占庭帝国所发明的一种可以在水上燃烧的液态燃烧剂，主要应用于海战中），拜占庭军队屡次击退阿拉伯帝国的进攻，直到8世纪以后穆斯林的威胁才逐渐缓解。而对欧洲来说，君士坦丁堡不仅是拜占庭的都城，更是基督教世界抵御伊斯兰的桥头堡，一旦桥头堡失陷，则中欧乃至西欧的广大地区将直接暴露在星月旗的弯刀之下。

经历了两个世纪的九死一生后，拜占庭帝国还是延续下来了。不过，经历种种劫难的帝国产生了明显变化。一方面，鉴于战事频仍，帝国当局逐渐取消了原先继承自罗马的行省，而以军事长官兼领地方行政，从而将帝国全境划分成数个军区。在希拉克略后人的统治下，军区数量不断增加。军区制虽有利于集中帝国防卫力量，但是也埋下了分裂的隐患。另一方面，永久丧失了叙利亚、巴勒斯坦和埃及等东方富庶行省后，拜占庭的商业贸易逐渐凋敝，经济形势大不如前。早期的商业帝国色彩逐渐

褪去，东方都市的丧失更加剧了帝国农业文明的色彩。而亚洲非洲领土的缺失，使拜占庭完全成为一个东南欧国家，它的统治范围和古代的希腊世界基本重合，正是在不断丧失国土的痛苦中，拜占庭帝国的希腊化进程完成了。

希拉克略将"真十字架"奉回耶路撒冷。据传这就是当年耶稣受难时被钉死在其上的十字架，是全基督教世界至高无上的圣物。

海盗时代 诺曼人劫掠欧洲

亲亡畜死，苦短吾生；
一物不灭，亡者之名。

——诺曼人警句

查理大帝帝国分裂后，欧洲人很快进入其历史上最暗无天日的一页：各王国间彼此争斗、混战不已，穆斯林再次从南方威胁基督徒的生存，马扎尔人不断进攻中欧，兵锋一度直抵西法兰克，而在所有侵略者中最让欧洲人不寒而栗的，则是来自北欧的诺曼人。

诺曼人劫掠的特点

从诺曼人（Northman 或 Norman）的称呼上就知道他们来自于北方，具体而言，他们来自于整个斯堪的纳维亚地区，他们的另一个名称"维京人"（Vikings，北欧海盗）也很好地说明了其发源地。今天被分为丹麦、挪威和瑞典等国家的地区，在当时还是一个模糊的概念。当地的经济依靠谷物、渔业和畜牧业，受制于气候、土壤和农业规模，斯堪的纳维亚的人口密度相对于其生存面积来说，实在是过

这样精致的木制雕刻常见于维京海盗船的船首与船尾桅杆。桅杆上面的动物头像可能用于威吓敌人，也可能是用来让对方知道我们维京人是凶猛的战士。

于庞大了。当无业游民达到一定数量时，各种纠纷乃至冲突就不可避免。这在某种程度上，能够解释诺曼人为何会对欧洲大规模侵袭。

诺曼人对欧洲的侵袭主要集中于沿海或沿河的城市与乡村，这些地区的修道院和教堂更是他们抢劫的重点。因为在中世纪早期的欧洲，修道院往往集中了当地最为珍贵的财宝、圣物和经卷，而教堂则由于是帝王陵寝所在，同样不乏奇珍异宝，诺曼人对亚琛的洗劫颇能证实其目的，在这次行动中他们不仅洗劫了亚琛大教堂，还焚毁了查理大帝的陵墓。此外，诸法兰克王国的宫廷所在，也是诺曼人常常光顾的地区。845 年诺曼人从塞纳河口溯流而上直抵巴黎，查理大帝的孙子、西法兰克国王秃头查理不得不花费 7000 镑银子贿赂，诺曼人方肯退兵。

虽然斯堪的纳维亚的劫掠者被统称为诺曼人，但是各支诺曼人的劫掠路线稍有区别。大致而言，来自丹麦的诺曼人主要方向是西法兰克和不列颠岛各王国，挪威的诺曼人主要着眼于苏格兰、爱尔兰和北大西洋的各岛屿，瑞典的劫掠者更倾向于东进，他们的航船沿波罗的海抵达罗斯诸国，甚至远抵拜占庭的腹地——通过东欧的各大河流实现目的。由此观之，诺曼人的侵袭其范围之广、为患之烈、记忆之深，对欧洲历史有着持久的冲击力。

这是一个雕刻成棋子的维京战士（熊皮武士）雕像，他正在狂怒地咬着自己的盾牌。英文中"狂暴"一词，就来自于古斯堪的纳维亚语。

诺曼人侵袭的遗产

诺曼人对欧洲的侵袭一直延续到10世纪下半叶才结束，虽然给当时的欧洲人留下了痛苦记忆，但是也给中世纪欧洲留下了特别的遗产。首先在英格兰，丹麦人的到来打乱了岛上原有的格局。先前的盎格鲁-撒克逊诸王国在维京人的进攻下纷纷沦陷，到9世纪70年代英格兰本土的王国中只有韦塞克斯保持了独立。878年韦塞克斯国王阿尔弗烈德大帝（Alfred the Great，871—899年在位）赢得了关键性的战役，将英格兰从丹麦的控制下解救出来。原本列国混战的英格兰，此时向统一迈出了一大步。

其次，挪威的诺曼人统帅罗尔夫（Rolf）于911年和西法兰克王查理三世达成了和约，获得了从塞纳河口至鲁昂一带的土地，这个"缓冲国"就成为后来的诺曼底公国（Duchy of Normandy）。查理三世虽绰号为"傻子"，但与诺曼人的妥协则并不傻，而是一种"以夷制夷"的策略：与其自己出钱出力抵抗讨好诺曼人，不如让诺曼人的一支与自己结盟，来防卫其他的诺曼人。

此外，瑞典的诺曼人向东进发，很快就攻

> **知识链接：诺曼底公国**
>
> 9世纪下半叶，诺曼人侵袭的势头放缓，许多诺曼人已在欧洲大陆定居。位于塞纳河口的诺曼人就是如此，911年其首领诺曼底公爵成为法国国王的封臣。诺曼底公国组织严密，行政效率很高，这为后来入侵英格兰准备了条件。

入俄罗斯平原，并于9世纪晚期在诺夫哥罗德（Novgorod）建立起自己的国家，被统治者则是当地的斯拉夫人。诺夫哥罗德的瑞典人王公逐渐发展壮大，于10世纪占领了基辅，这就奠定了基辅罗斯公国的雏形。只不过由于斯拉夫人在文化上更接近拜占庭，因此基辅罗斯的瑞典王公很快就被其臣民所同化，逐渐失去了诺曼人的文化特质。

这只镶嵌着红色珐琅的镀铜盒子，曾经是苏格兰修士的圣物箱，后来成为维京人的战利品。

萨克森人的复仇
奥托大帝及其帝国

萨克森的五代君主中第二代君主脱颖而出——奥托大帝，也许是他的萨克森祖先流血牺牲变成了获得胜利之果的源泉和动力。

——阿尔弗雷德·米尔

加洛林帝国分裂后，东法兰克王国扩展到今天德国的大部分地区。在查理大帝时代，这块区域属于新近征服的萨克森部族，而且他们直到当时才皈依基督。不过，稍显讽刺的是，法兰克人查理大帝留下的帝国回忆，将由其昔日宿敌萨克森人重振雄风。

奥托大帝其人

历史总是惊人相似，中世纪史的读者总会将奥托大帝与查理大帝作对比，两者也的确不乏共同点：征服异族、平定叛乱、开疆拓土以及最重要的加冕称帝。不过，仔细查考两位皇帝的生平细节，仍能看到时代给他们打上的不同烙印。奥托大帝（Otto I the Great，912—973年）即奥托一世，他是德意志国王捕鸟者亨利一世的儿子。919年，捕鸟者亨利（Henry I，876—936年）当选国王，开创了萨克森王朝的统治。亨利绰号"捕鸟者"，或许是由于他得知自己被选为国王时正在放鹰的缘故。遗憾的是，作为萨克森公爵的亨利只是德意志众多部族公爵中的一员，而萨克森是法兰克王国的新领土，因此他们作为王室的权威远不如加洛林王朝。亨利对自己的弱势地位心知肚明，因而将精力集中于其萨克森领地的经营，而真正实现对日耳曼王国的控制，则要等到他的儿子奥托来完成。

知识链接：部族公爵

德意志的公爵领地是在原部族聚居地基础上形成的，因而公爵的头衔即是其所属部族的名称，法兰克尼亚即法兰克人聚居之地，巴伐利亚公国为巴伐利亚人定居地，施瓦本公国为阿勒曼尼人和施瓦本人定居地，萨克森公国为萨克森人的土地。这种部族间的割据特性比同时期法国和英国都更为突出。

936年奥托继承了父亲的王位，此时德意志的内外环境极为险恶。一方面，德意志的法兰克尼亚、巴伐利亚、施瓦本等地的公爵对萨克森王室叛服无常，即便在萨克森内部，奥托也面临着兄弟的反叛。另一方面，10世纪时欧洲正经受着马扎尔人的入侵，他们自匈牙利发起进攻，地处中欧的德意志首当其冲。奥托之父在位时不得不纳贡求和，但马扎尔人的威胁并未解除。而作为德意志史上最杰出的君主之一，奥托大帝毕生的才华也将付诸三

中世纪手抄本中的奥托大帝画像。当时的传统认为长发是王者神性的象征，尤其是法兰克首领都是长发为标志的，因此后来的君主纷纷效仿，实际上奥托本人或许并没有这么长的头发和胡须，宣传意义大于写实意义。

知识链接：神圣罗马帝国名称的演变

奥托一世本人未用神圣罗马帝国皇帝名称，他只有"奥古斯都"尊号。奥托二世开始称"罗马皇帝"，康拉德二世在位时（1024—1039年）始称"罗马帝国"，腓特烈一世于1157年定国号"神圣帝国"以对抗"神圣教会"，以后逐渐合为"神圣罗马帝国"，到腓特烈三世在位时（1452—1493年）国号变成了"德意志民族神圣罗马帝国"，表明帝国疆域越来越小仅剩德意志的领土了。

个主要目标：保卫东法兰克王国，击退马扎尔人；驯服各部族公爵的权力和野心；此外还要与西法兰克王国争夺中间王国的遗产。

"查理大帝复活"

奥托一世即位后恢复了加洛林王朝的古老传统，即在查理大帝的首都亚琛接受日耳曼国王的加冕和涂油礼。他还重开法兰克宫廷的宴饮传统，以

属于皇帝奥托一世的矛头。据说这只矛头内有一件重要的圣物，即耶稣基督殉难十字架的小块碎片。

四大公爵——法兰克尼亚、施瓦本、巴伐利亚和洛林——作为宴席司礼官，这种对传统仪式的回溯增强了萨克森王室的神圣性。937年，他的异母兄长唐克马尔率领部分萨克森贵族发动叛乱，很快就得到法兰克尼亚、巴伐利亚和洛林诸公爵的响应。这是对初登王位的奥托的严峻考验，精明的奥托联合中小贵族对抗大贵族的武装，经过三年战争顺利平定了叛乱，其兄唐克马尔被杀，法兰克尼亚公爵求和，巴伐利亚公爵逃亡后，奥托任命自己的弟弟为新公爵。

奥托在逐步降服各公国的同时，也实现了对勃艮第和普罗旺斯两地的控制。作为中法兰克王国的组成部分，勃艮第和普罗旺斯一直是东、西法兰克争夺的对象。937年奥托抓住时机，使自己成为阿尔王国（即勃艮第和普罗旺斯）幼主康拉德的监护人，从而实际控制了该国。后来，康拉德的姐姐阿德尔海特成为奥托的王后，由于阿德尔海特的前夫洛泰尔具备意大利王国的继承权，因此奥托于951年率军进入亚平宁半岛，提出对意大利的继承权。虽然教皇拒绝为其加冕，奥托还是自立为"意大利国王"。

尽管在兵力上处于 1:5 的劣势，但是凭着身上较好的铠甲保护，日耳曼骑兵（左）在列希菲尔德战役中击败了马扎尔人（右）。

知识链接：奥托一世对教廷的干涉

奥托一世于 962 年在罗马加冕时，当地正陷入封建无政府的混战状态。奥托恢复了秩序之后，从教皇约翰十二世那里得到了皇帝能够批准或否决教皇选举的权力。此后教皇又开始反悔，与曾经的对手伦巴第人联合对抗奥托，引发了 966 年皇帝第三次远征意大利。中世纪曾多次发生皇帝操纵选举乃至直接废立教皇的争端。

安定下来，日耳曼文化获得了向东扩展的前沿阵地，从这个意义上说，奥托也实现了当初查理大帝的功绩。

击败马扎尔人之后，奥托再次将注意力转向亚平宁半岛，而这次的进军已经和第一次大不相同。此时意大利北部的伦巴第人进攻教皇，教皇约翰十二世被迫向奥托求援。这不仅正合奥托的心意，而且与当年的查理大帝亦极相似。961 年奥托在帕维亚加冕为意大利国王，次年即 962 年在罗马由教皇加冕为"罗马皇帝"。至此，奥托一世不仅光复了查理大帝的帝国光辉，也将古罗马帝国的回忆在西方接续起来。一个被后世称为神圣罗马帝国的政治体宣告成立，此后将在欧洲历史舞台扮演重要的角色。

950 年，奥托击败波希米亚公爵，势力范围扩展到中东欧的同时就与马扎尔人直接相连。955 年，奥托集合了各大公国的军队，在奥格斯堡附近的列希菲尔德（Lechfeld）战役中击溃马扎尔人，以巨大的胜利结束了后者对欧洲的威胁。奥托一世以这次成功的战役向人们证明：只有他——而不是那些拥兵割据的公爵们——才是日耳曼土地的真正捍卫者。此后德意志的东部边境

962 年，奥托一世在加冕典礼上使用的黄金王冠。

萨克森王朝的帝国

由奥托大帝创建的神圣罗马帝国，在18 世纪被伏尔泰讽刺为"既不神圣，也非

万国来朝。斯洛文尼亚（斯拉夫国家）、德国、法国、意大利等国家派遣的使节向神圣罗马帝国皇帝奥托三世鞠躬致意。

罗马，更非帝国"，但是在萨克森王朝时代这个新罗马帝国的确名副其实。而且，奥托大帝安排了其继承人、未来的奥托二世（973—983年在位）与拜占庭帝国的公主联姻，从而使萨克森王族具备了东罗马的皇室血统，此举除了增添王室的罗马光环之外，也将拜占庭在意大利半岛的领土作为嫁妆带入奥托的帝国之中。

966年，罗马城发生了几个教皇对立争执的乱局，奥托率军第三次远征意大利。奥托的处理办法是废黜对立的教皇，指定一个自己人做新任教皇，由此皇帝就取得了对教皇的绝对优势。虽然在漫长的历史进程中，德意志的皇权与罗马的教权总是相互斗争，此消彼长，但是在萨克森王朝，教皇的权威还未能达到后来的高度。而由于获得了在意大利半岛的领土，皇帝更能胁迫教皇。到奥托大帝的孙子奥托三世在位时（983—1002年），萨克森

王朝治下的帝国已经成为中世纪早期欧洲最强大的国家。

不过，在奥托及其后人加强帝国统治的过程中，一个影响历史的重要因素初现端倪。由于皇帝们对部族公爵的不信任，他们逐渐将帝国的行政事务交给教会人士，一方面教会人士——以主教和修道院长为主——受过良好的教育，更能胜任地方的治理；另一方面他们的领地和武装实力远不如世俗贵族，更易受皇帝的控制。这在帝权强大的奥托时代自然不成问题，但是在后来的历史中其"双刃剑"的特点却愈发明显了。

王权与教权。画中的这位中世纪的国王，向主教授予宗教节杖作为其权力象征。奥托大帝通过任用主教和修道院长管理政府，从而加强对全国的控制，这也使得神职人员成为国王的封臣。

法兰克人再称帝
萨利安王朝的统治

康拉德这个法兰克的萨利安人与查理大帝有某种相似之处，他们的家族在 224 年之后又登上了德意志皇帝的宝座。

对于同时代人来说，萨利安王朝的第一任皇帝康拉德二世代表着法兰克人重回统治地位。他们说"康拉德的马鞍上挂的是查理大帝的马镫"，这个家族不仅有着法兰克人的血液，也继承了奥托帝国留下的遗产，不过在连续三位亨利皇帝的执政史中，他们仍面对着许多不确定因素。

王朝的起源和政策

萨利安王朝的始祖应该追溯到洛林公爵红发康拉德（Konrad de Rote，922—955 年），这位康拉德迎娶了奥托大帝的女儿柳特加尔德，从而与萨克森王朝开始了亲缘联系。皇帝康拉德二世（Conrad II，1024—1039 年在位）是红发康拉德的曾孙，即位之前是德意志的法兰克尼亚公爵，因此由他开创

康拉德二世于 1026 年入侵意大利，从而戴上了伦巴第国王的铁王冠。由于伦巴第王国特殊的地理位置，它成为德意志君主进入意大利的必经之地，所以历代皇帝或国王都以征服伦巴第为起点，直到拿破仑征服意大利，仍然有伦巴第王冠的影子。

的王朝也称"法兰克尼亚王朝"。康拉德二世从祖父和父亲那里继承了许多中法兰克王国的领地，即位后的第二年他又获得了伦巴第王国的继承权，并且进一步扩展了皇帝在意大利北部的势力范围，从而为他的子孙奠定了强化皇权的基础。

与前代王朝相比，萨利安王朝虽然也控制着教会，而且也任用主教和修道院长管理行政事务，但是皇帝们更加重视依靠中小贵族的力量。伴随着教会人士掌握行政权力，他们自身也逐渐成为一个既得利益集团，奥托大帝当初的设想到现在反而给他的继任者们带来了麻烦。而早在奥托二世和奥托三世的时候，教会上层就开始侵蚀皇帝在日耳曼的权力，当然很大原因在于，后两位奥托经常将注意力放在意大利，从而造成德意志的权力空位，这就给教士掌权提供了机会。康拉德二世的儿子亨利三世在位时（1039—1056 年），以中小贵族制衡教士的策略开始收到成效，而且也强化了皇帝对大贵族的优势。在亨利三世统治下，帝国的声威日隆，不仅原先的各部族公爵日益驯服，而且皇帝本人还取得了对波兰、波希米亚和匈牙利的宗主权，扩大了神圣罗马帝国的势力范围。

当然，亨利三世的成功也应归功于当时正兴起的克吕尼改革运动。亨利三世的皇后艾格妮丝来自法国的普瓦图，深受克吕尼教团改革运动的浸染。她也将这种倡导纯洁、坚定信仰的革新意识带到了

"卡诺莎之辱"。1077年1月，德皇亨利四世冒着风雪严寒，前往意大利北部的卡诺莎城堡向教皇"忏悔罪过"，三天三夜后，教皇才给予亨利四世一个额头吻表示原谅。

一话一说一世一界一

德意志宫廷，皇帝本人深受影响。因此，原本应由教皇领导的改革运动，却由德意志的皇帝拔得了头筹，从而再次占据了对教廷的优势。

萨利安王朝与教廷的冲突

现代德语里还有个说法叫"到卡诺莎去"，意思是指投降。而萨利安王朝在德意志历史的特殊之处，恰在于它和教廷之间爆发的激烈冲突。奥托大帝当初任用教士掌理行政事务，使教会逐渐融合到德意志的国家机构之中，皇帝对教会的掌控引发了教皇的不满。亨利四世（Henry IV，1056—1106年在位）继位以后，他所面临的教廷已不再是与其祖父和父亲打交道的那个教廷，当时克吕尼运动的激

知识链接：亨利五世

亨利五世（Henry V，1105—1125年在位）是亨利四世次子，早年他在众多大贵族怂恿下反叛父亲，屡败屡战后终在1105年击败其父。虽然如此，他在反教权方面与其父相比有过之而无不及，他对教廷态度强硬，甚至多次出兵罗马废黜教皇。亨利五世的皇后是英格兰公主玛蒂尔达，他们没有子女，故萨利安王朝于1125年终结。

进分子已经把持了教廷大权，其领袖人物希尔德布兰德（Hildebrand，1020—1085年）在辅佐几任教皇之后，他本人也在1073年当选教皇，即格里高利七世（Gregory VII），作为教皇至上主义者，他与亨利四世皇帝之间展开了激烈交锋。但是这场教权与皇权之间的较量，在双方在世时都没有见分晓。一直到1122年的《沃尔姆斯宗教协定》，才标志着主教授职权之争的基本结束。不过，依然很难说双方究竟谁胜谁负，因为几十年间，欧洲的政治和宗教局势都有不少变化。皇帝和教皇此后虽然仍有斗争，但他们之间还是以相互妥协而实现了基本平衡。萨利安王朝在1125年伴随着亨利五世的去世一同结束。此后，神圣罗马帝国早期的繁荣也结束了，它将迎来另一位强大的君主，不过仍需等待几十年。

亨利三世初建戈斯拉尔皇宫，虽然经过现代技术的修复，但是大致保留了当时质朴雄健的建筑风格。

"法兰西之父" 于格·卡佩 建立新王朝

卡佩在理论上是全法兰克人的国王，但在实际上只是诸多国王之一。

《凡尔登条约》后，统一的加洛林帝国不复存在。伴随着9、10世纪诺曼的入侵，三个法兰克王国的君主都无法组织有效抵抗。相反各王国内部却继续分化，贵族割据势力膨胀，在西法兰克王国尤为明显，卡佩王朝的建立正是基于这样的背景。

法兰西公爵丁格·卡佩

法国卡佩王朝的建立者是于格·卡佩（Hugo

于格·卡佩作为卡佩王朝的创始人，他虽然竭力宣称自己与加洛林王室的血缘关系，但在当时这种联系已经很微弱，而且加洛林后裔并未完全断绝。卡佩家族的权力基础更多地来自于早期成员尤其是强者罗贝尔。

Capet，约938—996年），他所属的家族也是法兰克人中间赫赫有名的贵族，在加洛林帝国分裂后该家族成员曾为抵御诺曼人浴血奋战。强者罗贝尔与厄德父子为家族赢得最初的荣誉，并受封为巴黎伯爵。厄德的弟弟罗贝尔曾与加洛林国王傻瓜查理交战，被贵族们推举为国王，在法兰西国王谱系中称罗贝尔一世。于格·卡佩就是罗贝尔一世的孙子，他在956年父亲大于格（Hugo Magnus）死后继承为法兰西公爵。早在大于格在世之时，他总是扶植孱弱的加洛林君主即位，因此掌握着实际权力。于格·卡佩从父亲手中接过了权力，这非常类似于墨洛温王朝晚期宫相夺权的态势，987年加洛林王朝的路易五世死后无嗣，于格·卡佩被大贵族推举为国王，从此建立了800年的卡佩王朝。

中世纪早期，贵族基本都没有姓氏，而通常以其封地名称或者体貌特征作称号，例如日耳曼人路易或者秃头查理。早期的于格家族成员也没有姓氏，但于格本人兼任图尔的圣马丁修道院长，该修道院保存着圣马丁的法衣（chape），家族也逐渐被冠以"卡佩"（capet）的称号，从而也成为新王朝的名字。卡佩家族颇受命运的眷顾，自987年以后的300多年间，卡佩家族每一代君主都有直系的成年男性继承人，保证了卡佩王朝权力交接的稳固。为了实现这个目标，卡佩君主们的做法近乎冷酷，

卡佩王朝直系绝嗣以后，瓦卢瓦王朝和波旁王朝相继统治法国，他们也是以蓝底金百合花为纹章，这是因为后两个王朝均从卡佩王朝支系演化而来。

于格·卡佩的儿子罗贝尔绰号"虔诚者"，996年即位称罗贝尔二世。即位当年他就抛弃了父亲强塞给他的妻子，与自己的表妹伯莎结婚，为此他遭到教皇的"绝罚"。伯莎没有为他生育男孩，结果在1001年他再次离婚。罗贝尔的第三任妻子是阿尔勒的康丝坦斯，她为罗贝尔生育了未来的国王亨利一世。

即一旦配偶未生育男性后代，君主就离婚并另娶新王后，直到有男孩出生为止。卡佩王朝的子孙繁多，所以1328年卡佩直系绝嗣后，仍然有众多幼支家族继承王位，因而后来的瓦卢瓦和波旁王朝实际上仍属于卡佩家族。

"法兰西岛"的国王

当然，于格·卡佩的王位并非一路坦途。加洛林家族的路易五世死后，中法兰克国王洛泰尔的弟弟、洛林公爵查理就是于格·卡佩的竞争者，虽然查理和路易五世的血缘也很远，但比起毫无加洛林血统的于格来说，明显有利得多。于格·卡佩即位后，他的法统仍受挑战，布鲁瓦伯爵厄德和安茹伯爵富尔克等都宣称自己的王位继承权，不过他们之间也是勾心斗角未能形成强大的反对势力。从另一方面来说，选举上台的君主终究不如血统世袭的国王具有神圣性，而且卡佩家族历来也仅是法国中北部的地方领主，其势力范围非常受限。他们的家族领地被称为法兰西岛（Ile-de-France），不仅与大贵族相比毫无优势，即便在领地内也有许多不安分的小贵族，这极大地削弱了卡佩家族的正统性。

于格·卡佩对此心知肚明，而且作为新王朝的建立者他还恢复了一个传统，即现任国王为继承人

神异。中世纪抄本的插图，讲述的是圣瓦莱里向于格·卡佩显灵。

加冕。这种做法并非于格·卡佩首创，早在法兰克王国时期加洛林的国王们就已经有这个传统。但是于格·卡佩恢复这个传统，不仅是出于对历史的传承，更多地还出于现实力量对比的考虑。987年圣诞节后，新国王于格·卡佩就为自己的儿子罗贝尔加冕，他希望以此来提高继承人的合法性，从而稳固其地位，这样在于格·卡佩死后罗贝尔作为"共治者"就能顺利接过王权。

一话一说一世一界一

走出"法兰西岛"
早期卡佩诸王的统治

胖子路易年复一年地攻打持异见的贵族们，直到找不到可以承载他日渐增长的体重的战马才歇手。

与德意志神圣罗马帝国相比，卡佩王朝的法国似乎走上了完全相反的道路：德意志的皇权最初很强大，但是随着王朝更迭其实力愈发削弱。而卡佩王朝的国王虽然早期很屡弱，但是历代君主脚踏实地、惨淡经营，一个多世纪就使卡佩家族成为13世纪最显赫的王权之一。

稳固根基：法兰西岛的平定

如前所述，卡佩王朝最初的君主虽然理论上是法兰西国王，但实际而言不过与中等诸侯相当。在卡佩家族的世袭领地周围，雄踞着法兰西势力最强大的诸侯，法兰西岛以东是香槟伯爵领地，凭借香槟集市的繁荣，伯爵的经济实力远非国王可匹敌；在法兰西北部是佛兰德伯爵、韦尔芒多瓦伯爵和诺曼底公爵的领地，他们的财富与军力都能对王室形成威胁；至于南部地区，勃艮第、阿基坦、加斯科

路易六世印章。1098年路易六世由其父腓力一世指定为继承人，早在1108年腓力一世去世前，路易六世已经是实际统治者。他很快认识到首要的事情是使拥有王家领地的那些难以驾驭的贵族就范。在位期间，大部分时间花费在与贵族进行斗争上。通过实行绥靖政策，与教会和教士保持良好关系。

涅和图卢兹等诸侯，不仅不受国王的实质性影响，相反他们还能与英格兰王室联合，对法兰西岛形成包围之势。这些南部诸侯与德意志的部族公爵类似，他们在语言、宗教、法律和习俗方面与法国北部有种种差异，因而直到很晚的时代，国王才将影响力扩展到这里。

987年于格·卡佩的加冕只是将名义上的宗主权交到卡佩家族手中，但真正要获得与之相称的实质性权力与威信，则是缓慢而渐进的过程。"攘外必先安内"，腓力一世（Philip I，1060—1108年在位）对于法兰西岛的根基地位有着清醒的认识。以

> **知识链接：卡佩王朝早期法国的主要大领主**
>
> 卡佩王朝前期是法国封建大领主的黄金时代，他们分别是位于西北方的布列塔尼公国、诺曼底公国，北方的韦尔芒多瓦伯国、佛兰德伯国，东部的香槟伯国、勃艮第公国，中部的布鲁瓦伯国和安茹伯国，南部的阿基坦公国、加斯科涅公国和图卢兹伯国。这些大领主正好将法兰西岛包围在中央。

一话一说一世一界一

圣德尼修道院院长絮热，他不仅是国王路易六世治国的左膀右臂，同时他对圣德尼修道院的改造促成了一种新建筑风格的诞生，即风靡西欧的哥特式。

巴黎为核心的法兰西岛，是法国北部的粮食产地，这本身就是重要的经济资源。在此基础上，腓力一世致力于平定法兰西岛内的中小贵族，维持平稳的政治局面，如此才能为扩张王室领地奠定基础。这个任务在腓力一世的儿子路易六世（Louis VI，1108—1137 年在位）时期基本完成，路易六世人称胖子路易，他将管理王室领地的重任交给圣德尼修道院院长絮热（Abbot Suger，1098—1151 年），自己则在法兰西岛马不停蹄地讨伐反叛贵族。至 1137 年胖子路易去世时，他留给继任者的是安定有序、欣欣向荣的王室领地。

路易七世的王权

1137 年路易七世继承王位，修道院院长絮热依旧秉持路易六世时代的政策辅佐新主。在扩张领地方面，卡佩王室通过联姻、收回无继承人的领地和武力入侵等方式，逐步扩大了法兰西岛的范围，这个过程虽然漫长且反复，但是国王的终极目标从

未动摇。另一方面，由于英格兰国王在法国占有大片封地，许多法兰西中小贵族逐渐站到其对立面，他们越来越多地倾向于承认并遵循法兰西的王权，这在客观上增强了卡佩王室的正统性。原先那种虚无缥缈的宗主权获得了实际的载体。

路易七世的婚姻也是卡佩王室传承原则的体

法国的宗教圣地圣德尼修道院，早在 7 世纪时这里就存在着地方性集市。基督教兴盛以后，以纪念圣德尼而兴建了该修道院，卡佩王朝王室历代君主多长眠在此。

现。早在路易六世临终前，他就安排了王太子路易与阿基坦女公爵埃莉诺的联姻，埃莉诺是阿基坦公爵威廉十世的独女，国王希望借此能够将阿基坦公爵领地并入王室。但是到1152年路易七世与埃莉诺王后离婚，原因正如所料乃是没有生育男性继承人。不过当时罗马教会不允许离婚，所以公开的理由是双方的近亲关系，但是就在当年埃莉诺与安茹伯爵亨利结婚，而这位亨利即英格兰国王亨利二世，他将卡佩王室当作最为强大的对手。

> **知识链接：作为离婚借口的近亲关系**
>
> 欧洲各国王室间的联姻，早已使成员之间或多或少具有亲缘关系。因此，近亲并不能成为离婚的真正原因，更何况埃莉诺为路易七世生育的两个女儿仍被认作合法，这从反面印证了离婚的原因恰在于没有男性继承人。作为机会主义者国王从不浪费资源，他将两个女儿分别嫁给布鲁瓦伯爵和香槟伯爵，为进一步扩张领地埋下伏笔。

巴黎城：腓力二世的荣耀

腓力二世（Philip II，1180—1123年在位）是路易七世的儿子，他在法国历史上更以"腓力·奥古斯都"（Augustus，直译为"尊严王"）而闻名。腓力二世不仅是卡佩王朝早期政策的集大成者，他本人也极富才华与魄力，正是在他统治下卡佩王室迎来了首个黄金时代。似乎冥冥之中有轮回，当年埃莉诺王后与其父离婚，从而将法国南部大片领土归于对手英格兰；现在作为儿子和继承人的腓力二世，必欲夺回这些领地而后快。由于英格兰国王亨利二世的儿子们各怀鬼胎，这就给了腓力二世以机会，他挑拨亨利父子间的关系，从而让英王在海峡两岸的土地上疲于奔命。就在未来的狮心王理查和失地王约翰反叛父亲的乱局中，腓力二世成功地侵入了安茹家族的领地。1214年，由英王约翰、佛兰德伯爵和德意志皇帝组成的联军在布汶战役中大败于腓力二世，这不仅扭转了卡佩王室的不利局面，而且也奠基了13世纪法国的强盛。腓力即位之前，卡佩王室仍基本局限于法兰西岛周边地区，而到1223年他去世之前，

腓力二世加冕时的场景，他身后的世俗贵族们是法国最大的12个显贵，称为"国王同侪"，包括佛兰德伯爵、诺曼底公爵、阿基坦公爵、勃艮第公爵等。

诺曼底、韦尔芒多瓦和安茹、普瓦图、阿基坦部分地区都已并入王室领地，从这个意义上来说，腓力二世足可位列法国最杰出的君主。

中世纪早期，欧洲各国并没有固定的首都，在交通闭塞、道路荒芜的时代，国王和贵族为了获取领地上的收入，不得不经常在各地间巡游以就地消费，所以王室驻地也是变动不居。尽管如此，巴黎仍然很早就是法国王室最主要的驻地。伴随着王室和政府的强大，法国必须要有一座与其国力匹配的首都，而腓力二世也的确使巴黎成为法国名副其实的首都。巴黎最早的王宫就建于塞纳河中央的西岱岛上，著名的巴黎圣母院也位于岛上偏西的位置。腓力二世扩建了城墙，使得城市规模扩大数倍，并且他在塞纳河流出城墙的地方建立了新的国王城堡，在当时它主要用于防御下游的诺曼底公爵入侵巴黎，该驻地后来发展成举世闻名的卢浮宫。就如同古罗马的皇帝奥古斯都重建罗马城那样，腓力二世同样以新的巴黎城彪炳史册。

向法国南部的扩张

在吞并了法国北部的领地之后，卡佩王室将目光转向南部，腓力二世的战略眼光与罗马教皇的号召达成一致。当时罗马教廷将法国南部的阿尔比教派视为异端，必欲除之而后快。1208 年教皇英诺森三世呼吁组织国内的十字军，一举清除南部的异端教徒。在此过程中，腓力二世名义上是组织军队进攻异端，实际上意在借此向南部诸侯伸张宗主权。在此期间法国北部的贵族在孟福尔男爵的率领下，对阿尔比派实行了残酷征伐。1223 年腓力二世的儿子路易即位称路易八世，他将父亲的实用主义的不宽容政策执行到底。阿尔比派主要分布于图卢兹伯爵领，在宗教热诚的引领下，王室军队

> **知识链接：阿尔比派的由来**
>
> 阿尔比派实际上是受摩尼教影响的纯洁派的一支，他们反对正统天主教会的腐败和集权，尤其反对教皇制度，信徒的活动范围在阿尔比城。而图卢兹伯爵也希望借助他们的力量对抗教皇和法国国王的控制，因此也偏袒阿尔比派，这就导致宗教问题的政治化。

和北部的贵族武装纷纷涌入图卢兹境内，大肆杀掠抢劫，实际上给法国南部的社会经济造成巨大灾难。但正是从此开始，卡佩王室成功地向南部地区打入了"楔子"，为后来进一步吞并南部诸侯领地奠定了基础。

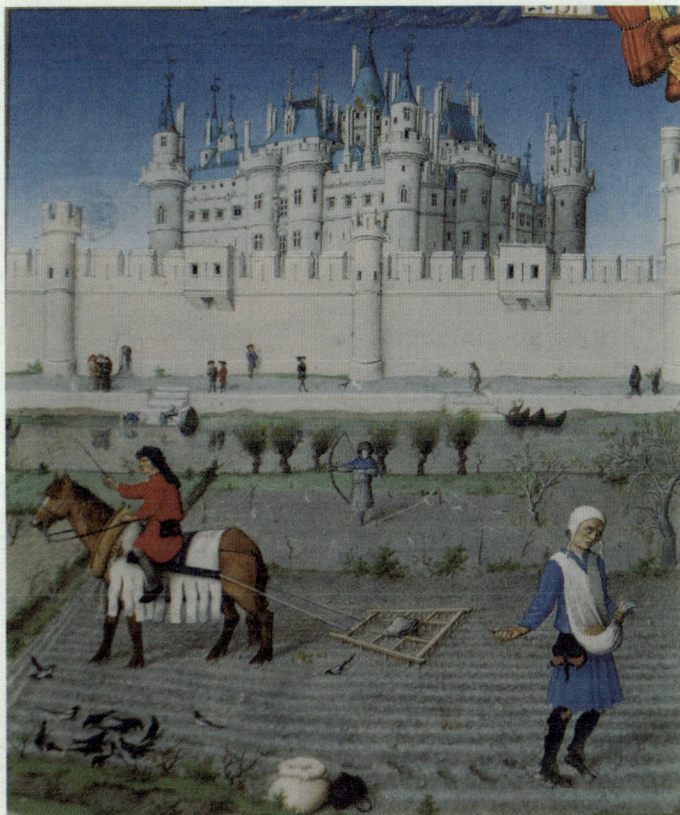

《贝里公爵日祷书》中的插图。画中近景是农民正在耕地播种，远景描绘的是查理五世时期的卢浮宫。

诺曼征服
中世纪英国的奠基

我附庸的附庸，也是我的附庸。

当 1066 年 9 月 28 日诺曼底公爵威廉在英格兰海岸登陆时，人们以为同往日的诺曼人入侵一样，是一次潮水般来到、又潮水般退去的劫掠。然而，这些早已法国化的诺曼人并不是打家劫舍的海盗，他们要在英格兰复制诺曼底的政治结构，从而开启了中世纪英国的历史。

诺曼征服和"再征服"

英格兰历史上的七国时代，在 829 年由于韦塞克斯国王的统一而宣告结束。盎格鲁－撒克逊人的地方自治传统和高效的行政体系得以保存，因而到忏悔者爱德华（Edward the Confessor，1041—1066 年在位）统治时期，中世纪英国的许多特质已经出现了。1066 年，爱德华去世，盎格鲁－撒克逊贵族推举韦塞克斯伯爵哈罗德继承王位，即哈罗德二世（约 1022—1066 年）。不过，诺曼底公爵威廉宣称，此前爱德华曾承诺过死后将由他继承王位，无论爱德华是否真的做出保证，从亲缘来说威廉仍有继承权：威廉的父亲和爱德华的母亲是兄妹。哈罗德与威廉对王位的争执只能由战争来解决。

1066 年 9 月底，威廉召集诺曼底、布列塔尼和佛兰德等地的领主，率兵扬帆出海入侵英国。局势对哈罗德二世来说并不乐观，就在此前的 9 月 25 日他还在北部的斯坦福桥迎击另一王位竞争者——挪威国王哈拉尔三世，后者兵败被杀。威廉的入侵令哈罗德疲于奔命，急速回师南下，并于 10 月 14 日在黑斯廷斯遭遇袭击，命运之神未能继续眷顾哈罗德，他的生命与王位一同陨落于黑斯廷斯附近的沙场。1066 年圣诞节，诺曼底公爵在威斯敏斯特大教堂加冕为王，即征服者威廉一世（William I，the Conqueror，1066—1087 年在位）。但是完全意义上的诺曼征服并未结束，盎格鲁－撒克逊贵族并未真正屈服于威廉。仅仅两年后的 1068 年，麦西亚伯爵埃德温、诺森伯里亚伯爵

黑斯廷斯战役。来自"贝耶挂毯"的局部，描绘了这场战役的战争场景。

征服者威廉一世。他为入侵英格兰进行了长期准备，包括与教皇和其他君主达成协议，使他们保持中立。同时，他的军队中还包括了其他领地如佛兰德、布列塔尼等地的贵族，因此诺曼征服以后很长时间，法国人在英格兰占有绝对优势。

知识链接：《末日审判书》

《末日审判书》正式名称为《温彻斯特书》（*Book of Winchester*），它以忏悔者爱德华时代土地的领有情况为依据。调查中将全国划分为 7—8 个区，每区包括数郡。调查的内容包括地产归属情况，庄园的面积、工具和牲畜数量，各类农民人数，以及草地、牧场、森林、鱼塘的面积和地产的价值等。

莫卡和北安普顿伯爵瓦塞尔夫就发动反叛，也有许多盎格鲁贵族推举韦塞克斯家族的埃德加为对立国王，而丹麦人又卷土重来希望趁威廉立足未稳之际消灭其势力。一直到 1072 年大规模的贵族叛乱才得以平定，此后威廉返回诺曼底处理大陆的政务，但是英国仍不时爆发反叛。

英国特色的封建主义

威廉一世入侵英国之前，他所统治的诺曼底公国已经是一个相对高效的政体，1066 年之后他将这种体制带到英国，与原有的地方行政制度结合，从而形成了中世纪最强有力的王权。1086 年，为了充分掌握王国的财富状况，威廉一世对全国进行了普查，这份最早的英国土地调查清册，就是后来著名的《末日审判书》（*Domesday Book*）。

集中财政权力的同时，威廉一世在其逐步征服英国的过程中，也实现了用诺曼贵族取代盎格鲁-撒克逊贵族的目标。对于那些他不信任的本地贵族，他以自己的亲信、封臣和随从取而代之。虽然他的封建制度来自于法国，但是威廉一世避免了卡佩王朝早期的颓势。由于他是在征战过程中逐步实行的分封，所以贵族们的封地也分散于各郡，他们不可能像法国或德国那样集中于某个区域。这样的"飞地"使他们必须放眼全国，而不能无所顾忌地与国王对立甚至反叛。威廉一世精于算计，他为王室预留了全国约六分之一的土地，分别处于各郡的优渥地带，这样无论哪里有反叛都很难与王室领地对抗。1086 年，威廉一世在索尔兹伯里要求各级封建主都向他本人行臣服礼，意味着大小领主都成为国王的直接封臣，即所谓"我附庸的附庸，也是我的附庸"。通过"索尔兹伯里盟誓"，威廉建立了一个源自欧陆却又高于欧陆的封建制度。

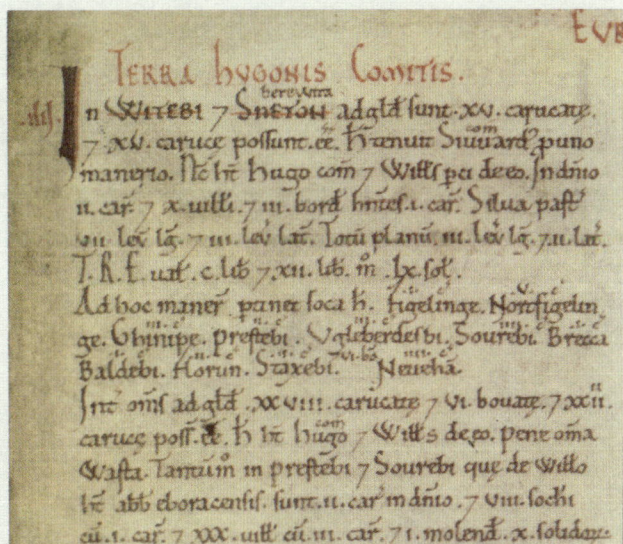

《末日审判书》。图中是有关惠特比的详细调查结果，包括其所属的各种地产、牲畜、农具、谷物等动产与不动产的账目，内容非常详细，也是为数极少的中世纪经济史原始档案。

雄跨海峡
金雀花帝国的形成

1154 年，亨利·布兰塔日奈建立了从苏格兰边境延展到比利牛斯山的广袤帝国，从此开启了英法两国绵延数百年的王位争夺。

1087 年征服者威廉一世死后，他的两个儿子威廉二世（William II，1087—1100 年在位）和亨利一世（Henry I，1100—1135 年在位）先后为王，这些国王们组成了"诺曼王朝"。然而，从诺曼王朝走向金雀花帝国之间，英国陷入了长期动乱，这种局面到亨利二世（Henry II，1154—1189 年在位）登基才宣告结束。

无政府的混战时期

1135 年，伴随着亨利一世之死，一种颇讽刺的局面到来了：虽然亨利一世生前有众多情人，但在他所有合法子女中，只有一个女儿玛蒂尔达（Matilda，约 1102—1167 年）存活下来。早在 1127 年亨利就要封臣们确认玛蒂尔达的王位继承权，但在当时还没有女人继位的先例。而且亨利一世去世的时候，

玛蒂尔达居然正和父王的军队交战，原因是父亲没有答应将城堡作为嫁妆送给她。出于这样两个原因，英格兰有不少贵族并不承认玛蒂尔达的地位。

更糟糕的是，玛蒂尔达面对的是强有力的竞争者——表兄布鲁瓦的斯蒂芬（Stephen of Blois，1097—1154 年）。斯蒂芬的父亲是法国的布鲁瓦伯爵，母亲就是亨利一世的妹妹，因此他作为先王的外甥也要求继承王位。从亨利一世的角度来说，外甥自然没有女儿亲近，但是斯蒂芬作为男性则比玛蒂尔达更有继承王位的优势，双方势均力敌。于是，这对势均力敌的表兄妹爆发了大规模冲突，双方都得到部分贵族的拥护，致使英格兰遭受内战蹂躏长达 20 年。不过到了 1153 年，名义上的国王斯蒂芬不得不妥协，次年斯蒂芬去世，玛蒂尔达的儿子亨利成为英格兰新国王，即亨利二世。由于亨利二世出自安茹伯爵家族，因此 1154 年后英格兰进入了安茹王朝时期。

金雀花帝国

亨利二世，名为亨利·布兰塔日奈（Plantagenet，意译为"金雀花"），他是玛蒂尔达与安茹伯爵杰弗里五世的儿子，因而他可以算是法国人。年仅 14 岁的时候亨利就加入了母亲与舅父的王位争夺之中。1149 年，或许是为了休战也可能想拉拢外甥，斯蒂芬将诺曼底公国授予亨利；1151 年亨利

玛蒂尔达画像作于 15 世纪。年轻时的玛蒂尔达就与其父亲作对，父亲死后她又与表兄争夺王位，引发了诺曼征服后英格兰第一次大规模内战。

杰弗里五世和玛蒂尔达。杰弗里五世是玛蒂尔达的第二任丈夫，玛蒂尔达早年曾嫁给德意志皇帝亨利五世。

从父亲手中继承了安茹伯爵领地；次年他又和阿基坦的埃莉诺结婚，于是获得法国南部最强大的领地阿基坦公国；而作为英格兰国王，亨利二世在其较为成功的时代曾一度扩张到威尔士，并且宣称对爱尔兰也拥有宗主权。

然而，亨利二世还在法国的领土上继续扩张。布列塔尼公国位于西部半岛，这里的语言和风俗保持着相对独立而与英国更为接近。历来布列塔尼公爵对领地内的贵族们都缺乏控制力，早在1148年布列塔尼公爵死后亨利二世就宣称对该地拥有权力，他的理由是外祖父亨利一世就曾是布列塔尼的主人。而位于布列塔尼东边的南特伯爵领地，则被亨利二世置于弟弟杰弗里名下，1158年杰弗里死后亨利二世又获得了南特伯爵领地，由此亨利二世在法国北部的领地就连成一片。

理论上来说，亨利二世作为封臣，应向法王宣誓效忠，面对这个强大的封臣，路易七世缺乏有效的抑制手段。与安茹王朝在英格兰的高效统治相比，卡佩王朝在法国的力量要逊色许多。路易七世

安茹王朝也称为金雀花王朝。最通常的解释是亨利二世的父亲杰弗里经常在帽子上装饰金雀花，由此金雀花也成了他的绰号。安茹伯爵在早期曾通过继承与联姻合并了曼恩（Maine）和都兰（Touraine）两领地，实力大增。英国后来的兰开斯特王朝与约克王朝都是安茹王朝的分支家族。

不得不与同样也是国王的亨利二世签订和约，实际上是以此保证其他领地的独立，但是亨利二世仍通过阿基坦将势力渗透到图卢兹和加斯科涅，由此安茹王朝的势力就从英格兰一路延伸至比利牛斯山，成为12世纪横跨海峡的强权。

图为瓦纳市的圣马洛码头。瓦纳市位于法国布列塔尼地区雷恩斯西南方90公里，摩尔比昂省省会，至今尚保存着布列塔尼传统的木造建筑，以圣彼得教堂四周的建筑及城壁遗迹最具特色。

经略西北

对威尔士、爱尔兰和苏格兰的征服

诺曼人只用了一年就在黑斯廷斯征服了英格兰，却用了两个世纪完成对威尔士的征服。

——R.R. 戴维

威尔士大学教授 R.R. 戴维的这句话不仅适用于威尔士，而且对于英格兰在爱尔兰和苏格兰的征服也同样适用。几乎从诺曼征服以后，位于西边的威尔士、爱尔兰和北方的苏格兰就成为中世纪诸王不得不面对的问题，他们的行动也对后来英国的历史影响深远。

早期的威尔士与爱尔兰问题

2014 年 9 月的苏格兰独立公投，将民族分离提上了英国的议事日程，当时反对独立的主张占据上风，从而使英国躲过了国家解体的威胁；两年后的 2016 年 6 月 23 日，英国的"脱欧"公投再次将英国置于全球舆论的风口浪尖，这不仅意味着将打开欧盟内部的"潘多拉魔盒"，引发其他国家"脱欧"的多米诺骨牌效应，而且对于英国自身而言也是元气大伤，它再次以民族问题撕裂了英国社会。一直主张"留欧"的苏格兰在公投结果宣布后，立即声称将启动新一轮独立公投程序，以否决英国的"脱欧"法令。如此一来，英国将面临前所未有的统一危机，如果处置失当将极有可能分成英格兰、苏格兰和北爱尔兰三个独立国家，这种局面正是退回到了中世纪早期的状况。

当诺曼征服者来到英格兰荣登王座之时，他们所面对的威尔士还近乎"化外之地"。只需查阅威尔士地图就会明白其中缘由：威尔士全境都被延绵不绝的山峦所覆盖，纵横交错的地形导致威尔士各土著部落彼此争战而不能统一。这也构成了英格兰军队进入威尔士的屏障，长期以来山地与平原的交界即是威尔士和英格兰的边境，英格兰君主并没有

2013 年 1 月 23 日，英国首相卡梅伦首次提及脱欧公投。2016 年 6 月 23 日，公投结果支持脱欧选民票数占总投票数 52%。2017 年 3 月 16 日，英国女王伊丽莎白二世批准"脱欧"法案，授权英国首相特雷莎·梅正式启动脱欧程序。

威尔士艾兰山谷。直到今天，威尔士山区依然是人口密度较低的地区。

大规模的统一军事行动，取而代之的是边境的英格兰贵族各自为政的私人征服，他们所侵占的威尔士土地也不属于英格兰国王，而是成为边疆贵族的"飞地"。诺曼和安茹王朝早期政局的动荡使英格兰无法在威尔士有效推进征服，即便在亨利二世的短暂和平时代也未能取得明显进展，而威尔士的内讧也使他们无力将英格兰贵族彻底驱逐，结果就形成长期僵持的局面。

与威尔士相比，亨利二世在爱尔兰则较有进展。亨利二世即位之初就有意征服爱尔兰，根据索尔兹伯里的约翰（John of Salisbury，1115—1180年）之说法，罗马教皇阿德里安四世（Adrian IV，1154 1159年在位）曾将爱尔兰王位授予亨利二世。不过这种"授予"的水分极大，一是因为爱尔兰原本就是基督教世界的边陲，教廷的势力极为有限，这无异于空头支票；二是作为历史上唯一的英籍教皇，阿德里安四世的授权颇有现实利益的考虑。要真正获得爱尔兰，除了诉诸战争别无捷径。1171年10月，亨利二世以整顿爱尔兰教俗贵族内讧为由，大举出兵进攻爱尔兰，土著首领纷纷与亨利和解，而亨利二世通过此役获得了教廷对他统治爱尔兰的承认。此后他在都柏林建立王宫，早先就有不少诺曼贵族移居当地，所以都柏林很快就成为爱尔兰的统治中心。但是亨利对爱尔兰的征服仍是有限的，因为其占领区仅限于爱尔兰东南部沿海地区，而且诺曼人与土著的矛盾日趋尖锐，为了平衡双方，亨利二世采取了部分压制诺曼贵族的措施，结果又使他们对亨利颇为不满，从而削弱了对爱尔兰的控制力，直到16世纪都铎王朝时期英格兰才完成对北部爱尔兰的征服。

苏格兰王国的早期发展

与威尔士和爱尔兰的情况相比，苏格兰问题有着明显区别。首先，苏格兰在诺曼征服时代就已经出现了统一王朝——坎莫尔王朝（House of Canmore，1058—1290年），出身该家族的苏

爱尔兰地貌。可以看到该岛靠近英格兰的一侧多为山地，因此战略纵深极为有限，英格兰人在爱尔兰的征服持续了很长时间。

格兰王马尔科姆三世（Malcolm III of Scotland，1058—1093 年在位）虽然向征服者威廉一世宣誓效忠，但苏格兰仍享有实质性的独立地位；其次，苏格兰既不像威尔士那样全境都是山脉，也不像爱尔兰那样孤悬海外。苏格兰大致以今天的邓迪—格拉斯哥一线为界，分成了西北高地和东南平原两大区域。对于统治中心偏于南端的英格兰来说，苏格兰颇有鞭长莫及之感，即便苏格兰遭遇南方的进攻，它仍有广大的高地作为战略纵深，直到今天西北高地都是人迹罕至之所。此外，苏格兰内部虽然有错综复杂的部落势力，但是一旦出现强有力的君主就能团结各部，甚至兵锋南下威胁英格兰，这也是罗马时代修筑哈德良城墙的原因之一。

影响苏格兰与英格兰关系的第一个因素源于诺曼征服。1066 年威廉一世入侵以后盎格鲁－撒克逊王埃德加的妹妹玛格丽特逃亡苏格兰，成为马尔科姆三世的王后，在她的丈夫和两个儿子先

后为王期间，苏格兰在她的影响下融入到欧洲的封建体系之中。玛格丽特之子戴维一世（David I，1124—1153 年在位）时期苏格兰国力强盛，到戴维一世的儿子狮子威廉（William the Lion，1165—1214 年在位）在位时更对英格兰取强硬姿态，他通过支持亨利二世儿子们的叛乱来牵制英格兰势力，但是很快就处于下风被迫臣服于安茹

格拉斯哥是苏格兰最大城市，英国第三大城市，位于苏格兰中西部的克莱德河河口。图为格拉斯哥克莱德河沿岸景观。

苏格兰不仅在政治上受到英格兰的干扰，在宗教文化、社会生活和语言方面也逐渐受到英格兰同化，尤其是盎格鲁－诺曼贵族对苏格兰的和平渗透，从而形成如巴里奥尔（Balliol）、布鲁斯（Bruce）、林赛（Lindsey）和斯图亚特（Stuart）等大家族，他们不仅成为坎莫尔王室的支柱，更成为后继的苏格兰王室。

罗马帝国在占领不列颠时修建哈德良城墙，从建成后到弃守，它一直是罗马帝国的西北边界。哈德良城墙位于英格兰北方，大致从纽卡斯尔出发，途经泰恩－威尔、诺森伯兰和坎布里亚郡到达英格兰西海岸。

王朝。此后在理查一世和约翰王时期几经周折，苏格兰再次取得实际上的独立地位。

"苏格兰之锤"：爱德华征服苏格兰和威尔士

跨越13、14世纪的一系列战争被称为"苏格兰独立战争"，这种称谓虽然激动人心，却也并非实情。直到当时为止，苏格兰还从未成为英格兰的一部分，它有自己独立的君主、王朝和政府，对于英格兰而言，它对苏格兰的所谓"宗主权"本就带有很大象征性，而且还不时被自身的内战所打破。1290年坎莫尔王朝绝嗣，爱德华一世以宗主身份仲裁由约翰·巴里奥尔继承苏格兰王位（1292—1296年在位）。

事实证明爱德华此举是搬起石头砸自己的脚：1295年巴里奥尔与法王腓力四世结盟，而此时英格兰与法国大战正酣。盛怒之下的爱德华长驱直入苏格兰，废黜了巴里奥尔的王位，此举引发了旷日

持久的"苏格兰独立战争"。电影《勇敢的心》（Brave Heart）描述了威廉·华莱士的动人故事，将国仇家恨与独立战争交织在一起，而历史真相的复杂程度也不亚于此。爱德华多次挥师镇压华莱士起义，这些战功使他赢得"苏格兰之锤"的美誉，但是独立战争既不因华莱士之死而告终，而爱德华的胜利也未能长久，他们都没能熬过战争。1357年两王国恢复了战前的状态，英雄人物皆随往日而逝，六十年间似乎走过一个轮回。

爱德华对威尔士的征服取得重大进展，他在1277年和1283年两次战胜威尔士亲王卢埃林，1284年的《威尔士条例》标志着英格兰正式吞并威尔士。威尔士在行政区划上改行英格兰体制，但保留了威尔士地方特色的法律和习俗。据传，爱德华为了抚慰威尔士贵族，曾许诺他们由一个"不会说英语，出生于威尔士且会说的第一个字是威尔士语"的人做威尔士亲王。1284年他将临产的埃莉诺王后接到威尔士的卡那封城堡，王子出生后爱德华宣称"这就是我许诺的土生亲王"。贵族们这才恍然大悟中了爱德华的圈套，但为时已晚，直到今天英国王储的称号依然是"威尔士亲王"（Prince of Wales）。

血腥朝圣路
十字军东征时代

如果你正好在那儿，尸体流出的血可以淹没你的膝盖。还要我多说什么呢？没有一个人能活下来，他们连女人和小孩都不放过。

进入中世纪盛期，曾经的外族入侵已成记忆，当年四面楚歌的欧洲已成长为扩张的欧洲。以今天的坐标来看十字军东征，它就是一场举着宗教旗号犯下的罪行，但是从当时的社会背景来看，十字军的发动却是综合了政治、经济和宗教因素的复杂社会现象。

十字军东征的背景

1095年，教皇乌尔班二世（Urban II，1088—1099年在位）在法国中部的克莱蒙（Clermont）发表演说，他慷慨激昂痛诉基督徒在东方遭遇的暴行，号召法兰西的武士们重拾祖辈的光荣传统，将圣地耶路撒冷从异教徒手中解救出来。次年，来自法国中南部、诺曼底和西西里等地的武士们整装待发，浩浩荡荡地杀向地中海东岸，从此开始了绵延两个世纪的十字军东征。作为法国籍教皇，乌尔班二世是个教权至上主义者，教会改革运动使他

教皇乌尔班二世在前往克莱蒙演说的路途中

具备一种使命感，即重建统一的基督教王国（Christendom）。所以当11世纪末塞尔柱突厥人攻占小亚细亚、拜占庭皇帝科穆宁被迫向西方求援时，教皇在第一时间打起了圣战的旗号。

如果说十字军主要出于教皇的号召，则明显是太高估了罗马教廷的影响力。实际上，这个时代也正是西欧封建社会成熟的时期，各级领主之间的封建纽带逐渐固化。由于领地和头衔由长子继承，大批非长子武士的社会地位和经济地位日趋没落，对他们来说任何能冲击现存秩序的变动都充满了机遇，而欧洲人对东方的想象使他们相信那里将成为他们财富的源泉。此外，11世纪也是欧洲整体经济复兴的时代，农业的发展使人口对土地的压力越来越大，因此许多社会底层的人也寄希望于去东方冒险，改变自身的卑贱地位。无论是否刻意的安排，宗教的号召还是与物质的贪欲结合起来，在一场"平民十字军"的闹剧兼悲剧落幕以后，"职业的"十字军于1096年踏上了开往东方的征途。

"解救圣地"神话的破灭

第一次十字军东征的主要成果是1099年攻占耶路撒冷，然而正如科穆宁皇帝所担心的那样，他仿佛又一次看到了蛮族入侵：耶路撒冷陷落后，十字军在城内大肆庆祝，烧杀抢掠，无论是穆斯林还是犹太人均遭到残酷的屠杀。至于基督教圣地的纯

一名英国十字军骑士出征的情景，他的妻子与儿媳妇为他送行。

> **知识链接：平民十字军**
>
> 普通百姓也有着掠夺东方的渴望，许多农民、城镇贫民、妇孺乃至病残者都加入了十字军，他们甚至还早于正规军向东方启程。而他们装备落后，穷困潦倒，一触即溃，大部分人在途中就丧命了。拜占庭皇帝把他们送往小亚细亚，结果基本成了塞尔柱人的炮灰。

了分歧，他们居然调转矛头将兵锋指向同为基督徒的拜占庭帝国，1204 年他们攻陷君士坦丁堡，证明所谓的"圣战"只是彻头彻尾的谎言。教皇对此颇受打击，宣布将所有十字军革除教籍。但是这未能阻止他们在拜占庭建立拉丁帝国，虽然拜占庭皇族在 1251 年得以复国，但是屡遭入侵蹂躏的拜占庭早已元气大伤，不得不苟延残喘以度过最后时光。

洁和耶稣圣墓的荣耀，早就被抛到九霄云外。拜占庭原本希望十字军解救耶路撒冷，结果他们带来的却是有过之而无不及的血腥杀戮，这不能不说是对十字军的绝大讽刺。第二次和第三次十字军东征分别于 1147 年和 1189 年开始，虽然英、法、德等大国君主的加盟使其层次高出许多，但总体而言十字军在东方的战果未能进一步扩展。

欧洲的君主和贵族们为了巩固在东方的战果，将西欧的封建制度复制到叙利亚，在当地成立了耶路撒冷王国，以及名义上附属于它的三个封国：的黎波里伯国、安条克公国和埃德萨伯国。由于西欧的贵族们争权夺利，大国的君主们又彼此猜忌，所以这些十字军国家很难抵御塞尔柱人的反攻。1201 年开始的第四次十字军东征，彻底颠覆了"解救圣地"的神话。由于西欧的武士们与威尼斯商人产生

1100 年的圣诞节，法国骑士鲍德温（约 1058—1118 年）加冕为耶路撒冷国王。

半岛十字军
伊比利亚
"再征服运动"

就这样，全基督教世界特别是法国的骑士探险家们在 11 世纪时一拥而起，向西南欧进军，开始帮忙从伊斯兰手中"夺回"伊比利亚。

几乎与十字军东征的同时，另一支十字军正在伊比利亚纵马驰骋。今天，西班牙与葡萄牙理所当然是欧洲的一部分，但甚至到 13 世纪之前，尚无明显趋势表明它们将构成基督教欧洲。半岛上基督徒之间的争斗毫不亚于对穆斯林的敌意，直到 15 世纪统一的基督教王国才呼之欲出。

悠久的复国运动

自 714 年西哥特王国亡于阿拉伯人之后，伊比利亚半岛再也没有统一的基督教王国，而广义上的"再征服运动"（西班牙语 Reconquista）即大约从此时开始，前后绵延七个多世纪。实际上，早期穆斯林在伊比利亚半岛的统治相当成功。阿拉伯人从北非跨海进入伊比利亚后，很快就征服了半岛大部分地区。750 年，阿拉伯的阿拔斯王朝取代了倭马亚王朝，但是倭马亚王族的后人逃往安达卢斯（阿

阿尔卡萨尔宫殿遗址。摩尔语中的"阿尔卡萨尔"（Alcazar）一词是城堡的意思，这是穆斯林统治伊比利亚半岛的军事据点，除了在西班牙和葡萄牙之外，这种风格也影响了拉丁美洲的建筑。

拉伯对伊比利亚领土的称呼）。起初他们仍以"埃米尔"的名义在科尔多瓦实行统治，929 年阿卜杜勒·拉赫曼三世（Abd al-Rahman III，912—961 年在位）自称哈里发，因而此后安达卢斯也被称作"后倭马亚王朝"。

从摩尔人手中重新夺回阿维拉以后，卡斯蒂利亚王国的阿方索六世在 11 世纪末重新修建了这里的城墙。

经历了一个世纪的经济繁荣、国泰民安之后，统一的安达卢斯不复存在。拉赫曼三世的后人们逐渐分裂成彼此征战的小国，正是在这个时期，曾被挤压到比利牛斯山区的基督教统治者们抓住机遇，开始逐个消灭南部的穆斯林诸侯。虽然他们的对手四分五裂，但是相比之下基督徒的经济和军事实力更是堪忧，此外这些小君主们彼此也勾心斗角，在尚未光复故土的时候他们已开始为瓜分土地而大打出手。

南进："再征服运动"的新阶段

虽然基督徒力量涣散且进展缓慢，但是到12世纪时还是形成了几个较为强大的王国。东北方向是阿拉贡王国，1118年它攻占了巴塞罗那伯爵领地，此地曾经是查理大帝设立的西班牙边区，从而使半岛的基督徒势力与法兰西接壤；北方是卡斯蒂利亚王国（Castile，也译作卡斯提尔），早在1085年占领大城市托莱多之后其领土就延伸到西班牙中部，因而成为诸王国中的最强者。介于阿拉贡和卡斯蒂利亚之间还有一个小王国即纳瓦拉（Navarra），11世纪以后它自身四分五裂，北部的领土又沦为法国附庸，所以它的影响力有限。第四个基督教王国是西北端的莱昂王国，它是从阿斯图里亚王国分化出来的，而其自身又衍生出卡斯蒂利亚王国，这两个王国至1301年合并为新的卡斯蒂利亚王国。12世纪期间，半岛西端兴起了一个后来居上的国家，它独立向南光复失地，这就是后来葡萄牙王国的雏形。

13世纪也是罗马教廷权势的鼎盛时期，1212年教皇英诺森三世号召新的宗教战争，这一次兵锋所指的是伊比利亚半岛上的穆斯林。因而再征服运动就不再只是伊比利亚人自己的事了，来自全欧洲的贵族武士纷纷踏上半岛，为将曾经的西哥特王国从异教徒手中解放而奋战。这些半岛十字军几乎与东征十字军同时，他们的暴行也很相似。穆斯林曾经在安达卢斯实行宽松的统治，各民族各宗教并行不悖，因而美丽富饶的科尔多瓦也曾是欧洲的学术文化之都，位于格拉纳达的阿尔汉布拉宫更是其繁荣艺术的代表。然而所有这一切在半岛十字军到来之后都蒙上了阴霾，虽然基督教王国仍容许异教徒的存在，但是风向已经逆转，而在未来200年中这个趋势更为明显。

一幅12世纪时阿方索七世（1126—1157年在位）的画像。他是卡斯蒂利亚与莱昂的国王，后来加冕为"全西班牙的皇帝"。

骑士国王
狮心王理查

理查的勇气、精明、能量和忍耐使他成为他的时代里最出色的统治者。

——穆斯林编年史家

对于他的英国臣民来说，理查的形象可远没有这么好。今天人们之所以认识狮心王理查多半由于罗宾汉（Robin Hood）的故事，故事中他是主持公道的贤君形象，而他那个弟弟、阴暗狡诈的约翰则是完全相反的角色。不过，在理查生活的年代他的形象则要丰富得多，也矛盾得多。

"熊孩子"理查

理查一世（Richard I，1157—1199年）是亨利二世之子，他母亲阿基坦的埃莉诺（Eleanor of

亚瑟王与圆桌武士的铭刻。有关亚瑟王的种种传说都十分古老。这些传说起源于一个真实的凯尔特人军事领袖的故事，他曾带头抵抗于公元400—600年间在不列颠登陆的盎格鲁－撒克逊人。他和圆桌骑士的故事充满传奇色彩。

Aquitaine）是名震欧洲的女人，早年她因没能给法王路易七世生下男嗣而离婚，几乎就在同时与亨利二世再婚。理查是父母的第三子，不过他们的长子威廉早逝，所以理查在王位继承序列中排第二，仅次于兄长亨利。1157年他出生于英国，不过作为阿基坦公国的继承人他基本是在法国长大的。对于他父亲亨利二世而言，跨海峡统治庞大的国家面临种种挑战，从北方的苏格兰到南方的地中海岸，时刻潜伏着反叛。亨利二世名义上的封君法国国王则不时给他找麻烦。

不过亨利二世很难想到，他那帮对手中的骨干力量居然是自己的儿子理查。理查颇受母亲宠爱，而埃莉诺与亨利的婚姻堪称是风雨不断，因此理查很自然地站在母亲一边反对父王。16岁那年他就联合母亲在普瓦图（Poitou）建立了一支军队向父王开战，叛乱很快被平定，母亲埃莉诺被囚禁，和他一起造反的兄弟们也纷纷投降。理查一边咒骂着这些软骨头，一边向父王求情。父子间的和平没有维持多久，亨利二世一度想把阿基坦公国转给最小的儿子约翰，甚至还想废除理查的继承权——此时他哥哥亨利已死。脾气暴躁的理查毫不犹豫地倒戈，他向法王腓力二世宣誓效忠，继而合兵共同对抗父亲。1189年，面对战争压力的亨利二世早已心力交瘁，他承认了理查的王位继承权后两天就去世了。据说亨利二世最后的遗言是："耻辱啊！一国之君被人征服，耻辱啊！"

狮心王理查一世雕像。他是中世纪英国最具传奇色彩的国王之一，但是他待在英格兰国内的时间总共不超过一年，驰骋沙场才是他的人生常态。

传奇战士理查

与其说理查是国王，不如说他是传奇的战士，他身上集中了人们对骑士精神的所有遐想：坚忍、勇敢、顽强、宽容。实际上他也确实不太在意自己的国王身份，当国王对他来说最大的好处就是自由驰骋沙场。1189年他率领第三次十字军东征，为筹措军费理查不惜卖官鬻爵、掏空国库，他还以10万马克赎金为条件，放弃了父亲从苏格兰夺取的一切——包括苏格兰的宗主权和爱丁堡等五座城堡。任性的理查仍嫌不够，他声称如果价钱合适也考虑把伦敦城卖掉。大概就是这句话深深伤害了英国人的感情：法国长大的理查连一句英语都不会说，终其一生他待在英国的时间也不过一年。

理查在东方的战果似乎被后人夸大了，1191年他在阿苏夫（Arsuf）取得了对穆斯林的胜利，但是各国十字军之间的纷争导致他们未能攻克耶路撒冷。不过，理查面对枪林弹雨仍一马当先、勇猛无比，从而获得"狮心王"的称号。1192年他与萨拉丁（Saladin，1137—1193年）达成停战协定，

在获得对基督徒安全的承诺后回国。因为此时老对手法王腓力二世正煽动理查的弟弟约翰反叛，慌了阵脚的理查在回国途中又被奥地利公爵俘获，1194年英国付了大笔赎金后理查才重获自由。

但是理查对大笔赎金毫不在意，回国后他立即投入对法国国王的战斗中。1199年他在围攻沙吕兹（Chaluz）城堡时不幸中箭，伤口迅速感染恶化。不过他似乎对死于沙场颇感欣慰，据说他临终前饶恕了弟弟约翰，让他继承自己的王位。同时还原谅了那个射箭中伤他的士兵，不过这种"原谅"更像是骑士精神的装模作样，现实的版本是理查死后那个士兵就被活剥了皮。

13世纪时的银盘，上面雕刻了萨拉丁的形象。

亚平宁马赛克
中世纪意大利的列国争雄

中世纪的亚平宁半岛，就是政治版图马赛克的标本。意大利曾是罗马帝国的核心，现在则是小寡头的天堂。

典型意义上的中世纪意大利诞生于加洛林帝国的分裂。严格来说中世纪并不存在政治内涵的"意大利"，它作为地理概念也只是"亚平宁半岛"的代名词。伊比利亚那些小王国虽彼此争斗却终究要统一，而意大利半岛的各个邦国似乎永远也无法整合。

意大利中北部的"马赛克化"

843年的《凡尔登条约》，查理大帝的长孙洛泰尔（823—855年在位）获得了中法兰克王国和

这是一枚制作于公元600年前后的伦巴第胸针。伦巴第的珠宝商将一颗有300年之久的罗马玛瑙镶嵌于胸针中间。

"皇帝"称号。他并没有自己两个弟弟那么幸运，因为秃头查理和日耳曼人路易的王国由大面积的乡村领地组成，相对平静安宁。而洛泰尔的中间王国却不得不面对意大利北部那些好斗又富裕的城邦，这个地区曾是伦巴第王国的领土，米兰、威尼斯、热那亚、比萨和佛罗伦萨等城市也几乎从不承认中法兰克王国的权威。即便是查理大帝在世的时候，他在意大利也并非"无远弗届"，更何况洛泰尔实际控制的范围从不超过罗马以南。

855年洛泰尔皇帝去世后，他那些无能而又好斗的后人们很快就瓜分了王国，而虎视眈眈的两个法兰克王国很快就蚕食了这些碎片。公元1000年时，洛泰尔王国只剩下所谓"意大利王国"这个遗产，不过它仅限于阿尔卑斯山以南至罗马的范围。名义上属于神圣罗马帝国，而实际统治者既不是皇帝，更非洛泰尔家族，而是各城邦的寡头。米兰、帕维亚、帕尔玛、摩德纳成为实际独立的封国，比萨、佛罗伦萨和锡耶纳成为商业寡头的天地，而威尼斯和热那亚不仅发展为强大的商业共和国，还各自控制着内陆相当的腹地，俨然匹敌君主国。

叛服无常的城邦主导北部，而意大利中部则是教皇国。756年的"丕平献土"奠基了中世纪的教皇国，不过这个"尘世的上帝王国"也并非铁板一块，因为斯波莱托的王公和拜占庭驻拉文纳总督分

这是一艘维京海盗船的复制品，其原始物件出土于挪威的奥斯堡。

割了其权威。即便在罗马城内，教皇也面临着极易煽动的暴徒，这些市民以"罗马的遗老遗少"自居，时刻准备将"罗马城的主教"赶出去，迎接山那边德意志皇帝的到来。很快，他们又受够了"解放者"皇帝，这时"罗马城的主教"又能伺机返回城中，中世纪罗马城的动乱，大抵逃不脱这种恶性循环。

西西里和半岛南部

伊斯兰教诞生以后，穆斯林在短短一个世纪中横扫地中海，而西西里岛正位于地中海的中心。9世纪期间，阿拉伯人来到西西里岛，从而使该地脱离了拜占庭帝国。但查士丁尼光复帝国的梦想仍鼓舞着后人，拜占庭势力收缩至半岛南端的尖子上。虽然拜占庭仍宣称对意大利南部的主权，但帝国当局派驻的总督也日渐独立，还是免不了溃败的结局。

在紧随其后的11世纪，诺曼人的首领罗贝尔·吉斯卡尔对意大利的拜占庭军队发起挑战，短

短几十年间他和诺曼武士就基本消灭了半岛南端的拜占庭势力。1091年罗贝尔的后人夺取了西西里岛，使之重回基督教的怀抱。1130年，罗贝尔的侄子罗杰正式加冕成为西西里国王，从此将半岛南部和西西里岛联合成统一的王国。诺曼武士虽早已定居法国，但他们身上仍奔涌着祖先好战的血液。虽然王国由于联姻而先后传承于德意志皇族、安茹王室和阿拉贡王室，但是诺曼人所创立的西西里王国依旧是中世纪意大利治理最完善、文化最昌盛的宫廷之一。

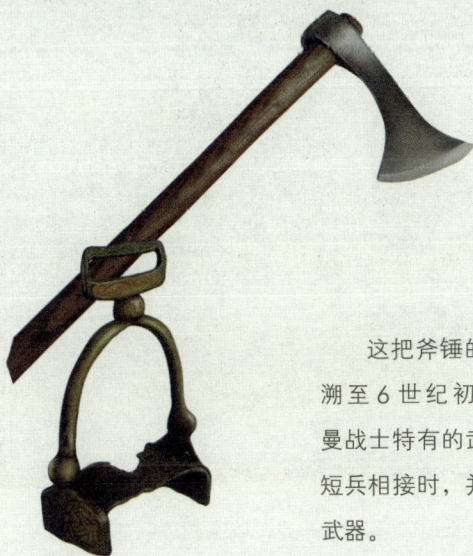

这把斧锤的时间可以追溯至6世纪初，它是日耳曼战士特有的武器，适用于短兵相接时，并可作为投掷武器。

帝国之间的较量
阿拉伯与
拜占庭的攻防

不是宗教的对垒，而是两个帝国的扩张。

　　7、8世纪是拜占庭帝国战略收缩的时代，与此同时新兴的阿拉伯帝国迅速扩张。先知穆罕默德的召唤很快就让大部分地中海世界臣服，对拜占庭来说这是最为严峻的时代。不过，尽管丢失了东方的大片领土，拜占庭还是挺了过来，而此时阿拉伯帝国也已是强弩之末。

拜占庭帝国的防御特性

　　尽管查士丁尼有着难以匹敌的地位，但对于拜占庭的全部历史来说他或许是个特例，不仅因为其光复罗马帝国的雄才伟略，也因其扩张政策并非拜

图片描绘了君士坦丁堡城的样貌，周围建造了很厚的城墙。

占庭的常态。拜占庭帝国，虽然就其政府结构而言继承自罗马，但在宗教上它信奉东正教，文化源头则来自希腊化时代。这种杂糅特质和它特殊的地理位置，决定了防御比扩张更加有利于拜占庭。帝国的疆域基本与希腊化世界重合，早期帝国是城市的帝国，因而它特别有赖于商业和海运的发达。而穷兵黩武的扩张，虽说有缥缈帝国梦想的支撑，但对商业和城市来说则没有多少好处。

　　历代拜占庭皇帝对于这种特性是心知肚明的，因而无论是查士丁尼之前还是之后，皇帝们基本满足于守卫固有领土。君士坦丁堡作为中世纪欧洲最大城市的纪录一直保持到近代早期，高大坚固的城墙和发达周密的海防体系，在冷兵器时代更有利于防御战。所以，纵观13世纪前的拜占庭历史，除了短暂的扩张时代，当局一直对开疆拓土持谨慎态度，而边境以外的各民族虽短期构成威胁，但几乎都未能长久动摇帝国的存亡。而在伊斯兰世界早期的扩张中，这种规律眼看将要打破：君士坦丁堡屡屡遭到围攻，然而事实证明穆斯林也逃不过历来潮涨潮落的宿命。

阿拉伯与拜占庭的较量

　　几乎就在穆罕默德去世的同时，伊斯兰教的军队就迈开了向地中海扩张的步伐。位于阿拉伯半岛北方的叙利亚一直处于拜占庭和波斯两大帝国的拉

身穿战甲的拜占庭士兵。虽然拜占庭帝国的军事政策总体强调防御，但是其国情决定了几乎每年都会有战事发生。因而对于士兵来说，最通常的形象都是全副武装，手执宝剑，随时准备迎击敌人。

锯战之中，阿拉伯人的到来正如马克思曾描述英国人进入印度：当大家都打得不可开交的时候，穆斯林闯了进来，把他们全都征服了。的确如此，阿拉伯铁骑向东攻灭了古老的波斯帝国，同时兵分两路进攻拜占庭。

叙利亚的阿拉伯人于634年夺取布斯拉，635年占领重镇大马士革，636年他们取得雅穆克之战的胜利，从而使拜占庭完全丧失了叙利亚。兵锋正盛的穆斯林随后征服了安条克和阿勒颇，推进到小亚细亚边境。小亚细亚对拜占庭来说有着经济上的重大利益，一时间朝廷大为震动。还没有缓过神来的元老们很快就得知，基督教的圣城耶路撒冷不堪穆斯林围攻，于638年举城投降。而伴随着恺撒利亚城在640年的陷落，拜占庭帝国几乎完全丧失了地中海东岸的疆土。

阿拉伯人入侵的另一个方向是埃及。639年人阿拉伯将领阿穆尔·伊本·阿斯率军进入埃及，次年就在赫利奥波利斯打败拜占庭军队。穆斯林沿海西进，于642年迫使亚历山大里亚城投降。当然，

由于大教长塞勒斯的斡旋，阿拉伯当局仍优待埃及居民。实际上，由于拜占庭官方的宗教褊狭政策，许多埃及的基督一性论者遭到迫害，阿拉伯的宗教宽容政策反而使埃及人将征服者看作是解放者。自古罗马时代以来，埃及就是帝国的粮仓，丢失了埃及对拜占庭来说无异于五雷轰顶。然而更大的威胁接踵而来，在跨海夺取了塞浦路斯和罗德岛之后，穆斯林直捣帝国心脏君士坦丁堡。幸运的是，得益于神秘的"希腊火"，拜占庭首都在670—680年间多次绝境逢生，在穆斯林的轮番进攻后顽强地生存下来。

举世闻名而引后人无尽遐想的"希腊火"最初应用于拜占庭和阿拉伯人的战争中，其巨大杀伤力和广泛适应性，在数个世纪中保卫了君士坦丁堡的安全，使其成为基督教世界名副其实的"桥头堡"。该画现藏于西班牙国家图书馆。

第二黄金时代
从圣像破坏到马其顿复兴

从长期的角度来看，马其顿皇帝们最重要的军事成就是在巴尔干地区牢固建立起对斯拉夫人和保加利亚人的统治。

伊斯兰世界对拜占庭帝国的压力在8世纪前期得以缓解，这为帝国提供了难得的喘息时机。8世纪中叶，伊苏里亚王朝登上历史舞台，它以"圣像破坏运动"开启了拜占庭历史的新时期，而继承伊苏里亚诸帝的马其顿王朝，缔造了拜占庭的第二个黄金时代。

圣像扳倒，皇帝吃饱

717年，凭借抵抗阿拉伯人入侵的战功，小亚细亚将领利奥废帝自立，成为拜占庭皇帝利奥三世（Leo III，717—741年在位）。此时拜占庭刚从穆斯林的长期围困中解脱出来，财政和军备状况极为严峻，出身行伍的利奥三世对此有深刻的认识。自东罗马帝国建立以来，基督教会就成为帝国中最大的利益集团，教会不仅占据着庞大的地产和财富，而且大量僧侣不仅影响了兵源，也成为国家财政的负担。为了改变这种颓势，利奥三世于726年发动圣像破坏运动，他在730年进一步下令捣毁教堂和修道院的圣像、圣迹和圣物，教会大量土地和财产被没收充公，修士们被迫还俗参加生产，必须承担国家赋税和徭役。

作为"国中之国"的东正教会当然激烈反对皇帝的做法，教会上层教士、守旧贵族和欧洲地区的民众都坚持圣像崇拜，罗马教皇格里高利三世也开除了利奥三世和所有毁坏圣像者的教籍。但是这些并不能阻止以利奥三世为首的圣像破坏运动，东正教会虽然实力雄厚，但是他们远没有罗马教廷那种凌驾于世俗君主之上的权势，面对皇帝的铁腕手段他们并没有实质性反抗力量。而且皇帝的政策还得到了军事贵族、开明僧侣和东部保罗派信徒的拥护，753年利奥三世在卡尔西顿召开宗教大会，将圣像破坏的成果确定下来。虽然此后女皇伊琳娜曾于787年恢复了圣像崇拜，但是后来的皇帝继续破坏圣象，一直持续到843年为止。

毁坏圣像运动。这位反对圣像崇拜者正在破坏一幅耶稣基督的画像。

公元 1000 年左右东正教日历上的巴西尔二世画像，巴西尔二世被画为一位圣徒。现藏于梵蒂冈图书馆。

马其顿王朝的中兴

延续了一百多年的圣像破坏运动，使拜占庭皇帝的经济和财政实力增强，帝国统治结构自身也经历了调适，这为后来马其顿王朝的复兴奠定了基础，从而与前一阶段的历史区隔开来。867 年巴西尔一世成为皇帝，建立了马其顿王朝，巴西尔本人实际上是亚美尼亚人，只是他早年曾被监禁于马其顿地区，所以许多人以为他是马其顿人，以此为这个王朝命名。马其顿王朝的功绩之一，就是扭转了拜占庭对阿拉伯帝国的不利局势。巴西尔一世不断加强在小亚细亚的防御，甚至将帝国东南部的国境线推进到幼发拉底河上游。此后马其顿皇帝们还一度收复了叙利亚，并将阿拉伯势力从亚得里亚海清理出去，基本解除了拜占庭腹地被动挨打的险境。

进入 10 世纪以后，阿拉伯帝国进一步衰落，而马其顿王朝治下的拜占庭则迎来了第二个黄金时代。976 年即位的巴西尔二世（976—1025 年在位）缔造了拜占庭的中兴，随着阿拉伯威胁的缓解，他将战略方向转移到巴尔干半岛，不断发动剿灭保加

利亚人的战争。此前数世纪，保加利亚人屡次威胁帝国首都。不仅如此，通过对巴尔干局势的掌控，拜占庭的影响力进一步往东欧扩展，东正教团体进入斯拉夫人地区。早在 9 世纪晚期，拜占庭教士就使巴尔干半岛皈依东正教，而传教士们借助于希腊字母发明了斯拉夫文字，进一步推动了宗教和文化的传播，10 世纪以后以东正教为先驱的拜占庭文明已影响到罗斯诸国。

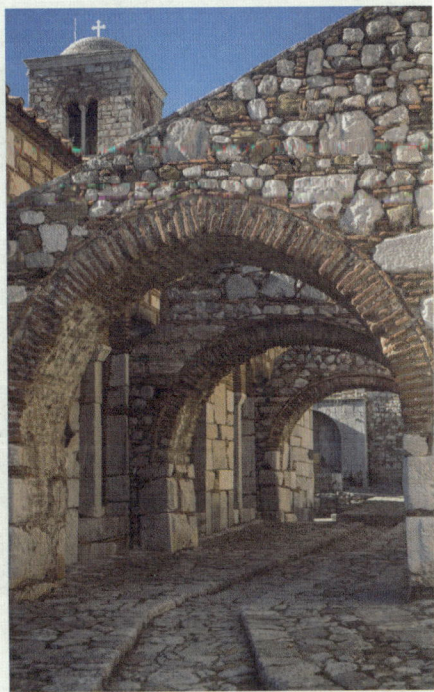

尊者路加修道院建于 11 世纪，位于希腊境内。它是马其顿王朝时期拜占庭建筑风格的代表作，马其顿王朝治下拜占庭文明迎来又一盛期，被称为"马其顿文艺复兴"。

十字军在希腊
拉丁帝国
及其覆灭

尼西亚皇族对天主教暴力夺权强行合并两教的行为极为厌恶,他们说:"宁要苏丹的头巾,也不要主教的礼帽。"

自罗马帝国于 395 年分裂以来,无论是西方的天主教廷还是世俗领主,都抱有幻想将东部帝国纳入天主教的轨道中。第四次十字军东征阴差阳错地攻灭了拜占庭,从而使几百年来似乎不可能的幻想实现了。但是仅仅几十年之后,西欧的武士就发现自己远没有统治希腊世界的能力。

拉丁帝国的建立

拉丁帝国(Latin Empire,1204—1261 年)的提法容易误解历史,在当时这个帝国正式的名称是"罗曼尼帝国"(Imperium Romaniae,拉丁语意为罗马人的帝国)。在征服了拜占庭的天主教贵族们看来,

13 世纪早期,十字军从君士坦丁堡带回威尼斯的铜马。

395 年东西罗马帝国的分裂应在 1204 年来个了结,他们一厢情愿地以为如此就能重现当年统一的帝国。而"拉丁帝国"的提法则来自于拜占庭的希腊人,而且可以肯定在当时"拉丁人"是最不受欢迎的入侵者、暴徒。

第四次十字军东征被威尼斯人引向了君士坦丁堡,一方面是由于威尼斯商人企图攫取更多的商业特权,这是他们多年来孜孜以求超过热那亚人的目标;另一方面则是拜占庭的皇位之争,废帝伊萨克二世父子向欧洲求援,给了拉丁武士们一个驰骋拜占庭的机会。1203 年十字军占领君士坦丁堡,他们恢复了伊萨克二世父子的皇位。但是伊萨克父子被看成是引诱外敌的叛国者,很快就被首都民众杀死,结果拉丁人的驻军不得不亲自上阵,于 1204 年干脆废掉了拜占庭皇统,成立了"罗曼尼帝国"。

且不说拜占庭皇族的流亡政府,单是拉丁帝国自身的结构就使其力量涣散,自始至终矛盾不断。西欧的贵族们自以为封建制度无比优越,因而也照搬西欧体制将帝国分封为帖撒罗尼迦王国、雅典公国和亚该亚公国等等,佛兰德伯爵鲍德温九世(Baldwin IX)出任拉丁帝国皇帝,称鲍德

拜占庭帝国徽章。十字军占领君士坦丁堡之后，仿照西欧的纹章制度，创设了代表拜占庭的帝国徽章。从纹章中央盾牌上的图案可以大致看出十字军中主导性的力量，这一纹章旨在实现伊庇鲁斯公国与拉丁帝国的合一。

知识链接：拜占庭的皇位之争

1195 年，拜占庭皇帝伊萨克二世的弟弟发动叛乱推翻兄长，自立为阿列克塞三世。伊萨克的儿子逃往西方求取援助，结果引发了第四次十字军东征。君士坦丁堡陷落后，十字军扶植伊萨克二世和儿子阿列克塞四世为共治皇帝，实际上是作为十字军的傀儡。

温一世。在这位强权人物统治下帝国勉强维持和平，但仅仅一年后他就被俘身亡，继任者们围绕皇位大打出手，帝国本身也跟着摇摇欲坠。而此时那些拜占庭皇族已在外省建立了尼西亚帝国、特拉布松帝国和伊庇鲁斯公国，拉丁人的内讧为他们复国大开方便之门。

短命而亡的帝国

鲍德温一世死后，他的弟弟亨利即位，兄弟二人在抗击外敌方面的能力相当。亨利摄政时成功地击溃了保加利亚人的进攻，而且还将尼西亚帝国的势力死死限制在小亚细亚。但是亨利作为入侵者在外的名声让他付出了生命的代价，1216 年他被希腊籍妻子毒死后，皇位上再也没出现强有力的人物。原本涣散无力的拉丁帝国完全没了屏障，1224 年伊庇鲁斯公国占领了帖撒罗尼迦地区，次年尼西亚帝国光复了小亚细亚全境，从而为收复拜占庭打下了基础。正如前文所说，小亚细亚对拜占庭来说一直具有经济和战略的双重意义，而拉丁人窃据君士坦丁堡时却未能考虑到这一点，这多少归因于远道而来的他们对此水土不服，同样也能解释拜占庭皇族复国运动的顺利。鲍德温二世即位后，拉丁帝国实际上已经成为君士坦丁堡及其郊区的代名词，政府财政捉襟见肘。他虽然也得到了西欧国家的部分援助，但是拉丁人失去帝国已是迟早的事了。

1261 年，出身帕列奥洛格斯家族的皇帝米哈伊尔八世（Michael VIII，1259—1282 年在位）在热那亚人的帮助下终于夺回拜占庭帝国皇位，但此时拜占庭帝国自身也已接近尾声了。

尼西亚帝国城墙遗址。作为拜占庭流亡政权之一的尼西亚帝国的核心区在小亚细亚半岛西部，是原拜占庭帝国人口最密集、农业最发达的地区之一，逐渐成长为原拜占庭帝国疆域内最强大的国家，最终尼西亚军队于 1261 年收复君士坦丁堡，光复了"拜占庭帝国"。

皇帝 VS 教皇
霍亨斯陶芬
王朝的困境

条顿骑士的精华一代又一代越过阿尔卑斯山，死亡于伦巴第人的剑下，或死亡于更加致命的罗马热病之中。

——詹姆斯·布赖斯

霍亨斯陶芬家族是德意志最显赫的家族，登上帝位之前他们已统治施瓦本公国。绰号"红胡子"的腓特烈一世通常被认为是中世纪德意志最成功的统治者之一，然而始终有两个问题困扰着王朝，它们继承自前朝的历史，也对后来的帝国影响至远。

征战伦巴第

腓特烈一世（Fricdrich I，1155—1190 年在位）

德意志历史上极具传奇色彩皇帝红胡子腓特烈一世，不仅因为他有引人注目的形象，更在于他的军事行动极大地影响了德意志和意大利的历史进程。

于 1152 年从叔父康拉德三世那里继承德意志王位，1155 年加冕成为神圣罗马帝国皇帝。就像其历代先帝那样，腓特烈一世致力于驯服德意志境内的大贵族，他最主要的对手是萨克森公爵狮子亨利（Heinrich der Löwe，1129—1195）。1180 年狮子亨利被打败后，腓特烈一世剥夺了他的许多封地，其中巴伐利亚公爵领地一部分独立出来，成为后来的奥地利。不过，腓特烈一世降服其对手的同时也继承了历代皇帝留下的弊端，即教会势力对皇权的牵制。我们在前文曾说过，奥托大帝时期为了限制大贵族，皇帝任用了许多教会人士作为行政官员。但是教会有自身的利益，主教们反而逐渐成为皇权的障碍。腓特烈一世在国内的政策很大程度上受其影响，而由于教会诸侯与罗马教皇的关系，腓特烈一世就不得不牵扯到皇权与教权的对抗中去，这种对抗一直贯穿霍亨斯陶芬王朝。

与皇权教权之争交织在一起的，是伦巴第城邦的叛服无常。这些城市组成了联盟共同对抗腓特烈一世，为了彻底驯服它们，腓特烈一世曾先后六次入侵意大利，在这些反叛城市的背后从不缺乏教皇阴谋的身影。实际上，教皇深知单凭自己的实力远不能对抗腓特烈这样的皇帝，但是他却能充分利用米兰等城邦与皇帝的对立，实现自己的目的。虽然腓特烈一世在意大利取得了部分成功，但直到 1186 年最后一次远征时，他最初的目标仍未实现，

德意志皇帝的黄金王权宝球与皇冠、节杖、宝剑、指环，都是帝国权力的象征。

伦巴第城市依旧叛服无常。1190年，腓特烈一世以武士的方式走完了传奇一生——他在第三次十字军东征途中溺亡。

意大利情结

困扰着德意志皇帝的另一个问题在于，意大利的历代皇帝都是日耳曼人，但理论上罗马才是帝国的首都，空间的错位使皇帝们不远千里跋涉。可是他们从来都无法待得长久，因为罗马人民极易煽动，驻扎越久意味着越多的危险。

为了解决皇帝无法长期驻扎意大利的问题，腓特烈一世让继承人、未来的亨利六世与西西里的公主联姻，这样就有可能将西西里王国转变成皇帝的直属领地。如此，教皇国将被置于南北夹攻的危险境地，教皇们对此心知肚明，所以千方百计破坏这种联系，更加剧了皇权与教权之间的争斗。

亨利六世于1197年去世后，腓特烈二世即位，这是一位出生于西西里且终其一生都征伐无度的君主。虽然颇有其祖父遗风，但是他却有一个"世界帝国之梦"，所以皇权在德意志本土变得摇摇欲坠。这实际上意味着皇帝几乎不可能跳出历史遗留的局限，即他要么坐镇德意志伸张皇权，要么驰骋意大利追寻缥缈帝国梦，但绝不能两者兼得。随着腓特烈二世在1250年去世，长达20年的"大空位"混

与其说腓特烈二世是神圣罗马皇帝，不如说他是具有世界梦想的君主，与他的前辈们相比他的目光不仅局限于意大利和罗马，他的理想是重塑基督教世界的统一。

战时期开始了，此后的哈布斯堡家族虽然身居帝位，却永远失去了加强皇权的资源，这些都以霍亨斯陶芬王朝为转折。

大空位时代
神圣罗马帝国的转折期

皇帝称号依然是德意志君主政体的附属品，但是由于德意志人对这个称号不太介意，外国野心家就可乘隙觊觎帝位了。

——卡尔·普勒茨

霍亨斯陶芬王朝终结后，神圣罗马帝国的转型时期到来了。奥托大帝建立帝国时，它是欧洲最强大的政治体，到13世纪末它却空前的涣散和虚弱，颇类似于卡佩王朝早期的法国。这种完全相反的轨迹肇始于腓特烈二世皇帝的统治，而大空位时代（Great Interregnum，1254—1273年）更是令帝国元气大伤。

统一帝业的失败

1806年，当报纸上出现奥地利皇帝弗兰茨放弃神圣罗马帝国皇位的新闻时，并没有多少人意识到，一个延续近千年的古老政体灰飞烟灭了。而在14、15世纪甚至16世纪，这种事件却是令人难以置信的。奥托大帝那个强盛无比、万邦来朝的帝国，如何走向虚弱涣散的命运？人们形容它是一只无力挥动的手，五指虚弱分散而从未拧成一个拳头，神圣罗马帝国早在13世纪就被抽空了生命力，拿破仑在1806年的最后一击，不过是开给这个躯壳的"死亡证明"而已。

神圣罗马皇帝的权力受制于两种因素，首先是德意志境内的大贵族的割据势力，其次就是罗马城与德意志在空间上的分离。势力强大的地方贵族阻碍了皇帝在德意志本土集中皇权的努力，而罗马教廷的对抗则极大削弱了皇帝称号的影响力。德意志史上那些伟大的皇帝都是集中火力先解决一方面的

巴勒莫教堂位于意大利西西里岛首府巴勒莫。巴勒莫历经多种不同宗教、文化的洗礼，因此市区建筑呈现截然不同的风貌。曾有一位地理学家这样形容巴勒莫："凡见过这个城市的人，都会忍不住回头多看一眼。"

问题，然后再转而解决另一方的牵制，这种远交近攻、各个击破的战略成就了从奥托大帝到腓特烈一世的威名。但是腓特烈二世不仅未能利用先辈们留下的传统，反而要毕其功于一役：他将统治重心迁往西西里更是加剧了德意志的混乱状态。总而言之，对于腓特烈二世来说，他的才华还远不足以支撑其雄心。

因此，我们就不难理解在他死后，曾一度看似强大的皇权会轰然倒塌。这并不是说皇帝被彻底废除，而是说以后的皇帝再也无法获得从前那种力量。1250年腓特烈二世猝死于西西里，他的遗体

至今仍长眠于他心爱的巴勒莫大教堂，根据遗嘱，他年轻的儿子康拉德四世（Conrad IV，1250—1254年在位）继承德意志和西西里王位，但是西西里的摄政权则交给他的私生子曼弗雷德，这样就给了教皇破坏德意志——西西里帝国的机会。教皇把西西里王位授予外国君主，这无异于引狼入室，意大利南部从此陷入几十年的残酷战争。1254年康拉德四世早逝，与教皇未竟的战争导致他的幼子康拉丁（Conradin，1252—1268年）无法继位，20年的大空位时代拉开了序幕。

大空位时代的乱政

大空位时代神圣罗马帝国的版图日益收缩，不仅失去了对意大利的影响，而且东部和南部的诸侯也愈发独立。与此同时，皇帝的人选成了这个时期最大的争端，这不仅是德意志诸侯们施展雄心的大好机会，也成为外国君主影响德意志的关键议题。长期以来，神圣罗马皇帝的产生有赖于德意志大诸侯的支持，虽然1356年的《黄金诏书》才正式确立选帝侯的地位和权利，但事实上大诸侯操纵皇帝选举要早于《黄金诏书》。经过错综复杂的角逐后，英国的康沃尔伯爵理查（Richard of Cornwall，1209—1272年）成为最有力的竞争者，他是英王亨利三世的弟弟，他的妹妹伊莎贝拉则是腓特烈二世的皇后。但是理查也遭遇强劲挑战，七大诸侯中只有四个——科隆、美因茨、帕拉丁和波希米亚支持他，另外三大诸侯——萨克森、勃兰登堡和特里尔则支持卡斯蒂利亚国王阿方索十世（Alfonso X，1221—1284年）当选。

不仅德意志大诸侯在皇帝人选上相持不下，各外国君主也对此极为关切。英国国王亨利三世力主由弟弟理查出任德意志国王，而法国国王路易九世

德意志王公商讨新皇帝的选举。（从左到右）特里尔大主教、科隆大主教、美因茨大主教、莱茵伯爵、萨克森公爵、勃兰登堡侯爵和波希米亚国王。

和教皇亚历山大四世倾向于阿方索十世，但是康沃尔伯爵理查的嫂子、英国王后普罗旺斯的埃莉诺向法王和教皇施压，说服了他们支持理查当选。然而好事多磨，波希米亚国王奥托卡尔突然倒向阿方索，致使理查仅有三票而处于劣势。他原本希望贿赂另外四大诸侯，但是所需资金高达28000马克，结果只能作罢。虽然科隆大主教单方面为理查加冕为"罗马人国王"，但这本身并没有太多实际意义，而且皇帝的空头名号似乎并不值如此的巨额贿赂。至于理查的对手阿方索，他更是无力承担如此高额的贿金，而且他本人甚至从未去过德意志。在大诸侯们不断加价的贪婪和外国君主的横加干涉之下，1254年至1273年间神圣罗马皇帝奇迹般地"消失"了。

长期分裂动乱的因素

13世纪神圣罗马帝国的大空位时代，许多重要的因素逐渐成形，而且它们一直到19世纪都在主导德意志的历史。这些因素肇始于中世纪早期德意志国家的形成时代，在后来的岁月中不断被强大的皇帝所打断或压制，但每逢弱势君主他们便再次抬头进而大显身手，长达20年的大空位时代就是最好的契机。

此后几百年影响历史进程的最主要因素就是选帝侯集团，选帝侯数目在不同时期有所变动，1257年后主要有七大选帝侯：三个教会诸侯是科隆大主教（Archbishop of Cologne）、美因茨大主教（Archbishop of Mainz）和特里尔大主教（Archbishop of Trier）；四个世俗诸侯是萨克森公爵（Duke of Saxony）、莱茵帕拉丁伯爵（Count Palatine of the Rhine）、勃兰登堡侯爵（Margrave of Brandenburg）和波希米亚国王（King of Bohemia）。这些大诸侯领地又分属不同的古老贵族世家，勃兰登堡和萨克森都是阿斯坎家族（Ascania）的世袭领地，维特尔斯巴赫家族（Wittelsbach）则控制巴伐利亚和莱茵帕拉丁伯国，15世纪以后萨克森公国转归韦廷家族（Wettin）所有，这个家族的后裔繁衍壮大又成为英国和波兰的君主，韦尔夫家族（Welfen）是曾经统治施瓦本、巴伐利亚、勃艮第和布伦瑞克的老牌诸侯。

仅次于选帝侯集团的是一些次要的贵族集团，比较重要的是卢森堡家族（Luxemburg），哈布斯堡家族（Habsburg）和霍亨索伦家族（Hohenzollern）。相对较弱的实力反而使这些家族荣登皇帝宝座，

象征神圣罗马帝国统治结构的插图，其中最上层是皇帝位于正中，左边是三位教会选帝侯，右边是四位世俗选帝侯。

神圣罗马帝国因为长期的大空位而遭到了致命削弱，此后虽然恢复了皇帝统治，但是实际上的分裂局面已不可挽回。后来的统治家族渐渐不再追求统一帝国的幻象，而是专注于经营本家族世袭领地。图为1450年大空位时期三个人看着棺材里的皇帝。

例如亨利七世（1308—1313年在位）、查理四世（1347—1378年在位）和西吉斯蒙德（1410—1437年在位）都出自卢森堡家族，霍亨索伦家族则在帝国东部拓展了势力范围，至于哈布斯堡家族更是长期把持神圣罗马帝国的皇位。选帝侯集团的彼此争夺使其内部形成某种平衡或曰"共识"，通过让次级贵族入主皇位，从而方便他们对帝国施加影响。颇为讽刺的是，选帝侯们的无心插柳，反而促成了近代德意志最重要的两支力量——霍亨索伦和哈布斯堡的崛起，当普鲁士道路和奥地利道路为德意志的前途而竞争之时，选帝侯的时代早已成过去。

知识链接：霍亨索伦家族

该家族最早起源于德意志施瓦本境内的黑兴根（Hechingen）附近，得名于家族的祖宅霍亨索伦城堡。1061年首次提到该家族的首领是布尔夏德（Burchard），霍亨索伦家族逐渐分成南方的施瓦本支系和北方的法兰克尼亚支系。北方支系逐渐成为勃兰登堡和普鲁士等地的统治者，一般所说的霍亨索伦王朝就指北方支系。

骑士阶层和帝国城市构成了独立于大贵族集团之外的第三股力量。骑士阶层处于贵族集团的最末端，他们往往面临强大王公吞并的威胁，因此他们倾向于支持德意志国王的权利；而帝国城市随着经济力量的增强，不仅日渐脱离教俗领主的控制，而且也成为皇帝重建中央权力的盟友。德意志城市之间的结盟趋势日益明显，皇帝也利用城市同盟发挥更大的制衡诸侯的作用。

双头雄鹰一直是德意志神圣罗马帝国的纹章主题，雄鹰双翅上的各个盾形纹章分别象征着组成帝国的诸侯邦国。1510年绘画。

"德意志岳父" 鲁道夫一世的联姻政策

与其说鲁道夫一世是个君主，倒不如说他更具备商人的潜质。他最大的财富莫过于六个女儿，都和最主要的选帝侯结了亲。

直到 1273 年鲁道夫·冯·哈布斯堡（Rudolf von Habsburg，即"哈布斯堡的鲁道夫"）当选德意志国王之前，这个家族在历史上一直是默默无闻的。当霍亨斯陶芬、韦尔夫和维特尔斯巴赫这些家族早已在德意志和意大利纵横驰骋时，这个阿尔卑斯山区老乡似乎要逊色许多。

"鹰堡"的后人鲁道夫

哈布斯堡家族起源于瑞士境内的阿尔高，他们的祖宅被称为"鹰堡"。关于"鹰堡"曾有个传说：城堡建立者拉德波特伯爵曾看见一只鹰栖息在城堡的墙上，德语中的"鹰"即"Habicht"，所以"鹰堡"也就是"Habichts-Burg"，这就是后来哈布斯堡（Habsburg）家族名称的源头。但也有历史学家和语言学家考证认为，中世纪高地德语中的"hab/hap"意指渡口浅滩，而城堡恰好处于两河交汇处，似乎也证实了这种说法的合理性。

鲁道夫之所以当选，很大程度因为该家族从未出现过皇帝。神圣罗马皇帝由七大选帝侯选举产生，他们都选举那些实力较弱的家族入主皇位。这样一来强大的地方诸侯可拥有近乎独立的地位，在自己领地内俨然最高君主；另一方面帝国皇帝则逐渐被架空，成为名存实亡的"最高封君"，这种尴尬处境类似于春秋战国时的周天子。鲁道夫正是在这种背景下当选的，在他之前德意志刚经历了 20 年的"大空位时期"，诸侯混战导致"天子"长期缺位。这种局面在鲁道夫以后并没有实质改变，因为他只是当选"德意志国王"，却从未去罗马加冕成为"神圣罗马皇帝"。很难想象中国的皇帝没有登基大典和玉玺在手是怎样的情形，但鲁道夫对自己的橡皮图章角色倒是颇为满足的。

鲁道夫是哈布斯堡家族第一位当选神圣罗马皇帝的人。这幅壁画描绘的是他于 1273 年在巴塞尔举行的入城仪式。

"德意志岳父"的生意经

没有玉玺不要紧，不办登基大典也可以，幸运的是鲁道夫有六个迷人的女儿，中世纪君主们的联姻是扩大实力的重要途径，鲁道夫将这种手法运用得炉火纯青。他将大女儿玛蒂尔德嫁给了巴伐利亚公爵路德维希，公爵死后，鲁道夫"肥水不流外人

哈布斯堡家族谱系简图。鲁道夫之后哈布斯堡家族很长时间没有当选皇帝，因为他的子孙（如阿尔布莱希特一世）虽当选德意志国王而未去罗马加冕。

知识链接：皇帝的"诸侯化"

哈布斯堡家族虽然成为皇族，但是后来的皇帝们不仅没能制伏大诸侯，其力量与前朝诸帝相比反而更加缩水。所以皇帝们不再追求集权，而是专注于经营自己家族的世袭领地，奥地利大公国从此发展起来。渐渐地，除了头衔以外皇帝和普通诸侯几乎无异，此即皇帝的"诸侯化"。

田"，又将次女卡特琳娜许配继任的公爵。三女儿艾格妮丝嫁给了萨克森－维腾堡公爵阿尔布莱希特，四女儿赫德韦格则许配给勃兰登堡伯爵奥托。至于五女儿克莱门蒂娜命途多舛，她的第一任丈夫安茹的查理死后，鲁道夫觉得不能浪费女儿的青春年华，又让法国国王路易十世做了继任女婿。六女儿波娜嫁给了波希米亚国王文策尔。至此，鲁道夫在短短十几年中，不仅实现了从默默无闻的小伯爵一跃而为国王的逆袭，同时还实现了年老鳏夫向"德意志岳父"的华丽转变。

鲁道夫嫁女儿嫁得任性吗？当然不是，何以在成百上千的诸侯中，他偏偏选那几位做女婿？答案在于：女婿们大多是选帝侯，不仅实力雄厚还操控皇帝的选举。与其说鲁道夫是个君主，倒不如说他更具备商人天赋，他女儿们的后代无疑将成为未来的选帝侯。即便不能如愿，至少七大选侯中过半数的人都将有哈布斯堡家族的血统。人们常说英国的维多利亚女王是 19 世纪"欧洲的老祖母"，其实在她之前 600 年，鲁道夫就已是名副其实的"德意志的老外公"了。既然他的外孙们都能够选举皇帝，那么他自己的亲孙子要当皇帝，自然不会很难。毕竟表兄弟间这点情分还是在的。据说他还有个小女儿，只不过进了修道院。若非如此，按照鲁道夫的商人脾性，说不定又要用小女儿再做个联姻的生意。

德累斯顿巨型浮雕局部。非常幸运的是，它从第二次世界大战的狂轰滥炸中幸存下来，浮雕的内容是 16—17 世纪萨克森选帝侯的故事，反映了一个多世纪时尚风格的演变。

民族国家的阵痛
英法百年战争

人们普遍相信，统治法国的国王应该是一个法国人。这种爱国主义或者民族主义的意识，已在欧洲民众的观念中发展起来。

——朱迪斯·M. 本内特

英法百年战争（1337—1453 年），从其性质而言并非简单的两国间的冲突，它并不是连绵不断的征战，也不是恰恰一百年之久。这个过程更像是打打停停的无意识行动，中间夹杂着饥荒、瘟疫和经济危机，但其结果却鲜明得多：经过刻骨铭心的阵痛之后，民族国家诞生了。

百年战争的起源

作为中世纪欧洲封建制最典型的两个国家，英格兰和法兰西之间错综复杂的关系使百年战争的起

1330 年，英王爱德华三世向法王腓力六世宣誓效忠，获得法王赏赐封地。

源不易梳理。归根结底三个方面的因素仍起着主导作用，首先是最迫切的王位继承争端，其次是两国间领土的政治冲突，另外社会经济因素也扮演着重要角色。

1328 年 法 国 国 王 查 理 四 世（Charles IV，1322—1328 年在位）去世，他与之前的路易十世（Louis X，1314—1316 年在位）和腓力五世（Philip V，1316—1322 年在位）都是腓力四世的儿子。王朝终结的尾声都是相似的，男性子嗣的缺失使得王位兄终弟及而非父子相继，伴随着查理四世的死去，卡佩王朝的嫡系后裔断绝了。查理四世死时贵族会议排除了王族女性及其后裔的继承权，这也是萨利克法典的精神。1328 年，与卡佩嫡系亲缘最近的幼支瓦卢瓦伯爵入继王位称腓力六世（1328—1350 年在位），但是英王爱德华三世（Edward III，1327—1377 年在位）的母亲伊莎贝拉是法王腓力四世的女儿，英国并不尊奉萨利克法典，爱德华三世要求以母系血缘继承法国王位，围绕这个问题两国君主的矛盾升级。

自 1066 年以来，入主英国的诺曼王朝和安茹王朝都是法国领主建立的，这些法国籍的英格兰君主在大陆持有世袭封地，诺曼底、安茹、阿基坦、加斯科涅乃至布列塔尼等邦国，都是英王在法国的领地。但是卡佩诸王向来致力于加强王权，扩张王室领地，这些英属封地成为他们吞并的首要目标，

1344 年的英格兰金币上面描绘了爱德华三世（1327—1377 年在位）在船上，并将他说成是英格兰与法国的国王。

知识链接：瓦卢瓦家族起源

统治法国近 300 年的瓦卢瓦王朝是卡佩王朝的分支，其始祖是瓦卢瓦伯爵查理（Charles de Valois, 1270—1325）。查理是腓力三世的幼子，母亲是阿拉贡的伊莎贝拉，其兄长则是腓力四世。1285 年他受封为瓦卢瓦伯爵，他和安茹女伯爵的儿子就是后来的腓力六世。他的父亲、兄长、侄儿们和儿子都是国王，而唯独他没有做国王。

这种结构性矛盾几乎主导了 15 世纪以前的英法关系。而社会经济层面的因素与此交织，集中体现在佛兰德伯国的控制权上。以纺织业为支柱的佛兰德物阜民丰，极度依赖英国羊毛作为原料。法国国王作为封君掌有佛兰德宗主权，腓力六世即位后直接吞并了佛兰德，但经济纽带使其与英国关系密切，这种错位导致爱德华三世以禁止羊毛出口为筹码，不断向佛兰德和法王施压，这更是加剧了英法冲突。

林，重装骑兵在此没有多少用武之地，与之相对英军主要由长弓手组成，阵形严密且攻防有度，接连多次打退骑兵的无序冲击，法军伤亡惨重且腓力六世本人亦负伤，不得不退守亚眠。这次较量也是以少胜多的著名战例，法方阵亡骑兵 1500 多人，英军只损失 3 名骑士和 40 个弓箭手。

1348 年黑死病肆虐欧洲，英法均遭受重创，

战略进攻阶段（1337—1360 年）

1337 年，"武士国王"爱德华三世率军进攻法国，百年战争开始。战争初期英国人势如破竹，长驱直入，1340 年他们在佛兰德重镇布鲁日附近取得了斯吕伊斯海战（Battle of Sluys）的胜利，从而控制英法海峡，掌握了制海权。与此相比法国军队的表现却极为糟糕，面对英格兰的精锐部队他们节节败退，不仅被封锁了渡海入英的出口，反而失去了对佛兰德的控制，退入到法国本土。1346 年 8 月爱德华三世再度率军与腓力六世会战于克雷西（Crécy），腓力六世与爱德华三世在武士情怀方面颇为神似，之前的战役中腓力六世也相对谨慎。但是这次法军自恃有重装骑兵，而且军队数量达 3 万之众，结果犯了轻敌的兵家大忌。克雷西地处森

在克雷西战场上，英军的弓箭手和重骑兵获得重大的胜利。

14 世纪的图画，描绘了武装暴徒洗劫巴黎富商住宅的情景。

于是双方约定休战 10 年。在此之前英军占领了法国沿海的重要港口加莱（Calais），后来扩展了在西南部加斯科涅和吉耶讷的占领。然而十年休战未满之时，威尔士亲王"黑太子"爱德华于 1356 年率军再攻法国，9 月英法两军在普瓦提埃（Poitiers）遭遇。法国这次借鉴英军的经验，让骑兵下马作战而只留少部分在前方掩护开道，而实际上法国并不明白，英军的步兵是作为独立能动的战斗兵种，骑兵只是辅助配合。法国人未领会精髓，反而让全副武装的骑兵负重奔袭，只能是极大损失了战斗力，所以就不难理解这次法军又是一败涂地。更为严重的是包括国王约翰二世（John II，1350—1364 年在位）在内的大量法国显贵被俘，法国不得不接受屈辱的《布列塔尼条约》，割让西部大片领土，而且为了支付国王的赎金，王室横征暴敛，引发了大规模民众抗争，比如巴黎起义和扎克雷起义（Jacquerie），法国进入了最艰苦卓绝的时期。

战略相持阶段（1369—1424 年）

法国王太子查理在父亲被俘后成为摄政，

1364 年国土约翰二世死后王太子即位称查理五世（1364—1381 年在位），查理五世时期法国相对于英国的体量优势逐渐显露。此时爱德华三世进入晚年，而英格兰疲于多年战争，国力损耗，难于再发起大规模攻势。法国在贤明的查理五世治下，整顿税收，改革军队，社会经济逐步恢复。同时他任命贝特朗·盖斯克兰（Bertrand du Guesclin）为法军统帅，盖斯克兰熟习英军布防和法国地形，他竭力避免正面作战，而以小股力量骚扰英占区，使其疲于奔命而不得要领，渐渐积少成多地收复失地。百年战争进入到战略相持阶段，到查理五世去世的 1381 年法国已基本收复所有失地，英国仅保留西南沿

查理六世的头盔。查理六世在 1381—1422 年统治法国。

岸地带和少数海港。

原本能迅速反败为胜的法国却因贵族内讧而延缓脚步，新国王查理六世（1381—1422年在位）冲龄即位，成年后患有严重的精神病，长期无法视朝致使大权旁落。法国贵族集团分裂成勃艮第派和阿曼尼亚克派，两派彼此攻伐不断，而且勃艮第派甚至倒戈与英国结为同盟。而此时的英王亨利五世是位骁勇善战的统帅，利用这个机会开始新一轮攻势，1415年阿金库尔战役迫使法王接受《特鲁瓦条约》，承认亨利五世为摄政且其子将继承法国王位。眼看英国即将实现目的，亨利五世和查理六世于1422年先后去世，为法国挽回一线生机。

战略反攻阶段（1424—1453年）

查理六世死后，王太子的地位并没有立即获得承认，未来的查理七世（1429—1461年在位）不得不蜗居卢瓦尔河谷一隅，直到圣女贞德（Joan of Arc）的出现使局面完全改观。这个出身于农家的女孩，自言曾见过上帝显灵，授予她解救法兰西的使命。无论圣迹是否属实，贞德的使命感同样也是万千法国人的心声。贞德的出现鼓舞了法军的士气，1429年她仅用数日就解放了被英军围困209天的奥尔良城。作为王室重镇，奥尔良的解围预示着命运之神开始眷顾法国，实际上贞德才是这股力量的推动者。7月，地位稳固的王太子在兰斯加冕正式称查理七世，但次年贞德就不幸被贵族出卖给英国人。虽然她的被捕激怒了法国人，但是驻法英军的形势急转直下。而勃艮第派见英国大势已去，于1435年转而效忠查理七世。

至1453年英国丧失了除加莱港的全部法国领地，英国从此完全成为一个岛国，但是君主的注意

力将集中于国内，有利于英国自身的发展。而浴火重生的法国，继续兼并收回了许多封地，至15世纪末基本统一，奠定了其民族国家的雏形。

圣女贞德的出现唤醒了法国沉睡的民族意识。当英军在法兰西土地上烧杀抢掠、肆意蹂躏之时，一个农家女孩的生活已经和这个国家牵动在一起，这预示着一种新型国家和一个新时代的来临。

恢复的法国
"蜘蛛国王"
路易十一

他有时残酷、诡诈、令人无法信任，而有时他又不拘小节、平易近人，坦诚得令人吃惊。他自感在下层民众中比和贵族在一起更舒服。

1453年以后，英国人基本已被赶出法国。早年的寓居生活教会了查理七世谨慎地保持权力，面对那些叛服无常的公爵，他很少节外生枝，也从不去主动挑战他们。只要政府运转顺畅，税收稳定，足够他养得起安全感必备的常规军就行。而在路易十一看来，他要的远不止这些。

浪子回头的早年生涯

路易十一生于1423年，是查理七世的儿子。年轻时代父亲就委任他负责多菲内地区的防务，15世纪40年代期间他与英军多次交手，证明了他也有不凡的军事才能。不过，路易十一与萨伏伊公爵私下瓜分了米兰公国，并于1451年与公爵之女联姻，这与父王内向保守的政策相抵触。为了给儿子一点教训，查理七世于1456年率军进攻路易的多

这幅出自让·伏盖之手的插画将法国国王查理七世描绘成圣经中的"东方三博士"之一，而很多人推测后面站立的两博士其中之一就是当时的王太子，后来的路易十一。

菲内地区，结果路易一不做二不休，不仅撂了挑子，而且还流窜至勃艮第宫廷。在那里他受到父王的对手、勃艮第公爵好人腓力（Philip the Good，1396—1467年）的款待，这无异于扯起了反叛父亲的大旗。就在这段时间，腓力儿子年少的大胆查理（Charles the Bold，1433—1477年）成了路易十一的玩伴，不过仅仅十年后这对玩伴就成了战场上的敌人。

1461年查理七世去世，当"浪子"以路易十一（Louis XI，1461—1483年在位）从流亡中归来的时候，他发现昔日的所谓盟友尽成今日的敌人。路易十一时期，英国人自己正陷入红白玫瑰战争的泥潭，已不构成什么威胁，反而是自己人成了肘腋之患——勃艮第、奥尔良和波旁等强大的公爵仍然叛服无常。所幸的是，虽然反叛曾伤了父子亲情，但查理七世还是为儿子留下了一个高效、稳定且持续成长的王室行政机构，这是军事和财政两方面最大的遗产，纵使父子不睦也不影响路易十一照单全收。

聚合领土的"蜘蛛国王"

15世纪欧洲有几位杰出的君主被看作是"新君主"（或"文艺复兴君主"）的代表，他们包括英国的亨利七世，阿拉贡的斐迪南二世和卡斯蒂利亚的伊莎贝拉女王，路易十一也是"新君主"的代表，

雨果《巴黎圣母院》中的路易十一，阴险、诡诈而虚伪，虽有现实的影子，但也不少夸大成分。雨果把女主角艾丝美拉达之死归因于路易，认为他的胆怯使他对一切社会革命抱有敌意。

路易十一常被说成是工于心计、狡诈阴险的君主，对于贵族来说的确如此。而对于法兰西来说，他却是一位杰出的政治家，正是在他手中，法国基本完成了统一。

具体而言，法国正是在他的统治下最终统一起来的。

首先，路易十一不忘年少时的友谊，他封勃艮第的大胆查理为诺曼底总督，大概后者也看穿了国王的"捧杀"伎俩，而且要他离开大本营去外地，查理狐疑这是国王加害于他的先兆。1465年，在大胆查理的纵容下，以路易十一的弟弟、贝里公爵为首的贵族们发动叛乱，或许是受到英国玫瑰战争的鼓舞，这些贵族组建了"公益同盟"（League of the Public Weal）向国王宣战。路易十一纵横捭阖，将对手分化包围、各个击破，很快就敉平叛乱，这时他认识到，必须彻底除掉大胆查理法国才能统一。

1467年大胆查理继承勃艮第公国，从而走到对抗路易十一的前台，他与英国国王爱德华四世结成同盟。面对他们的联手，路易十一故伎重演，他一边向爱德华四世主动示好，每年向他赠送大量加斯科涅红酒；另一边他支持瑞士人反叛，而瑞士则是大胆查理的属地。1477年大胆查理在瑞士阵亡，他脸朝下从马背上跌落，冰冷的泥水致使其面目全非，部众已无法确定这是否是大胆查理的真身。失去了有力的盟友，爱德华四世再也无法构成任何威胁。

路易十一一时得意忘形，他下令军队立即侵入了勃艮第控制的低地国家。结果这个冒进举动反而引起了奥地利的干涉，哈布斯堡家族与勃艮第女公爵联姻，导致低地国家落入了奥地利人之手。不过，路易十一并未轻易罢休，他依靠武力还是侵占了低地国家大片领土。此后除了波旁与奥尔良，再也没有能对抗王室的大贵族。

围攻博韦战役。1471年勃艮第公爵大胆查理入侵诺曼底和法兰西岛，纵兵洗劫远至鲁昂，但是在1472年进攻博韦时遭到失败。大胆查理一直是路易十一最危险的敌人，1477年大胆查理去世后，法国统一的脚步明显加快。

战斗的法国
查理八世
远征意大利

查理八世是给意大利带来一切侵略战争的灾星。

——马基雅维利

几乎就在赶走入侵者、重建国家的同时，法国已经摩拳擦掌做好了扩张的准备。路易十一的继承人是个少不更事的孩子，不过当他置于法兰西的宝座上时，无论在国内还是国外法兰西都在战斗。查理八世就像打开了潘多拉魔盒，路易十一的死并未结束噩梦，欧洲大国卷入了持续数十年的恶战之中。

摄政时代，推进统一

查理八世（Charles VIII，1483—1498 年在位）是路易十一和第二任王后萨伏伊的夏洛特唯一存活的儿子，如此看来瓦卢瓦王朝差点就断送在路易十一手中。查理八世即位时只有 13 岁，由他的姐姐安妮（Anne of France）和姐夫波旁公爵皮埃尔二世（Pierre II，Duke of Bourbon）摄政。查理八世前期的成果基本都出自于摄政夫妇，1485 年以布列塔尼公爵为首的大贵族们再次反叛王室，安妮和皮埃尔用 3 年时间敉平叛乱。1491 年在摄政王的安排下，查理八世与布列塔尼的安妮成婚，从而保证了法国王室对布列塔尼的控制。

实际上，布列塔尼的安妮早前曾与奥地利大公马克西米连订立婚约，当时布列塔尼公爵弗朗索瓦不幸坠马身亡，年仅 11 岁的安妮成为布列塔尼公国的唯一继承人。慑于被法国王室吞并的威胁，安妮于 1490 年主动与马克西米连订立婚约，这种态势非常类似于 1477 年大胆查理死后，其女玛丽的仓促出嫁。摄政王夫妇对这种麻烦的前景心知肚明：哈布斯堡本就是德意志皇族，在意大利也领有封地，而西班牙很快也会落入哈布斯堡手中。马克西米连新近获得了低地国家，如果再领有布列塔尼，将会完全包围法国。所以虽然极为鲁莽无礼，摄政王夫妇还是强行主导查理与安妮的联姻，这样一来法国国王就成为布列塔尼的主人。

远征意大利

或许是由于摄政王夫妇治理内政的才华，使查理八世对政府治理不感兴趣，作为骁勇善战的武士，他的梦想是征服意大利。历代法兰西国王的军事才能多体现于扩大王室领地、驯服大领主，而像查理八世这样专注于对外扩张的君主并不多。远征意大利之前，为了安定后方查理八世与英国签订了

查理八世对意大利的粗暴干涉不仅将法国拉入了长期的战争泥淖，而且也引发了欧洲几乎所有大国在亚平宁半岛的角逐。

为了换取英格兰与奥地利在战争期间保持中立，查理做出了重大让步，同时投入大量资源扩军备战。图为查理八世的王后，布列塔尼的女继承人安妮。

代德意志皇帝无法在意大利久居那样，法国国王同样陷入这个困境。教皇亚历山大六世表面上欢迎查理八世到来，暗中却勾结威尼斯、米兰和神圣罗马皇帝，此外阿拉贡国王也不守合约，他们组成威尼斯联盟（League of Venice）共同对抗查理八世，1495 年 7 月的福尔诺沃战役后查理八世从意大利败退。虽然他此后再也没能重回亚平宁——1498 年他英年早逝，但是法国对意大利的征服，开启了大国干涉意大利的先例。此后几百年间，意大利成为列强的竞技场，严重阻滞了意大利的安定和统一。

《埃塔普勒和约》，以重金补偿为交换，亨利七世放弃了对布列塔尼的要求；而查理对那不勒斯的要求遭到阿拉贡王国的反对，通过《巴塞罗那条约》他又将鲁西荣（Roussillon）和塞尔达涅（Cerdagne）割让给阿拉贡。安排好这一切之后，查理八世于 1494 年踏上了征服意大利的征途。

查理八世宣称对那不勒斯王国有继承权，因为他的曾祖母是那不勒斯王国的公主。1494 年 9 月查理八世率领 2.5 万人进入亚平宁半岛，几乎没有遇到什么像样的抵抗。10 月 21 日抵达帕维亚，11 月 8 日进入比萨，法军在南进途中击溃了佛罗伦萨，次年 2 月 22 日到达那不勒斯。没有激烈的围攻，法军不费吹灰之力就攻陷该城，查理八世驱逐了阿方索二世之后自立为那不勒斯国王。不过，就像历

1495 年，法国军队顺利占领那不勒斯，但是好景不长就丢失了胜利果实。

血染的英国 红白玫瑰战争

如果认为我的主张是合乎真理的，就请他从这里替我摘下一朵白玫瑰。

谁要不是一个懦夫，不是阿谀奉承之人，而是敢于坚持真理的，就请他替我摘下一朵红玫瑰。

——莎士比亚《亨利六世（上篇）》

1455 年至 1485 年间，英国的贵族集团围绕王位继承问题长期混战，历史悠久的世家大族基本消灭殆尽。然而对当时人来说"玫瑰战争"这个名字闻所未闻，与其说这是战争，不如说是政治紊乱局面中穿插的暴行。国王废立无常，生命遭受摧残，土地饱经蹂躏。

红玫瑰当权时期

这 30 年的政局动荡被冠以"玫瑰战争"（Wars of the Roses）之名，始于莎士比亚历史剧《亨利六世》中伦敦花园中的对话。兰开斯特家族的红玫瑰与约克家族的白玫瑰成为这段历史的象征。如果我们还记得百年战争时法国的贵族内战，就会发现玫瑰战争实乃英国版的"勃艮第派 VS 阿曼尼亚克

英国兰开斯特家族和约克家族的支持者之间的内战。两个家族都是安茹王朝皇族分支，英王爱德华三世后裔。玫瑰战争不是当时所用的名字，它来源于两个皇族所选的家徽，兰开斯特的红玫瑰和约克的白玫瑰。

派"。争端的源头早在 1399 年理查二世遭废黜时已埋下伏笔，当他的堂兄弟亨利·博林布鲁克反叛他的时候，这位阴郁寡恩的君主并没有得到人们多少怜惜。亨利四世虽是暴力夺权，但他的政治才干与品德使人们淡化了他谋取王位的手段。

1422 年亨利六世幼年即位，他精神恍惚、优柔寡断而缺乏魄力，独宠萨默塞特公爵博福特（Edmund Beaufort，Duke of Somerset）和萨福克公爵波尔（William de la Pole，Duke of Suffolk）为首的兰开斯特派，这两人实际上很不得人心。兰开斯特家族的魅力已被遗忘，它早期不堪的发家史却一再刺激权贵们的神经。他们多是百年战争中的统帅，而且多少都具有王族血统，既然当初亨利四世凭借武力夺取王冠，为什么他们就不行？以约克公爵理查（Richard，Duke of York）为首的贵族们反对萨默塞特和萨福克弄权，于是理查在爱尔兰号召人们起来推翻兰开斯特派，并且公开宣称自己的王位继承权。王室自身也不团结，一部分人倒向约克公爵，到了 1453 年在巨大压力下国王精神崩溃了，约克公爵如愿成为摄政王，距离王位仅一步之遥。1455 年 5 月，约克家族与兰开斯特家族在圣奥尔本斯（St. Albans）开战，萨默塞特公爵被杀。1460 年 7 月的北安普顿战役中，约克家族打败国王军队，亨利六世被俘，议会确认了约克公爵的王位继承权。

1471 年蒂克斯伯里战役，中世纪插画里的爱德华王子被杀。爱德华四世在巴内特战役击败沃里克伯爵及蒙塔古侯爵，兰开斯特的其余部队亦在蒂克斯伯里战役被灭，兰开斯特的王位继承人爱德华王子被杀。兰开斯特王朝告终，约克家族成功夺取王位。

白玫瑰当权时期

然而兰开斯特家族已酝酿反攻，1460 年 12 月王后联合苏格兰人讨伐约克公爵，理查在威克菲尔德战役中丧生。为了羞辱约克家族，王党将理查的头颅砍下并戴上纸做的王冠，悬挂在约克城门上。1461 年，沃里克伯爵内维尔（Neville，Earl of Warwick）加入了约克派，他协助新一代约克公爵爱德华反击兰开斯特家族，并于 3 月拥立其为国王称爱德华四世（1461—1470 年、1471—1483 年在位），约克王朝由此开始。虽然亨利六世在王后的裹挟下曾几次反攻，但均未取得实质性进展，屡遭惨败的兰开斯特派元气大伤，1465 年亨利六世战败后被关入伦敦塔，兰开斯特派失去了最大靠山。

然而玫瑰战争还远未结束，爱德华四世愈发不满于沃里克伯爵的飞扬跋扈，后者自恃迎立有

功，逐渐把持朝政将国王视同傀儡。结果在 1470 年沃里克伯爵与爱德华四世决裂，他联合失势的兰开斯特家族卷土重来，爱德华一度逃亡海外。1471 年爱德华四世顺利复位，并且铲除了沃里克伯爵的势力，同年 5 月亨利六世全家也在伦敦塔遇害。1483 年爱德华四世病逝，他原本指定弟弟理查辅佐年幼的爱德华五世，但是同年理查就废黜了小国王，王子们又不明不白地"人间蒸发"。不顾外间的种种猜疑，格洛斯特公爵理查成了国王理查三世。

玫瑰战争的战斗场景

回归基督
"再征服运动"与西班牙统一

至 16 世纪初，西班牙已经诞生，这主要归功于那桩政治婚姻，以及两位君主的谨慎政策。

13 世纪以后，伊比利亚半岛的"再征服运动"进入了新阶段，基督教世界的统一为收复失地提供了支持。到 15 世纪时半岛上形成了四个政治体，即卡斯蒂利亚、阿拉贡、葡萄牙这三个基督教国家和穆斯林的格拉纳达（Granada）王国，它们最终于 15 世纪末整合为新的西班牙和葡萄牙王国。

卡斯蒂利亚与阿拉贡的合并

15 世纪时，伊比利亚半岛的基督教王国也面临着法国和英国那样的局面，即贵族混战和边境争端。对于卡斯蒂利亚来说，这种趋势更为明显，这是因为它地处中部且面积最大，老的卡斯蒂利亚王国和新征服的领土之间存在利益冲突，导致了贵族反叛时有发生。由于其地理位置，卡斯蒂利亚与邻

斐迪南与伊莎贝拉占领格拉纳达，标志着长达 7 个世纪的再征服运动的终结。摩尔人首领向国王和女王投降，从此开始了天主教一统半岛的进程。

国也多有摩擦，即便如此也并没有影响它成为未来新王国的主体。阿拉贡王国地处东北沿海，吞并纳瓦拉王国后其势力进一步增强。不过，以巴塞罗那为核心的加泰罗尼亚地区自始至终都保持着较强的独立性，直到今天这里仍然是西班牙分离运动的中心。葡萄牙的情况更单纯一些，相对独立的地理环境使其主要面向大西洋，它只需要在一个方向推进领土即可。格拉纳达地处半岛最南端，它是曾经强盛的后倭马亚王朝的残余，但在文化学术方面仍堪称为基督教诸王国之师。

1469 年，卡斯蒂利亚公主伊莎贝拉（Isabella，1451—1504 年）与阿拉贡王子斐迪南（Ferdinand，1452—1516 年）的婚姻，或许是欧洲史上最成功的王室联姻，他们的结合奠定了两王国合并的前景。他们即位后，两国虽然还保留着独立的地方议会、法律和海关系统，但是君权却合二为一，这种

王室联姻。阿拉贡的斐迪南和卡斯蒂利亚的伊莎贝拉的结合，诞生了新的西班牙王国。在当时欧洲各国中西班牙较早实现统一，成为欧陆强国。

西班牙的重骑兵是受到北方英法等国骑士制度的影响才创建的，在驱逐穆斯林统治者的过程中，西班牙重骑兵成为推进征服的利器。

君合国（或称身合国，相对于"政合国"而言）是中世纪欧洲非常盛行的统治形式，君主以个人身份统治两个或以上的国家，但各国仍保留自己的政府、代议机构、法律和地方行政组织，仅在君主层面共享。15世纪勃艮第公爵治下的低地国家、16世纪查理五世的哈布斯堡帝国和1603—1717年的英格兰与苏格兰都属此类。

中世纪盛行的"君合国"体制为现代西班牙铺平了道路。难能可贵的是，伊莎贝拉与斐迪南夫妇不仅伉俪情深，而且他们各自的统治都是贤明而谨慎的，所以基本设定了新王国的体制，桀骜不驯的贵族受到压制，西班牙教会保证了对王室的忠诚，并且信仰的统一反过来又推进了政治的统一。

"再征服运动"的完成

新王国的君主夫妇并没有停下脚步，1491年底斐迪南率军围困了格拉纳达，这个摩尔人王国苟延残喘至今，终于迎来了末日。1492年1月，卡斯蒂利亚军队攻占格拉纳达，伊斯兰教在伊比利亚的最后据点陷落，这标志着前后延绵7个世纪之久的"再征服运动"的完成，对于伊比利亚的人民来说这是颇值得纪念的时代，锦上添花的是新的西班牙王国同时宣告诞生。

不过，仍然存在的宗教问题给这个时代笼罩了阴霾。在基督教王国收复失地的过程中，基督教会一直是君主统一号令、开疆拓土的有力工具。我们之前就曾提到，伴随着领土的推进，基督教君主的宗教政策也愈发严厉。这本身其实很好理解，当王国弱小时，它必须实行宗教宽容以赢得不同信徒的支持，一旦它茁壮成长起来，其自身的宗教信仰必将获得更大的话语权。对于半岛上遗留的穆斯林与犹太人，伊莎贝拉的政策很简单：要么改宗，要么驱逐。总而言之，她没有为非基督徒留下什么空间。15世纪以来西班牙王国常以"罗马天主教廷长子"自居，宗教与政治的关系从没有像在西班牙这样高度融合，这既是其征服力量的源泉，也对其后来的发展产生了负面效应。16世纪初，由于哈布斯堡王朝入主西班牙，从而将它融合到更为广阔的欧洲国际体系中，西班牙的上述特性对历史进程的影响显得更重要了。

伊格鲁埃拉战役。双方的统帅分别是卡斯蒂利亚国王胡安二世和格拉纳达的奈斯尔苏丹穆罕默德九世。1431年，胡安二世在这场战役中大败穆斯林。

撕裂的亚平宁

文艺复兴前夜的意大利

"教皇党"与"皇帝党"的斗争，扰乱了意大利城市的政局。但是各个城邦内部的斗争，很快就变得和教皇与皇帝没什么关系了。

1250年腓特烈二世去世后，霍亨斯陶芬王朝基本丧失了对意大利的控制，伦巴第和托斯卡纳（Tuscany）诸城邦实际上完全独立。亚平宁半岛南部的西西里王国虽然还在腓特烈二世后人的手中，但教皇从不放弃搅局的机会，先后引导法国人和阿拉贡人闯进来，完全搅乱了意大利南部。

城市共和国与寡头的世界

意大利北方位于阿尔卑斯山南麓的地区，曾有伦巴第人建立的王国，所以习惯上称为伦巴第（Lombardy，即"伦巴第人的土地"）。皇帝腓特烈一世曾数次入侵该地的城邦，最终也未能将它们完全制服。伴随着霍亨斯陶芬王朝的结束和"大空位"时期的无政府状态，伦巴第诸城事实上独立了。

威尼斯和热那亚是意大利北部最强大的两个商业共和国。威尼斯的特殊地理位置，使其通过亚得里亚海而控制东地中海贸易。虽然名义上威尼斯是拜占庭的领土，但拜占庭皇帝的确是鞭长莫及，威尼斯却能凭此享有拜占庭和东方的贸易特权。威尼斯极盛时期控制了维罗纳、帕多瓦、布雷西亚等内陆城市，形成了名为威尼西亚（Venetia）的腹地。热那亚地处西部，大致与威尼斯对称，它的势力范围主要是第勒尼安海和西地中海世界，热那亚长期与威尼斯竞争地中海的商业霸权，双方多次爆发战争。13世纪中叶热那亚支援拜占庭复国，从而驱逐了十字军的"帮凶"威尼斯，获得东方商业霸权。

除了商业共和国之外，伦巴第的其他城市经历了从城市公社向贵族寡头体制的转变。14世纪以后逐渐形成了米兰公国、曼图亚侯国、摩德纳公国等领地，而最典型的莫过于佛罗伦萨。与威尼斯和热那亚不同，佛罗伦萨以手工业和银行业为支柱，毛纺业的发展造就了城市贵族寡头，而14世纪初以大家族为核心的金融业形成，至15世纪美第奇家族长期统治佛罗伦萨，此后演化为托斯卡纳大公国。这些独立的邦国之间相互斗争，而且邦国内部也产生了对

威尼斯圣马可广场上声势浩大的宗教游行。中世纪的此类宗教活动具有显著的仪式感，同时也是城镇公众进行社会交往的重要平台。这幅画作于1496年。

城镇的兴起不仅在意大利，英国由爱德华一世（1272—1307 年在位）于 1283 年建立的康威要塞也是著名的集市。图为威尔士北部滨海的要塞城镇康威之印章。

立，圭尔夫党（Guelphs）支持教皇对意大利的影响，而吉卜林党（Ghibellines）则希望皇帝控制半岛，这种对立加剧了意大利诸国的混乱局势。

半岛南部：引狼入室

诺曼人在意大利南部建立的王国曾是中世纪治理最完善的国家之一，腓特烈一世的联姻政策使西西里王国成为帝国的一部分，对此反应最激烈的莫过于腹背受敌的教皇国。腓特烈二世死后，西西里王国传给其私生子曼弗雷德（Manfred，1258—1266 年在位）。1265 年，教皇克莱门四世（Clement IV）煽动安茹的查理（Charles of Anjou）入侵西西里，他的前任英诺森四世曾将西西里王位赠予英国的康沃尔伯爵，后者认为这无异于空头支票。野心勃勃而又残忍的查理接过这个烫手山芋，于 1266 年进攻西西里并杀死曼弗雷德，成为西西里国王。

但是法国人在西西里的王朝没能立足多久，1282 年爆发了著名的"西西里晚祷战争"（Wars of the Sicilian Vespers），人们不堪忍受查理的残暴统治，奋起反抗。几乎在法国派军镇压的同时，西西里人也请来了阿拉贡国王佩德罗三世（Petro III，1276—1285 年在位），结果战争双方演化成了法国和阿拉贡，在教皇唆使和西西里人的拥护下大战 20 多年，即便如此仍未分胜负。1302 年双方议和，西西里王国一分为二，意大利半岛南端由法国人占

据，西西里岛则交给阿拉贡王国，曾经统一富强的西西里不复存在，而分裂对抗成为更大冲突的导火索。

安茹家族染指西西里，安茹的罗伯特加冕为那不勒斯国王。

CIVITAS VENECIARVM

人文地理

从文明边疆到新帝国
东欧俄罗斯文明

白云苍狗，时事多变。

——显克维支《火与剑》

广义的东欧包括俄罗斯的心脏地带，这里的幅员辽阔与西欧形成鲜明对比，同样反差的是民族分布，东欧主要是斯拉夫人的世界，虽然他们在内部分化成不同的族群，但是仍具有相当的一致性。东欧也是亚欧往来的交通要道，东方的游牧民族影响了它的历史轨迹。

欧洲以东，还是欧洲东部？

长期以来，东欧的地缘格局定位都是颇富争议的话题，这一方面是由于民族分布的情况使其与中欧、西欧迥异，另一方面文化上尤其是宗教的差别同样使东西欧壁垒森严。在它们各自的话语体系之中，多多少少都夹杂着宗教情结。这不同于两种宗教之间的对立，而是同一种宗教内不同兄弟间的纷争，这一切都肇始于1054年东西方教会大分裂，再经拜占庭的覆灭之后，东欧走

乌拉尔山是西亚、东欧、俄罗斯平原的交汇处，今天仍是亚欧两洲的主要分界线之一。

上了极为不同的道路。

东欧首先在幅员方面就远超西欧，中世纪东欧的自然边界是以几座山脉和海洋划定的：东方的乌拉尔山脉如今已是俄罗斯内部的亚欧分界线，但在中世纪他们的势力还远未到达；里海、黑海和高加索山脉成为俄罗斯的南界，实际上在大部分时间里，古罗斯的母国——基辅罗斯一直都以黑海为首要屏障，后来蒙古人入侵也是从这里突破，并深入东欧的；喀尔巴阡山脉是东欧的西南界，这座延绵的大山也是名副其实的东西欧文明分水岭。只有在西部和西北部缺少天然疆界，而正是西部的波兰平原，成为中世纪东欧政治纷争的主战场。由此可见，在传统社会中地理因素与历史发展是如何紧密地联系在一起的。

气候也构成东西欧差别的主要方面，东欧的高纬度往往被平铺的地图所掩盖，自维斯杜拉河至乌拉尔山不仅东西跨度巨大，南北差异更为明显。这种地形决定了东欧温带大陆性气候的特点：冬季严寒而漫长，夏季温暖而短暂，一年之中春秋两季不甚明显，而年温差较大。自北大西洋进入欧洲的西风至这里已是强弩之末，因而对干燥的气候并无明显改变。

分布极广的斯拉夫人

与西部相比，东欧族群分布相对单纯，斯拉夫人不仅是东欧的主体民族，在全欧洲他们也是分布最广、人数最多的民族。罗马对蛮族的界定中就包含凯尔特人、日耳曼人和斯拉夫人，三者自西向东分布于罗马帝国的北疆。伴随着帝国防御的空虚，斯拉夫人与日耳曼人一样进入罗马帝国，他们并不都是入侵者，更多情况下他们是以同盟者的身份加入罗马军队，以和平的方式在帝国定居，逐渐和当地民族融合。这对于斯拉夫人社会的演进产生了影响。

斯拉夫人属于印欧语系斯拉夫语族（Slavic group, Indo-European linguistic family），他们的大规模人口内部又有分别。一马平川的东欧大平原也很适合斯拉夫人拓居，8—9 世纪斯拉夫人已明显地分为西、东、南三大支。西斯拉夫人主要分布于易北河以东至维斯杜拉河流域，北临波罗的海，南至多瑙河畔；东斯拉夫人的分布最广，他们的区域从维斯杜拉河一直延伸到伏尔加河中上游，南部则以喀尔巴阡山和黑海为界。值得注意的是，由于气候的原因他们此时在北方活动很有限，直到瑞典王公征服东斯拉夫人，他们的势力才走向波罗的海。而对于南斯拉夫人来说，他们的族群分化就和活动地区一样杂乱，从亚得里亚海北岸往东直到黑海西岸，包括巴尔干半岛大部都有南斯拉夫人，多山地区交通闭塞，又处在东正教和天主教边界，自西向东散布的斯洛文尼亚人、克罗地亚人、塞尔维亚人和保加利亚人几乎瓦解了南斯拉夫人族群，直到今天"南斯拉夫"依旧是分裂割据、攻伐不止的代名词。

斯拉夫人的分布格局影响了基督教在他们中间的传播，他们本身就被不同的两种基督教分裂开来。主要居于今波兰、匈牙利、捷克等国的西斯拉夫人更受罗马天主教熏陶，这是因为 10 世纪开始德意志的"东进运动"（Ostsiedlung）在宗教上也把斯拉夫人同化了，当然对斯拉夫人来说这无异于殖民化。东斯拉夫人接受基督教则稍迟，

一串琥珀与玻璃珠串起来的项链。琥珀是一种橘色的树脂化石，早期维京人在俄罗斯一直经营这种生意。

11 世纪他们才从拜占庭皈依东正教，不仅如此，拜占庭还在文化上形塑了这支群体最大的斯拉夫群体，最早的斯拉夫文字就来自希腊字母，这由此开始了罗斯人的全面拜占庭化。在宗教方面南斯拉夫人同样是最纷乱的，摇摆于东西方教会之间，这与他们政治上的四分五裂互为因果。

对于古罗斯人而言，伏尔加河有着重要的意义，它既像屏障一样构成罗斯人的天然边界，同时也是其文明形成与扩张的重要腹地。

罗斯之母
基辅罗斯的早期发展

瓦良格人对这些城镇来说是外来者，诺夫哥罗德的土著居民是斯拉夫人，他们全都受着留里克的统治。

——《往年纪事》

9、10世纪当维京人在西欧大肆劫掠、所向披靡之时，他们的邻居瑞典人则向东进发，沿着第聂伯河与伏尔加河流域进入东欧腹地，在和希腊人贸易的同时也逐渐征服了当地的斯拉夫人，从而在东欧也留下了斯堪的纳维亚的遗产——古罗斯国家，它成为现代俄罗斯、乌克兰和白俄罗斯的共同起源。

基辅：罗斯诸城之母

瑞典人最初是以贸易商的身份来到东欧平原的，东欧地区的几条大河成为他们与拜占庭和阿拉伯人交易的通道。一条路线是沿第聂伯河南下航行至黑海，并沿其西海岸到达君士坦丁堡，以货物换取白银、丝绸和香料；另一条是沿伏尔加河到达中游的保加尔市场，那儿有穆斯林商人热切地希望取得瓦良格人的毛皮和奴隶。这些瑞典人主要是瓦良格人（Varyag），其商队也是武装的军人，因而基本控制着大河流域的斯拉夫人，纵贯南北的商路也被称为"瓦希商路"。

862年东欧的斯拉夫人陷于内乱，他们邀请诺曼人留里克（Ryurik）前来解决争端，留里克率军在诺夫哥罗德登上王公宝座，诺夫哥罗德大公国（Grand Duchy of Novgorod）是罗斯史上的第一个公国，也是留里克王朝的源头。此后不久，另一支瓦良格武装商人的首领阿斯科德和迪尔也在基辅（Kiev）建立了罗斯人国家，形成南北两个公国的对峙。879年留里克去世，他的儿子伊戈尔年幼，所以由留里克的亲戚奥列格（Oleg）继任大公，882年奥列格率军进攻基辅并消灭了阿斯科德和迪尔的势力，并将统治中心迁至基辅，从而建立了统一的基辅罗斯公国。

瓦良格人虽然是作为征服者到来的，但毕竟他们人数上不占优势，而且斯拉夫人的文化很快就使他们同化了，故而此后他们不再保留瑞典文化特质，命名方式也渐趋斯拉夫化。继奥列格之后，伊戈尔（Igor，912—945年在位）、奥尔加（Olga，945—969年在位）和斯维雅托斯拉夫（Svyatoslav，969—972年在位）三位大公下基辅罗斯发展迅速，屡次攻入拜占庭境内蹂躏其国土，虽未占领君士坦

在维克多·瓦斯涅索夫的邀请下，瓦良格人来到了斯拉夫人的土地。图为留里克与他的兄弟们到达斯拉夫人的伊尔门地区。

弗拉基米尔一世的镶嵌画像。从中可以看到拜占庭文化对俄罗斯的强烈影响。

丁堡，但是他们获得了在帝国内的许多商业特权。

皈依基督：全盛的弗拉基米尔时代

一直到10世纪晚期，基辅罗斯仍然延续着早期瓦良格人的统治方式即"索贡巡行"，这与中世纪早期西欧君主的巡回驻地有些类似。基辅罗斯的领土都是武力征服而来，他们对物产和财富的猎取主要是为了贸易，所以各地居民需要称臣纳贡，每年冬天大公都亲率军队至各地收缴贡物。一直到弗拉基米尔一世（Vladimir I，980—1015年在位）皈依基督才改变这种局面。

弗拉基米尔的夫人是拜占庭皇帝巴西尔二世的妹妹安娜，同时弗拉基米尔也改宗东正教。据说，弗拉基米尔不能忍受伊斯兰教的禁欲，也不能理解犹太人作为上帝的子民居然没有祖国，他也更不喜欢天主教沉闷的仪式。当他的使者进入索菲亚大教堂时，他们说分不清自己是在天堂还是人间，这正合弗拉基米尔的心意。借助于东正教的传播，欧洲文化熏染了基辅罗斯，西里尔（Cyril）与美多狄（Methodius）创立了首批斯拉夫文字，成为现在东欧语言的雏形。而东正教信仰的统一，也使基辅罗斯的政治发展大受神益。

虽然巴西尔的妹妹安娜并不情愿这门婚事，但这是一次双赢的联姻：拜占庭摆脱了罗斯人的威胁，而且还获得了对抗保加利亚人的盟友；而弗拉基米尔的家族与拜占庭皇室扯上了关系，后来的俄罗斯以"第三罗马"自居最早就源出于此。

西里尔字母是以希腊字母为基础所创造出来的。如今，它依然使用于东欧地区、俄罗斯以及东正教会。

腹背受敌
外族入侵下的罗斯诸国

这一时期混乱状态的印象令人感到意外，罗斯没有培养出稳固的能够承受外部打击的政治制度。

——克柳切夫斯基

12世纪中叶后，分裂混战成为罗斯国家的常态，最后的统一努力在莫诺马赫父子死后也终结了。基辅罗斯成为十多个独立或半独立小国的战场，恰在此时他们遭到来自东西方的轮番夹攻，这是罗斯历史上最艰苦的时代。好在亚历山大·涅夫斯基（Alexander Nevsky，1220—1263年）挺身而出，以后罗斯的困境渐趋改观。

风从东方来：波洛伏齐人与蒙古人

统一国家的分裂往往伴随着外部势力的入侵，"内战内行、外战外行"的小王公们面对侵略者往往不堪一击，只能求和自保、以邻为壑。这种情况在加洛林分裂后的欧洲就出现过，如今在古罗斯大地上重演。11世纪中叶，游牧民族波洛伏齐人（Polovtsy）进攻罗斯诸国，波洛伏齐人属于突厥人，也有人认为就是罗斯对库曼人（Cumans）的称呼。越过伏尔加河之后他们进入罗斯南部，自此成为罗斯诸国的强劲对手。早在基辅罗斯分裂之初，雅罗斯拉夫的三个儿子就曾率军迎击波洛伏齐人，结果惨遭大败逃回基辅，这也成为基辅市民反叛的导火索。此后波洛伏齐人在罗斯势如破竹。他们有着游牧民族的劫掠特性，他们居无定所，专事抢劫财物和人口，一直到1113年莫诺马赫掌权时才一度遏制了波洛伏齐人的攻势。

13世纪的蒙古人如同一阵飓风横扫欧亚大陆，成吉思汗攻灭中亚的花剌子模之后，对波洛伏齐人展开进攻。1223年蒙古人在南俄击溃了波洛伏齐人，直接对罗斯形成威胁。基辅王公们组成联军与之对抗，此时的蒙古大军连战连捷、兵锋正盛，各怀鬼胎的联军很快被分化击破，若非成吉思汗死后

伊戈尔·斯维亚托斯拉维奇在与库曼人的战斗中败北。

12 世纪的钦察人雕像，出土于卢甘斯克地区。

的汗位之争，蒙古人可能早已深入罗斯腹地。1235 年，蒙古人在拔都的率领下第二次西征，矛头直指东北罗斯的梁赞（Ryazan）。1237 年梁赞公国灭亡后，东北罗斯的弗拉基米尔、苏兹达尔（Suzdal）、雅罗斯拉夫、特维尔（Tver）和莫斯科等城相继陷落。1240 年拔都南下进攻基辅，12 月该城沦陷。此后蒙古军挥师西南，横扫波兰、捷克等斯拉夫人国家，最远一度侵入了匈牙利领土。1242 年蒙古人班师回朝，拔都汗在伏尔加河流域建立钦察汗国（Qipchaq Khanate），建都于伏尔加河口的萨莱（Sarai Batu，即今阿斯特拉罕），自此以后罗斯诸国渐成钦察汗国的藩属。

西方遇强邻：欧洲武士的入侵

就在罗斯人疲于应付东方入侵者之时，欧洲的骑士团对西部边境虎视眈眈。1202 年，拉脱维亚的利沃尼亚主教阿尔伯特创建了"圣剑骑士团"，其成员主要是德意志人。早前日耳曼人就向东扩张，以武力征服和宗教传播相结合的方式推进殖民，1201 年他们在波罗的海东岸建立里加城（Riga）作为传教和商贸中心。一方面，圣剑骑士团就是仿照十字军在东方的武装传教团组织建立的；另一方面，"条顿骑士团"的分支于 1231 年征服了普鲁士（Prussia），从而与圣剑骑士团属地相接。1237 年，条顿骑士团的分支与圣剑骑士联合成为"利沃尼亚骑士团"。

1240 年，瑞典人在比尔耶·马格尼松（Birger Magnusson，1200—1266）率领下在涅瓦河登陆，入侵罗斯北部地区。作为结束瑞典混乱局面的强权

人物，比尔耶·马格尼松这次棋逢对手，诺夫哥罗德公爵亚历山大·雅罗斯拉维奇率军迎敌，双方激战于涅瓦河畔，瑞典人的入侵被阻遏。此次战役为亚历山大赢得"涅夫斯基"（即"涅瓦河英雄"）的称号。同年利沃尼亚骑士团也进占罗斯领土，1242 年春亚历山大在普斯科夫（Pskov）大败日耳曼骑士，一路追击将其赶出了罗斯诸国。

德意志的宗教性封建军事组织圣剑骑士团的胜利封印。1240 年，骑士团又伙同丹麦、瑞典封建主入侵俄罗斯和波罗的海沿岸国家，占领普斯科夫城和里加，并继续东进，进逼诺夫哥罗德城。1242 年 4 月 5 日，在冰封的楚德湖上爆发了著名的"冰上交战"，结果诺夫哥罗德军队获胜，骑士团被逐出俄罗斯。

绝境逢生
莫斯科大公国的崛起

14 世纪末，这些奴仆终于起来反抗主人了，莫斯科的王公们开始成为反蒙古斗争的领头人。

蒙古人在罗斯建立了一种复杂而怪异的统治结构，它糅合了东方游牧民族的特性，却以斯拉夫人社会为基础，而欧洲文明和东正教的影响又使阶层纽带很微弱。钦察汗国满足于这些臣属们三心二意的服从，谁给的贡赋最多就册封谁做头人，这种模式到了 14 世纪逐渐行不通了。

新政治中心的出现

雅罗斯拉夫大公死后的衰落时代，理论上来说基辅的大公仍然是最高君主，而且大部分独立的诸侯也出自雅罗斯拉夫家族。问题在于，古罗斯并没有同时期欧洲那种规律的继承原则，长子继承权在古罗斯很少得到遵循。这并不难理解，在早期开疆

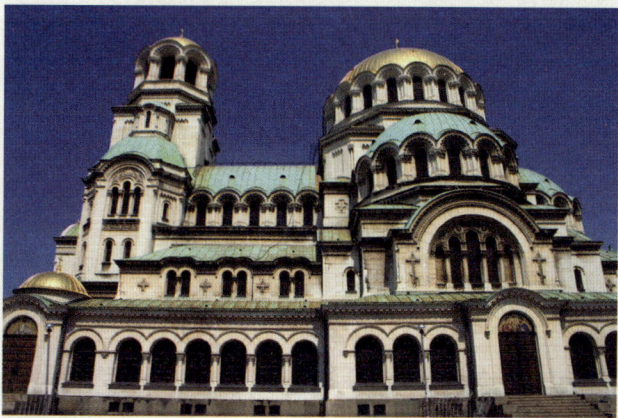

亚历山大·涅夫斯基，13 世纪俄罗斯人的领袖，诺夫哥罗德大公，他在 13 世纪击退了欧洲的一系列侵略者，成功保持了俄罗斯的统一。1547 年被东正教追封圣徒。为了纪念他，以他的名字建立的大教堂。

拓土的岁月，任人唯贤是创业立国的保证。但是当各支系凭借年长者而轮流掌权之时，这就不利于国家的稳定，丛林法则没有为长子继承留下什么余地，结果没有规矩的权力成了玩物，王朝内部的激烈竞争就不可避免了。

随着基辅大公日益丧失实际权力，新的政治中心出现了。基辅附近形成了加利西亚和沃利尼亚公国（Principality of Galicia and Volhynia），他们逐渐侵蚀了原属基辅大公的势力范围；北方最强大的邦国是诺夫哥罗德公国，控制着从芬兰到乌拉尔山脉的广大地区，由于城市贵族的强大后来演变成一个封建的共和国；位于中间的是罗斯托夫－苏兹达尔公国，1155 年发展成为弗拉基米尔－苏兹达尔公国（Vladimir-Suzdal Principality），它后来衍生出了莫斯科大公国。一个潜移默化的质变发生了，之前这些王公名义上都臣服于基辅罗斯大公，但是后来他们与基辅大公一同都成了钦察汗国的臣属。

这些王公与蒙古人的关系很微妙，曾经挽救了罗斯的亚历山大·涅夫斯基与钦察汗的关系就颇值得玩味。一方面作为弗拉基米尔大公，亚历山大·涅夫斯基是罗斯诸王公的一分子；另一方面他又与蒙古人紧密合作，实际上充当着为蒙古人征收贡赋的代理人角色，这能强化他在罗斯人中间"首席王公"的地位，所以他并不支持反抗蒙古人的暴动，甚至还主动请缨前去镇压其他王公的反叛。

在丹聂耳统治时期，早期莫斯科尚且还是中罗斯地区丛林之中很不起眼的一个小城镇。

1263年亚历山大·涅夫斯基正是在朝觐钦察汗国的途中死去的。

莫斯科大公国的崛起

莫斯科之名于1147年首次出现，作为罗斯诸国不断分化的产物，莫斯科公国是13世纪末从弗拉基米尔大公国里分封产生的。从地图上看，莫斯科公国处于非常有利的位置，只要对法国卡佩王室的法兰西岛尚有印象，就会发现这两者极为相似：都处于后来统一国家的中心位置。14世纪初，莫斯科公国走上了扩张兼并的道路，虽说在蒙古人的

伊凡一世又名伊凡·卡利达，"卡利达"是钱袋的意思，伊凡生活极端节俭谨慎，他以贿赂的方式讨好钦察汗国。但是对罗斯同胞则不那么友好，他帮助诺夫哥罗德镇压了贫民起义。1328年他被钦察汗册封为"弗拉基米尔及全罗斯大公"。

眼皮底下它仍然谨小慎微，但是到大公伊凡一世统治时期（Ivan I，1325—1340年在位），莫斯科已经取得了蒙古人的信任，被委以代征全罗斯贡赋之权。继任的西米昂一世（Simeon I，1340—1353年在位）与伊凡二世（1353—1359年在位）都巩固了莫斯科的独特地位。

莫斯科大公国比起它的前辈们要更有雄心，1359年季米特里·伊凡诺维奇（Dmitry Ivanovich，1359—1389年在位）继任大公，这是莫斯科左右开弓的扩张时代。首先，他与特维尔大公米哈伊尔展开了长期竞争。与此同时立陶宛成了俄罗斯西方新的威胁，支持特维尔与莫斯科争雄。而且他们与蒙古人联手遏制莫斯科公国。1380年季米特里在顿河流域的库利科夫大败蒙古军队，获得"顿斯科伊"（Donskoy，意即顿河英雄）的称号。虽未一劳永逸地解决立陶宛威胁，但是季米特里之子瓦西里一世（Vasily I，1389—1425年在位）仍继续与立陶宛和蒙古人作战，为莫斯科赢得了战略空间。

库利科夫战役。1380年9月8日，一场蒙古人首领马迈（Tatar Mamai）和莫斯科大公季米特里（Muscovy Dmitriy）之间的战争，俄国历史学家将这次战役看成是罗斯人争取从金帐汗国控制独立出来的斗争，不过当时的情况较为复杂。

"第三罗马"
沙皇俄国的形成

> 伊凡三世可以说是俄罗斯第一个民族元首，他采取谨慎而坚定不渝的政策吞并了大多数竞争对手，奠基了统一的俄国。
>
> ——卡尔·普勒茨

俄罗斯统一独立的进程并非一帆风顺，莫斯科大公国在内部与外部都面临着威胁竞争。内部的权力斗争曾延缓了俄罗斯统一的步伐，但是 1446 年后情况得以改观。蒙古人的钦察汗国虽已近乎瓦解，但仍占据着俄罗斯的土地，要统一全国就必须彻底消灭蒙古人的统治。

伊凡三世的扩张

古罗斯列国混战的一个根源在于以年齿长幼的原则继承权位，结果陷入了长期的争权夺利，自 13 世纪以后父子相继的制度逐渐固定下来。但是 1425 年大公瓦西里一世去世后，他的兄弟尤里欲恢复旧传统，与侄儿瓦西里二世展开了争夺王位的内战。一直到 1446 年瓦西里二世（Vasily II，

1425—1462 年在位）才最终获胜，此时他已经双目失明，有了"失明大公"的称号。不过这没有影响他的战略部署，立即开始进攻诺夫哥罗德共和国，继承前任大公控制当地的进程。瓦西里二世的另一个决定也至关重要，那就是拒绝接受 1439 年佛罗伦萨宗教公会议的决议，不承认东西方教会的合并，这对俄罗斯历史也是至关重要的。

伊凡三世（Ivan III，1462—1505 年在位）继位后，开启了大规模的兼并统一战争。当时要统一俄罗斯首先就是完全吞并诺夫哥罗德，虽然诺夫哥罗德诸城于 1456 年承认了莫斯科大公的宗主权，但是各领地仍保留很大自治权，更麻烦的是立陶宛势力的渗透，时常对抗莫斯科大公的权力。1471 年伊凡三世出兵诺夫哥罗德，在舍隆河畔将其一举击溃，

1477 年 12 月，伊凡三世取得了诺夫哥罗德的直接统治权，解散了诺夫哥罗德贵族会议。画面中心的女人是玛尔法·博列茨卡娅（Marfa Boretskaya），她在其夫伊萨克死后领导了与莫斯科公国的斗争。

金币上的伊凡三世。他不仅是统一俄罗斯的伟大君主，同时他在东正教的发展史上也颇具影响，拜占庭帝国的势衰增强了俄罗斯东正教中心的地位。

诺夫哥罗德不仅没能驱逐莫斯科势力，反而进一步丧失了独立，连外交与立法权也归属莫斯科。1477 年，伊凡三世又先后两次出兵敉平诺夫哥罗德的内乱，至 1478 年已完全吞并诺夫哥罗德，当地不再保有议会和市政长官，而是与其他地方一样直接由大公统治。接下来，伊凡三世将目标瞄准了特维尔，特维尔紧邻莫斯科西北，长久以来一直是莫斯科最直接也最危险的敌人，双方攻伐互有胜负。1485 年 8 月，伊凡三世以特维尔勾结波兰王公为借口，出兵进攻特维尔，特维尔大公仓皇出逃，特维尔城遂向伊凡投降，从而消灭了肘腋之患。

　　伴随着钦察汗国的衰落，它分裂成了几个独立的小汗国，伊凡三世利用蒙古人的内乱，纵横捭阖、各个击破，1480 年大帐汗与波兰国王卡齐米尔四世合谋进攻莫斯科，伊凡三世则与克里米亚汗协同作战，对敌军切割包围从而赢得了战争，这也标志着蒙古人对俄罗斯统治的结束，此后伊凡三世转而东进，利用蒙古诸汗国的斗争拉一派打一派，于 1487 年征服喀山汗国。

西向：挺进欧洲

　　自罗斯诸国混战以来，立陶宛逐渐成为西部边境的巨大威胁。出于共同抗击日耳曼骑士的战略考量，波兰与立陶宛两国长期以"君合国"的形式联合于同一个君主治下。俄罗斯北方的诺夫哥罗德倾向于依靠立陶宛势力，所以对俄罗斯来说构成严重的威胁。自伊凡三世以后，莫斯科改变了以前的防御性战略，将对抗波兰、立陶宛作为其西方的主要政策。为了收复古罗斯的西南失地，伊凡三世向立陶宛边境地区渗透，许多城镇和农民纷纷倒向莫斯科。1487 年开始伊凡三世对立陶宛发动战争，1492 年卡齐米尔四世死后，立陶宛与波兰陷入王位争端，伊凡三世趁机长驱直入，于 1494 年取胜，迫使对方割让维亚兹马和奥卡河上游区域。

伊凡三世将蒙古可汗的来信撕成碎片。不过这是后世画家的想象，历史上是否真实存在这一幕很值得怀疑。

伊凡三世并未满足于割地赔款，他的目的是彻底消除立陶宛的威胁。16 世纪初伊凡三世再次挑起战端，于 1503 年取得对立陶宛的决定性胜利，获得了德斯那河流域领土，立陶宛的国力大幅削弱。与此同时，伊凡三世在西北方向也展开攻势，利沃尼亚骑士团领地位于波罗的海沿岸，时常侵犯俄罗斯边境。伊凡三世意识到，如果在此扩张领土就能使俄罗斯向海洋迈进。1500 年伊凡三世在尤里耶夫击溃了利沃尼亚骑士团，从而将普斯科夫等地纳入了势力范围，至此莫斯科公国的边境线向西方推进了一大步。

第三罗马：永不褪色的帝国梦

1505 年伊凡三世去世后，瓦西里三世（1505—1533 年在位）继承其父的扩张政策。1510 年他取消了普斯科夫共和国的自治权，将其并入莫斯科大公国。1514 年瓦西里三世出兵占据了立陶宛的斯摩棱斯克（Smolensk），1521 年梁赞公国被莫斯科吞并，至此莫斯科已基本完成了俄罗斯的统一事业。也正从此时开始，俄罗斯逐渐以古代

> **知识链接：伊凡三世的新式军队**
>
> 伊凡三世在俄罗斯历史上被尊为"伊凡大帝"（Ivan the Great），他在对外战争中的屡屡胜利和他对军队的改造有密切联系。当时罗斯诸国大多数军队仍然是旧式的波雅尔私人武装组成的，他们战斗力退化且兵员严重不足，而伊凡三世的军队是由服役贵族组成的，战斗力很强且动员机制很有效。

帝国的继承人自居，后来的俄罗斯帝国正是肇始于此。

如果说基辅罗斯前期在文化上受到拜占庭的影响更大，那么从 13 世纪它就更受到蒙古人从东方带来的文化熏陶。罗斯诸国中不乏自治传统和城市主权的公国，最典型的就是诺夫哥罗德和罗斯托夫等地，但可惜的是莫斯科并不在此列。作为一个内陆的核心公国，东方游牧民族带来的专制主义，似乎更受莫斯科大公的青睐，而且莫斯科公国的扩张征服也很得益于专制主义的高效。当 1453 年拜占庭帝国灭亡以后，俄罗斯君主愈发意识到他们在东正教世界中的地位。早在 1439 年瓦西里二世拒绝东西方教会合并，就表明这种意识的萌发，而自伊凡一世时代俄罗斯宗主教就已移驻莫斯科，自此以后俄罗斯教会的独立性就日益明显。拜占

克里姆林宫最初兴建时期的场景，后来历代莫斯科大公和俄罗斯沙皇在此基础上不断扩建，最终形成了今天的规模。

1514 年的立陶宛战争场面。在此之前,立陶宛曾是东欧地区最大的国家之一,莫斯科公国统一俄罗斯之后不断进攻西方,从立陶宛手中占领了大片领土,从而取代其地位成为东欧的新兴大国。

庭灭亡后,莫斯科的东正教宗主教地位迅速蹿升,几乎成为东正教实际上的首领。

恰恰在拜占庭帝国灭亡的时刻,俄罗斯接过了帝国的权杖与冠冕,非常讽刺的是俄罗斯的内核却是武力征服的蒙古精神。即使西方世界并不承认,伊凡三世还是自称"沙皇"(Tsar,即"恺撒、皇帝"之意),因为早在 1472 年他就娶了拜占庭皇帝的侄女索菲亚,所以他在拜占庭灭亡后理所当然要求皇位继承权。"皇帝"这个头衔虽然老派陈旧,但是

却与古代帝国一脉相承,而俄罗斯首都莫斯科因其非凡的宗教地位,自然更成为"第三罗马"。当时的欧洲人对此极为不屑,一方面是因为莫斯科王公的国际地位实在不高,另一方面"皇帝"称号本身也日益贬值缩水。即便是曾被视为"万王之王"的神圣罗马皇帝,此时也已是"既不神圣,也非罗马",就更无须提远方莫斯科的皇帝了。但无论如何,伊凡三世不仅统一了罗斯诸国,驱逐了异族统治者,光复了祖先的失地,而且还接续了东正教帝国传统。伴随着国力繁盛和领土扩张,统一的俄罗斯日渐成形,获得了与其名号相称的魅力。

"俄罗斯千年诞辰"纪念碑位于下诺夫哥罗德,碑上有伊凡三世雕像,他也被认为是第一个拥有"沙皇"称号的俄罗斯君主。

潮涨潮落的帝国
保加利亚人的兴衰

他们教导门徒拒绝服从政权，谴责富人，痛恨皇帝，咒骂长老，责备领主，认为替皇帝卖命的人是卑鄙的。他们教各种奴隶不要为自己的领主做工。

——10 世纪保加利亚教士

历史上的保加利亚帝国，地域范围比今天的同名国家广阔得多。保加利亚人是东欧建国较早的族群，长期与拜占庭帝国对抗并一度取得优势，后来又与新兴的基辅罗斯争雄。保加利亚帝国曾毁于战争与内乱，但是一个多世纪后他们又重建了帝国，如同潮水一般冲击着东欧版图。

第一保加利亚帝国的崛起

保加尔人之名最早现于 482 年，当时他们已居住于多瑙河下游地带，这里在罗马时代属默西亚行

> **知识链接："东方的蛮族"**
>
> 在很大意义上而言，保加利亚人对拜占庭帝国的攻势，与 4、5 世纪间西哥特人对罗马帝国的进犯颇为相似。他们都定居于帝国的边境地带，而且也建立了自己的民族政权。但是他们与恢宏华丽的文明世界比邻，对于帝国杂糅了羡慕与敌视、自卑与自傲的情感因素。

省（Moesia）。他们原先是中亚的游牧民族，与后来形成的突厥人关系密切，匈奴王阿提拉率军进攻罗马时保加尔人作为同盟者参与远征，7 世纪保加尔人首领库布拉特（Kubrat）曾在黑海西岸建立"大保加利亚"（Great Bulgaria），后受阿瓦尔人的侵袭西迁至拜占庭北方甚至意大利。不过，此时他们势单力薄尚无法对抗拜占庭，所以库布拉特的幼子阿斯巴鲁赫（Asparukh，约 640—701 年）联合了当地斯拉夫人跨过多瑙河，占领至巴尔干山脉之间的土地，680 年他们打败了前来的拜占庭军队，次年保加利亚人建立了第一帝国（681—1018 年），都城建于普利斯卡。

第一保加利亚帝国还包括早先占有的北方瓦拉几亚、摩尔达维亚和比萨拉比亚等地，这里传统上是斯拉夫人区域，所以帝国实际上是保加尔人

阿斯巴鲁赫纪念碑位于保加利亚多布里奇，他是保加利亚国家的奠基者，多布里奇地区是他在 7 世纪扩张的领地之一。

普利斯卡是第一保加利亚帝国建都的地方,图为普利斯卡的历史建筑遗迹。

与斯拉夫人共同建立的。早期上层贵族和军人都是保加尔人,但他们趋于定居并接受斯拉夫语言文化和风俗习惯,两个民族渐渐融合。特尔维尔统治时在安恰卢斯大败拜占庭,此后又推进到君士坦丁堡城下,皇帝查士丁尼二世不得不缴纳贡金求和,此后拜占庭因圣像破坏陷入内乱,保加利亚人借机扩张领土。至克鲁姆(Krum,803—814年)统治时国势更为强盛,他是保加利亚最伟大的统治者之一,凭借击溃阿瓦尔人而登位。短期内迅速地裁抑贵族,增强军力,不仅击退拜占庭对都城的围攻,而且于811年山区战役中获胜,皇帝尼基弗鲁斯战死,此后他们深入拜占庭腹地,虽未能攻占君士坦

丁堡,但也大肆蹂躏了色雷斯和亚得里亚堡。

鲍里斯一世(Boris I,852—889年在位)统治时保加利亚接受东正教为国教(865年),此举引起了国内大贵族的不满,他们打着异教崇拜的旗号掀起叛乱,遭到鲍里斯血腥镇压后许多贵族被处死。有观点认为鲍里斯皈依东正教是出于此时与拜占庭的力量对比,因为之前的奥莫尔塔格时期保加利亚的扩张势头遭阻遏,而鲍里斯又先后败于日耳曼人和塞尔维业人。他与罗马教皇的争端又使他更倾向于承认东正教的地位。889年鲍里斯隐退,其子弗拉基米尔即位后又遭到异教贵族的反叛,893年鲍里斯再度出山迅疾镇压了动乱,与此同时他废黜弗拉基米尔并刺瞎他的双眼,另立幼子西米昂为君主,为避免异教文化包围,他于同年迁都至新建的大普雷斯拉夫(Preslav)。

保加利亚帝国的由盛转衰

西米昂一世(Simeon I,893—927年在位)是首位采用"沙皇"尊号的保加利亚统治者。年轻时他曾在君士坦丁堡做修道士,深受希腊文化熏陶,对翻译希腊典籍大加奖掖,大普雷斯拉夫富丽堂皇的建筑也表明他倾心拜占庭文明。但这并不影响他与拜占庭争雄,作为保加利亚鼎盛时期的君主,西米昂统治的主题就是与拜占庭的战争。为牵制保加

一话一说一世一界一

保加利亚统治者克鲁姆召集军队抵抗拜占庭帝国的入侵,保卫家园。

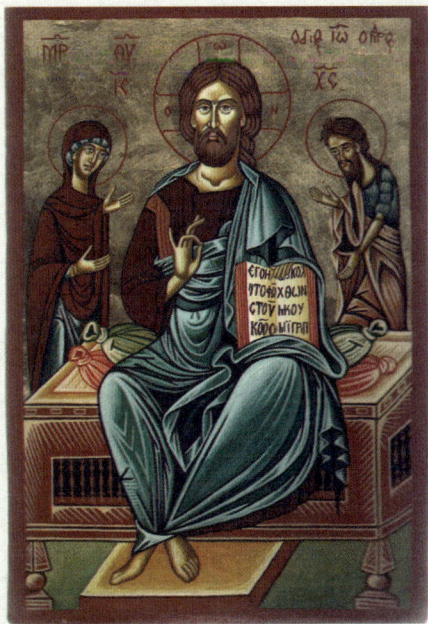

9世纪，保加利亚从拜占庭帝国那里接受了东正教，成为帝国以外最重要的东正教中心。这一时间点上的领先，也使其比罗斯诸国更具有东正教继承人的色彩。

利亚，拜占庭皇帝利奥六世纵容马扎尔人侵占比萨拉比亚，腹背受敌的西米昂迅速击败马扎尔人，并于897年战胜皇帝迫使其纳贡。913年拜占庭皇室内乱，西米昂趁机进攻，新皇帝君士坦丁七世被迫承诺与西米昂之女联姻。西米昂意在和皇室结亲从而争夺皇位，但拜占庭佐伊皇太后发动政变夺取了摄政权。西米昂遂于914年重启战端，长驱直入马其顿、帖撒利和阿尔巴尼亚，拜占庭唆使佩切涅格人进攻瓦拉几亚，但西米昂还能够

知识链接：兄终弟及的传统

第二保加利亚帝国建立之初，兄终弟及的老传统延续下来。建国者阿森兄弟就是如此，彼得在其兄伊凡被刺后继承权位，而1197年彼得也被贵族杀害，继位的卡洛扬是伊凡与彼得的幼弟。卡洛扬之后的君主鲍里尔（Boril）是卡洛扬姐妹的儿子，帝国的贵族叛乱，直到卡洛扬之子伊凡·阿森二世掌权才平息。

四次进抵赫勒斯滂海峡（今达达尼尔海峡），直接威胁君士坦丁堡。此时拜占庭再次政变，海军统帅罗曼努斯成为共治皇帝，与西米昂达成和约。925年西米昂自称"罗马人和保加利亚人的皇帝"，拜占庭严正抗议，但罗马教皇却予以承认。西米昂任命利昂西厄斯为宗主教，实际上是另立东正教中心。

927年西米昂之子即位称彼得一世（Peter I，927—969年在位），他是个宗教虔诚、心地善良而缺乏魄力的君主，其配偶是拜占庭共治皇帝罗曼努斯的孙女，所以这个时期双方关系缓和，但保加利亚内部的贵族叛乱却与日俱增，而且波高美尔派引发的社会动乱，也导致了保加利亚的分

安恰卢斯战役。保加利亚军队趁在安恰卢斯的胜利，进一步扩张领土。

裂。967 年以后基辅罗斯成为保加利亚的新劲敌，他们取代马扎尔人和佩切涅格人，成为拜占庭联手对付保加利亚的盟友。彼得策动昔日对手佩切涅格人进攻基辅，致使罗斯军队回援从而解救普雷斯拉夫。但好景不长，罗斯人于 969 年再次围困普雷斯拉夫，这次他们顺利攻城并俘虏了新保皇鲍里斯二世（Boris II，969—972 年在位）。这时希腊人才感到唇亡齿寒，匆忙出兵进攻罗斯人。972 年拜占庭皇帝约翰一世海陆并进，攻打保加利亚的罗斯占领军，结果连同首都普雷斯拉夫也一同摧毁。拜占庭借此不仅迫使鲍里斯退位，而且也废除了普雷斯拉夫宗主教区，第一保加利亚帝国名存实亡。

第二保加利亚帝国的兴衰

1018 年拜占庭基本消灭了割据保加利亚西部的抵抗势力，从此以后的 170 年间保加利亚人处于拜占庭的统治之下，但拜占庭当局横征暴敛、强行同化的政策很快就激起反抗，而波高美尔派也积极推进复国运动。1185 年，出身塔尔诺沃（Tarnovo）的贵族伊凡·阿森和彼得·阿森兄弟领导保加利亚人反击拜占庭，于 1187 年获得独立，标志着第二保加利亚帝国的建立，都城在塔尔诺沃。

1204 年十字军攻灭拜占庭帝国，第二保加利

亚帝国迎来重要发展阶段。在沙皇卡洛扬（Kaloyan，1197—1207 年在位）和伊凡·阿森二世（Ivan Asen II，1218—1241 年在位）统治下帝国进入全盛期。境内的城市增长，经济繁荣，不仅与罗马教廷关系良好，而且还与意大利、波兰、罗斯诸国有贸易往来。此期的保加利亚版图超过了第一帝国时期，成为东南欧重要的政治力量。伊凡·阿森二世死后国力渐趋衰弱，蒙古人自 1242 年后屡次入侵，而保加利亚与教皇交恶从而失去了西方的盟友。米哈伊尔·阿森在位时（1246—1257 年），国土已经大幅沦陷，尼西亚的拜占庭君主侵占了色雷斯和马其顿地区。此后保加利亚未能收复失地，1258 年沙皇卡利曼被废黜，阿森王朝就此终结，此后陷入了长期的封建内讧之中。

维丁王国贝洛格拉奇克要塞遗址。14 世纪保加利亚和拜占庭绵延的战争使双方都元气大伤，1371 年伊凡·亚历山大死后保加利亚陷入了政治危机，在土耳其人进入亚洲的过程中，保加利亚分裂成三个小国家——塔尔诺沃王国、维丁王国和多布里奇君主国，它们的统治者都是保加利亚沙皇的后裔。

强邻环伺的国度
波兰的统一与分裂

波兰人像其他斯拉夫人一样，国王去世后土地由诸子瓜分，于是造成无终止的王朝内部斗争。

中世纪波兰是在六个部族的基础上形成的，当时大家联合的名义是"波兰尼"（Polani）。鸟瞰古波兰国的地形，会发现它很早就不得不与西方的德意志人、北方的普鲁士人、来自南方的波希米亚人和匈牙利人作斗争。波兰的平原与河流并不是防御的理想场所，而长期分裂更削弱了波兰的力量。

波兰的初步统一

早期波兰历史总是笼罩于神话传说之中，波兰的第一个王朝皮亚斯特家族自身就有半神话色彩。梅什科一世（Mieszko I）被看作是波兰历史上的第一位君主，他的统治期大约从960年延续到992年，虽然他征服了奥得河至瓦尔塔河之间的土地，但是来自德意志的压力阻止他进一步扩展，973年边区侯爵击败了梅什科，迫使其承认德意志皇帝的宗主权。虽然波兰人也是斯拉夫人，但是与东边邻居不同的是他们与罗马教会关系更为密切，早在966年梅什科就改宗天主教，不过政治动机很明显，他希望依赖教皇来抵消德意志皇帝对波兰的影响。

波兰的基本统一是在"勇者"波列斯拉夫一世（Boleslav I，992—1025年在位）手中实现的，除了名副其实的勇敢之外，波列斯拉夫具备成功统治者的应有特质：精力充沛而意志坚定，但不乏狡诈残酷。他在改善军事组织和行政机构方面颇有建树，而且通过扶持本笃会修院而增进了与教廷的关系。其雄才大略是要将所有西斯拉夫人统一在一个王权下，这就决定了战争在他生涯中的分量。即位两年他就征服了波美拉尼亚东部，使内陆波兰与海洋相接。999年他又兼并了西里西亚、摩拉维亚和克拉科夫，此后他挥师西进驱逐德意志的影响，但其实力尚无法对抗奥托大帝的继任者。1025年他在去世前自立为波兰国王，可以想见此举并没有太大现实意义。

波列斯拉夫并没有他的德意志对手幸运，在他死后波兰的君主多是软弱无能之辈。梅什科二世（1025—1034年在位）无法压服贵族们的挑战，对外他基本将先前吞并的领土丢得干净。更糟糕的是此时农民反抗领主的暴动日益高涨，到了1039年波兰君主卡齐米尔一世（Casimir I，1039—1058年在位）干脆逃亡德意志，后来竟然是昔日对手

波兰君主"勇者"波列斯拉夫身着加冕袍服，这幅画像是扬·波高美尔·雅各比于1828年绘制的。

这是波列斯拉夫一世王冠的 21 世纪复制品，王冠真身早在 1794 年就已下落不明。

知识链接：1138 年波兰的行省划分

波列斯拉夫三世将全国领土划分成七个部分，直领地（Seniorate）理论上说既不能世袭也不可分割，它包括小波兰和克拉科夫等地；波美拉尼亚尊奉直领地的宗主权；西里西亚（Silesian）、马索维亚（Masovian）、大波兰（Greater Poland）、桑多米尔（Sandomierz）和文奇察（Czyca）分别由波列斯拉夫三世的儿子们和女婿继承。

皇帝把他送了回来。虽然他努力想重建当初的统一局面，但是收效不大，而且为报答亨利三世的搭救之恩，他不得不放弃王号而只称"大公"。

长久分裂的开端

分裂局面几乎成了中世纪波兰的常态，即便名义上维持着统一，但似乎只有面临外在的灭顶之灾时，大贵族们才会勉强抱成一团。但是仍有国王努力彻底扭转这一局面，"歪嘴"波列斯拉夫三世就是这样的人物。波列斯拉夫三世即位的时候波兰的实质分裂已经开始，而且对外方面也是节节败退、国土日蹙。他掌权后重新征服波美拉尼亚，而且也遏制了德意志与匈牙利的侵蚀，波兰的命运似乎有了一线希望。但是"歪嘴"波列斯拉夫三世还是做了相当失策的安排，他将波兰划分成几个治理区域，本意是以制度化的分封取代贵族的混乱。因此他规定除了王位由最长的儿子继承外，其他诸子分别得到波兰的一个省份。结果事与愿违，他的儿子们并不安于现状，桀骜不驯的贵族们却可凭此各立山头，反而更加剧了波兰的分裂局面。今天来看如此强邻环伺的波兰还没有灭亡，真的是不幸中的万幸了。

正当西欧各国开始排斥犹太人之时，波兰于 1096 年接纳了大量犹太人。

泥足巨人的携手
波兰立陶宛君合国

14世纪初，国家的存在似乎从波兰历史中消失了。国王们回收权力的尝试屡屡失败，直到立陶宛的统治者带来新的王朝。

以地域面积来说，波兰可称得上是东欧的大国，若以行动的效力来说它却更像是泥足巨人。14世纪后期立陶宛与波兰的联合带来了重建国家的契机，它们在共同防御东邻方面表现差强人意，而在改造国内政治结构方面更力不从心。

安茹王室入主波兰

14世纪以来波兰的国王们仍需面对日益强大的地方诸侯，他们所有的国内政策都是围绕着重新统一各公国，这必然遭到大贵族的激烈反对，在人口稀疏而且以农业为主导的地区，贵族们总是倾向于建立不受控制的寡头政体，这点在波兰体现得尤为明显。1305年掌权的拉迪斯拉夫四世（Ladislaus

IV）志在恢复统一，他将波希米亚势力清除出波兰。同时为了增强波兰王室的影响力，他将女儿嫁给匈牙利国王查理·罗贝尔（Charles Robert），他的儿子卡齐米尔则与立陶宛大公之女联姻，为波兰与立陶宛的联合埋下伏笔。卡齐米尔三世（Casimir III，1333—1370年在位）在波兰历史上有"大王"之称，他机敏而谨慎的政策将重建波兰统一的进程往前推进许多，不幸的是他本人没有直系继承人，这种状况体现出当年拉迪斯拉夫四世的远见。卡齐米尔三世于1339年与匈牙利国王查理达成协议，将来王位由查理之子继承，作为条件新国王必须尊重波兰贵族的特权，而且他要求以匈牙利支援波兰收复失地。

1370年卡齐米尔三世去世也标志着皮亚斯特王朝的终结，他的外甥、匈牙利国王路易成为波兰国王路易一世，从而将安茹王室扩展为波兰的王族。颇为讽刺的是，作为波兰国王的路易几乎意识不到自己的角色，他孜孜以求的不过是确保他自己在神圣罗马帝国的权力，为了避免后院起火，他对波兰贵族的非分要求统统满足，还以特许状形

卡齐米尔三世接纳犹太人。他去世后波兰进入了君合国时代。

这是匈牙利国王查理一世的纹章，他出身于安茹家族，从其纹章上能够看出他的法国王室（百合花）与匈牙利（红白条）的双重渊源。

式确立下来——这不禁让人想起了英国的约翰王与"大宪章"。或许是由于路易对波兰的漫不经心，很反讽的是他自己也面临着卡齐米尔三世的困局：没有男性继承人，这样就使波兰与立陶宛合并的前景成为现实。

立陶宛王室接力波兰

如果说波兰的早期历史有半神化色彩，那么立陶宛的早期历史就完全是晦暗不明的迷雾了。13世纪前期，伴随着日耳曼骑士团入侵的威胁，这些异教部落才逐渐联合成封建的大公国，首位大公是明多格斯（Mindaugas，约 1240—1265 年在位）。1316 年开始盖迪明大公（Gediminas，1316—1341年在位）为立陶宛公国打开了扩张道路，他趁罗斯诸国混战之机向东部和南部扩张。其子奥尔盖尔德在位时（Algirdas，1345—1377 年），立陶宛的前沿领土推进到基辅附近的第聂伯河流域，并且逐渐占据了斯摩棱斯克共和国。1368 年立陶宛的领土就已到达黑海，并与蒙古人交战且胜之。

1377 年亚盖洛（Jagiellon，1377—1434 年在位）从父亲手中接过了强大的立陶宛公国，1386年他与路易一世的女儿雅德维加（Jadwiga）成婚。此前两年雅德维加就已经当选为波兰女王（1384—1399 年在位），所以他们的婚姻形成了波兰立陶宛君合国。当时立陶宛的国土是波兰的三倍多，而两

国联合的同时也抵消了莫斯科大公国的扩张。立陶宛公国虽曾一度独立，但很快复归亚盖洛王朝，在当时这个联合是东欧最大的政治实体，后来逐渐成了列国竞逐富强的战场，它经历种种坎坷一直延续到 18 世纪才告终结。

瓦迪斯拉夫·亚盖洛的画像。他所建立的波兰立陶宛君合国曾是东欧最大的政治体，不过好景不长就遇到了东方的俄罗斯的挑战。

中欧桥头堡
中世纪的匈牙利王国

从匈牙利进军的阿提拉曾是西方人的噩梦，但在中世纪这里却成为天主教世界抵抗蒙古人和土耳其的桥头堡。

匈牙利人的主体部分是马扎尔人（Magyars），曾经活动于多瑙河与蒂萨河中游地区。匈牙利的版图与其地形之间的吻合程度很高，中部是平坦的潘诺尼亚平原，喀尔巴阡山脉自西北而东南形成天然屏障，至多瑙河下游折向西南。阿尔卑斯山从西面将匈牙利围成闭合的世界。

阿尔帕德王朝时代

当10世纪初匈牙利人摧毁大摩拉维亚进入中欧时，他们很快就遇到了西方的劲敌——德意志皇帝奥托大帝。955年在奥格斯堡附近的列希菲尔德战役中，匈牙利人被奥托大帝击溃，从此停止了进攻西欧的步伐，而这次战役被人们看作是拯救西欧文明的又一标志。马扎尔人的部落首领盖扎（Géza）于10世纪末接受基督教的传播，后继者斯蒂芬一世（Stephen I，997—1038年在位）是匈牙利王国的缔造者，也是匈牙利本土王朝阿尔帕德王朝最伟大的君主。斯蒂芬时期是匈牙利西方化的关键阶段，他本人与巴伐利亚公主联姻，对境内的东正教采取镇压态度。1001年罗马教皇的使节为其加冕为国王，这是东欧国家不曾有过的优待，从而也奠定匈牙利的独特地位。他借助教会力量驯服了部族首领，并且组建了行政会议，这些举措得到罗马教廷的高度首肯，在他死后的1083年被罗马教廷封为圣徒。

斯蒂芬一世生前未能处理好继承人问题，导致阿尔帕德家族在他死后陷入王位争夺战，王权对贵族的优势受到削弱。一直到1047年斯蒂芬一世的侄儿安德鲁即位后，王室才重新树立威信。从安德鲁开始的几位国王都在与德意志的

匈牙利第一位国王斯蒂芬一世的雕像

匈牙利国王斯蒂芬一世的王冠。斯蒂芬一世在位时期，马扎尔人完成了从游牧部落向封建国家的转变。他在马扎尔民族中强制推行天主教信仰。1000 年，教皇为斯蒂芬一世加冕，从此匈牙利升格为王国。

战争中获胜，从而稳固了匈牙利王权。拉迪斯拉斯（Ladislaus，1077—1095 年在位）缔造了继斯蒂芬一世之后的第二个繁荣期，在国内恢复秩序的同时还取得了克罗地亚和波斯尼亚的宗主权，后来他也被封为圣徒。但从 13 世纪开始阿尔帕德王朝逐渐衰落，国王被迫授予贵族们极大的特权，他们独立性愈发增强的同时国家的防务却进一步松懈。贝拉四世（Béla IV，1235—1270 年在位）曾力图重建王室的权力，但此时权贵已成尾大不掉之势。随着 13 世纪 40 年代蒙古人的入侵，匈牙利贵族获得了修筑城堡的权利，这也就意味着他们能割地自立，对抗王权。

外来王朝对匈牙利的影响

1301 年阿尔帕德王朝绝嗣后，先后入主匈牙利的是那不勒斯的安茹王朝和德意志的卢森堡王朝，它们正好在相反的两个方向影响了匈牙利的轨道。查理一世（1310—1342 年在位）时期是安茹王朝在匈牙利的黄金时代，查理一世本人引入了西方的骑士制度和文化精神，这对压服匈牙利显贵有积极意义。而且查理一世在位时建立了运作良好的财政和税收体系，经济恢复发展，所以他为路易一世铺垫了巩固王权的基石。路易一世虽然对自己的波兰国王角色不感兴趣，但他在匈牙利的统治却符合贤明君主的标准。路易一世继承查理一世的政策，推进与西欧诸国的联系，此时匈牙利称霸巴尔干半岛，对塞尔维亚、瓦拉几亚和摩尔达维亚均施加强有力的影响。

但是当德意志的卢森堡家族通过联姻而坐上王位时，匈牙利的好运走到了尽头。1387 年路易的女婿西吉斯蒙德（Sigismund，1387—1437 年在位）成为匈牙利国王。作为德意志的皇族，卢森堡家族开了皇帝公开放弃权力的先河，只专注于经营自己的家族世袭领地。对于他们来说，东方的匈牙利实在是太遥远了，1410 年西吉斯蒙德当选皇帝以后他就基本没在匈牙利待过，他的胃口在于争夺波希米亚的王位。正是在这种王权缺位的情况下，中欧桥头堡匈牙利日益衰弱，东方兴起的土耳其人逐渐成了基督教世界的最大威胁。

波希米亚公爵瓦茨拉夫，由于他承认德意志亨利一世为国王，并接纳基督教来此传教，激怒了波希米亚贵族，最后遭到暗杀。如此页手抄本装饰画所示，在瓦茨拉夫被暗杀后的 30 年间，他已经成为波希米亚的守护神。

摇摆于东西方之间
巴尔干的
南斯拉夫人

> 土耳其军队训练有素，纪律严明，而相形之下塞尔维亚联军更像是乌合之众，一旦战况不利，便有四分五裂之虞。
>
> ——斯蒂文·朗西曼爵士

作为斯拉夫人一大分支，南斯拉夫人（Yugoslavs）于7世纪基本占据了巴尔干半岛。如今14个世纪过去了，种族纷争与小国林立的阴霾依然笼罩这片土地。除了在奥斯曼帝国统治下和短暂的南斯拉夫王国时代，他们几乎从未实现整合，而且未来短期内也并无统一的迹象。

早期南斯拉夫人的分立

虽然南斯拉夫人很早就进入巴尔干半岛，但是除了保加尔人与斯拉夫人联合而成的保加利亚帝国之外，其他斯拉夫人基本处于四分五裂状态，从这个意义上说早期南斯拉夫人并没有真正的国家。后来被称为南斯拉夫王国或"南联盟"的版图内，自西北向东南分布着斯洛文尼亚人、克罗地亚人、波斯尼亚人、塞尔维亚人和马其顿人等族群，他们都

是在斯拉夫人进入巴尔干以后的各部落形成的。此外，山地构成巴尔干半岛的绝大部分，据说"巴尔干"本义就来自土耳其语"山脉"一词，这些山脉的走向使各族群能与中欧和意大利相交通，却使彼此之间相互阻隔。这些部落相互混战，其头领称为"祖潘"（Zupan），拜占庭强盛时期对他们分而治之，从而有效地行使了帝国宗主权。

除了部落与地形的因素外，造成南斯拉夫人四分五裂的另一因素是宗教问题。10世纪晚期，南斯拉夫人在狭长的土地上分为明显的东正教和天主教两大阵营：今天的塞尔维亚共和国波斯尼亚东部的居民靠近拜占庭文明，所以信奉东正教；而波斯尼亚以西克罗地亚和斯洛文尼亚的居民都倾向于罗马天主教。12世纪初克罗地亚被匈牙利吞并，从而使其与南斯拉夫人渐行渐远。不过在东部情况稍好一些，12世纪末拉什卡（Rascia）的"大祖潘"斯蒂芬·内马尼亚（Stefan Nemanja）逐渐聚合塞尔维亚本部。1222年斯蒂芬·内马尼亚二世（1196—1227年在位）由尼西亚的大教长加冕。这次事件奠定了塞尔维亚的东正教色彩。同为斯拉夫人的国家却被不同宗教撕裂，这种情况无论在俄罗斯、波兰还是保加利亚都不明显，唯独南斯拉夫人成为特例。正是在东西方宗教之间的摇摆，加剧了延绵数世纪的争端。

КРАЉ СТЕВАН ПРВОВЕНЧАНИ
1196-1227

斯蒂芬·内马尼亚二世，南斯拉夫人割据混战时代的杰出首领之一。

塞尔维亚的五所修道院中保存了非常珍贵的壁画，它们是对塞尔维亚历史的忠实记录，这幅壁画中的场景很有可能描绘的就是塞尔维亚"大祖潘"斯蒂芬·内马尼亚从东正教宗主教那里接受加冕。

斯蒂芬·杜尚未竟的霸业

南斯拉夫人的统一大业在斯蒂芬·杜尚（Stefan Dušan，1331—1355年在位）时期近乎实现，他也被视为中世纪塞尔维亚最伟大的君主。他首先与西边匈牙利和拉古萨（Ragusa）达成和解，又与分裂的保加利亚联姻以取得宗主权。这样就可腾出手来专注于和拜占庭帝国的争霸。杜尚的成功很大原因在于其对手的内讧，此时拜占庭的帕列奥洛格斯王朝遭到坎塔库震努斯的挑战，杜尚瞄准时机推进征服，占领了马其顿、阿尔巴尼亚、帖撒利和伊庇鲁斯（Epirus）。1346年是杜尚一生辉煌的顶点，他自立为"塞尔维亚人、保加利亚人、阿尔巴尼亚人的皇帝"。但是到1355年他就病逝于远征拜占庭的途中，杜尚的早逝使南斯拉夫的统一功败垂成。

杜尚死后，西边的波斯尼亚逐渐强大起来，其统治者特弗尔特科（Tvrtko，1353—1391年在位）自称"塞尔维亚和波斯尼亚国王"，成为南斯拉夫的新霸主。但是好景不长，在1389年的科索沃战役中，塞尔维亚、波斯尼亚、阿尔巴尼亚和瓦拉几亚的联军大败于土耳其苏丹巴耶齐德一世，此役标

志着奥斯曼帝国在巴尔干确立了其优势地位。从此之后，连自身独立都难保的南斯拉夫人丧失了统一的机遇，一直到20世纪初才迎来曙光。

斯蒂芬·杜尚高超的政治手腕使其在有限的统治期内纵横捭阖，将塞尔维亚向统一目标大大推进，从画像的风格可以看出塞尔维亚深受拜占庭文化的影响。

人文地理

古老东方的新光彩
中亚西亚南亚文明

外人看一座城市的时候，感兴趣的是异国情调或美景。而对当地人来说，其联系始终掺杂着回忆。

——奥尔罕·帕慕克

在漫长的历史中，中亚和西亚都是东西方文明交流的重要桥梁，无论是以战争而实现的征服，还是和平的文化交往，都促成了其历史的演进。同时，东西方文明也受到中亚西亚本土文明的影响，这里曾是文明灿烂的古代诸帝国的故地。印度则是另一番模样，大部分时间里，它近乎一个独立封闭的世界。

亚洲的广大腹地

与欧洲和东亚热闹非凡的历史相比，中亚的历史进程显得相对平静，一直到阿拉伯世界兴起之后，它才与西亚产生了更多联系。这种状况与中亚特殊的地形有关，这是一个缺乏天然边界的地区，北部与南俄草原的空阔地带相连，东部和南部是人迹罕至的天山和帕米尔高原，沙漠与荒原占据了中心位置，一直到西边的里海盆地才出现一些绿洲平原，大部分地区都极为干燥。这种自然条件并不适合人类的农业经济活动，而草原的有限规模也使畜牧业很难扩展，因而即便曾有游牧民族的统治，但往往短暂而分裂。而且中亚完全是内陆地区，所以商业贸易更无从谈起，因此大部分时期这里都处于游牧民族和农耕文明的争夺之中，但是任何一方又无法长期占据。

西亚地区实际上由三部分组成，即阿拉伯半岛、小亚细亚半岛和伊朗高原。阿拉伯半岛是伊斯兰教的发源地，至今仍是全世界穆斯林的中心。阿拉伯半岛的自然环境很复杂，气温、湿度、物产和社会经济相差悬殊。整个半岛大部分地区都是高原，绝大部分为沙漠覆

蒙古高原是亚洲内陆高原，自古以来就是游牧民族的家园。它东起大兴安岭，西至阿尔泰山脉，北界为萨彦岭、肯特山、雅布洛诺夫山脉，南界为阴山山脉，包括蒙古全部，俄罗斯南部和中国北部部分地区。

阿旃陀壁画的局部，阿旃陀陡崖壁上凿有30座岩洞，洞内有驰名世界的佛教壁画、雕刻和佛龛。是公元前1世纪至7世纪间佛教文化遗物。

盖，只有西部和南部有平原，属于亚热带地中海式气候。汉志地区是阿拉伯半岛条件最好的地区，水草丰美，是贝都因人畜牧业的中心。小亚细亚半岛的中心是安纳托利亚高原，这里和伊朗高原一样以畜牧业为主，后来的塞尔柱突厥人和奥斯曼土耳其先后兴起，都是以此为载体汇聚为政治体，逐渐发展成为国家。

印度的地形更独特，马克思称其为"亚洲规模的意大利"，这不仅是说其地理形势为半岛，更表明社会经济的分裂。帕米尔高原和喜马拉雅山使印度与亚洲大部隔离，成为相对独立的体系，只有西北部印度河平原相对容易出入，后来的历史证明，外来统治者正是从这里征服了印度。印度北部的两大河平原农业发达很早，而南部虽然是德干高原，但是海拔都不高，而热带季风气候的温润多雨，使南部的农业也很发达，这是得天独厚的条件。

族群分布概况

中亚的居民主要是操伊朗语族的民族，比较著名的是粟特人和花剌子模人，他们都属定居族群。而从这里走出的斯基台人和阿兰人则成为亚欧之间的游牧侵袭者。5世纪以后突厥人进入中亚南部农耕区，他们与本地民族融合并逐渐强大，成为中亚和西亚许多地区的统治者。10—13世纪突厥人先后建立了喀拉汗王朝、伽色尼王朝、塞尔柱王朝，一直到蒙古入侵才打破突厥人的优势。

阿拉伯半岛的主要居民是闪米特人，大致而言7世纪以前阿拉伯半岛的族群可分南北两部分，北部从事畜牧业的贝都因人是后来阿拉伯帝国的主体族群，而半岛西部、南部由于地理环境和经济门类不同，主要是定居的塞白人族群，他们在文化上与北方相对滞后的贝都因人不同。但是伊斯兰教兴起之后，这种南北分野逐渐消失，他们共同构成了现代主体阿拉伯人的祖先。中亚的突厥人兴起以后，势力逐渐向西亚扩张，阿拉伯帝国对小亚细亚的控制被削弱。而伴随着阿拉

伯自身的衰落和分裂，塞尔柱突厥人进占安纳托利亚，成为小亚细亚的实际统治者。后来奥斯曼突厥人也来到小亚细亚，他们与当地的安纳托利亚人、希腊人、库尔德人、阿拉伯人与波斯人等融合，由此形成了现代土耳其人的前身。

印度在笈多王朝时代迎来了孔雀帝国以后的第一个强大王朝，但是印度本土民族的统治在笈多王朝崩溃以后就终结了。来自中亚的嚈哒人不仅削弱了笈多王朝，而且还导致北印度陷入分裂，而这里一向是征服王朝的兴起之地。7世纪以后北印度的主导力量是拉其普特人，然而他们并没能统一，且很快就被新兴的穆斯林打败。12世纪末开始，来自中亚的突厥人成为印度统治者，这就是后来的德里苏丹国。

嚈哒人的银币。嚈哒人又称白匈奴人，公元500年，他们占领北印度。

飓风骤起漠北
蒙古的兴起
与入主中原

> 人生最大的乐事莫过于战胜和杀尽敌人，夺取他们所有的一切，乘其骏马，纳其妻妾。
>
> ——成吉思汗

13 世纪蒙古人如旋风一般从东至西横扫欧亚大陆，以摧枯拉朽之势终结了许多古老王朝，他们建立的国家被笼统地称作"蒙古帝国"。而严格意义上说这个"帝国"无论在时间还是空间上都不具有一致性，它的破坏大于建设，与其说蒙古人建立帝国，不如说他们为新秩序的诞生扫清了旧残余。

成吉思汗：战斗永不停歇

蒙古人作为一支世界性的力量，他们兴起的基础是蒙古高原的统一。乞颜·孛儿只斤部的首领铁木真不仅统一了蒙古各部，而且还以"成吉思汗"之名给世界历史带来震撼。在匈奴王阿提拉的梦魇消失后，人们再次看到了"上帝之鞭"所带来的末世幻觉。铁木真的父亲也速该是孛儿只斤部首领，他在铁木真 9 岁时被仇家所害。部族离散、颠沛流离的早年生活塑造了铁木真的坚强勇敢、聪明机智，当然作为征服者他也从不缺乏冷酷、残忍和狡诈。1189 年他继承父亲的部族首领地位，与另一个蒙古部族首领札木合展开对峙，后者由其部众推举为"古儿汗"（意即普众之汗）。1201 年，铁木真联合克烈部在海拉尔河畔击败札木合，导致其部众溃散，铁木真收服了弘吉剌部。

所谓功高震主，铁木真早年是以受庇护者的身份投奔克烈部的，因克烈部首领脱里汗曾是也速该的盟友。铁木真在收服蒙古各部的同时，逐渐占据了富饶的呼伦贝尔大草原，其影响力扩展到北部与东部地区。这样的强劲势头自然令脱里汗眼红，1203 年他率领克烈部进攻铁木真，结果反而是自取灭亡，激战之后全军覆灭，脱里汗在逃亡途中被杀。铁木真在消灭脱里汗之后，将矛头对准了西方的乃蛮部，早前被铁木真击败的札木合投靠乃蛮部，搜罗旧部欲

蒙古人世代游牧，形成了极具特色的游牧文明，这是赛里木湖附近的蒙古人帐篷。

成吉思汗的历史是一部激动人心的个人奋斗史，历来不乏以其为主人公的文学和影视作品，一直到今天他和他的帝国还吸引着欧亚许多国家历史研究的兴趣。

东山再起。 1204年，乃蛮部的太阳汗在纳忽山大败于铁木真。铁木真的老对手札木合也兵败被杀，经此一役铁木真基本统一了蒙古各部。1206年蒙古诸部在斡难河源会盟，推举铁木真为全蒙古可汗，上尊号曰"成吉思汗"（意为拥有海洋四方，1206—1227年在位）。此时的"大蒙古国"东邻兴安岭，南抵阴山，西达阿尔泰，北连贝加尔湖，成为此后横打欧亚大陆的战争策源地。

入主中原：元朝的建立

成吉思汗在位时，蒙古还是中国北方金国的臣属，随着蒙古统一和金朝的衰落，双方实力对比发生逆转，成吉思汗不仅不满足于这种地位，而且欲消灭金国、逐鹿中原。但西夏是蒙古东进的后顾之忧，所以成吉思汗率兵多次进攻西夏，此后直至1227年彻底亡其国。

蒙古从1211年开始了长期的对金战争，蒙古族和女真族都属于战斗力极强的游牧民族，他们的交战本可谓棋逢对手。但此时金国朝廷腐朽衰微，丧失了大片国土后只得往南迁都汴京。1230年窝

蒙古人之所以长期混战，一个重要原因是传统氏族部落的组织结构，既不利于首领集中权力，也无法有效进行战争动员，结果总是此消彼长、脆弱均衡。成吉思汗有鉴于此，创立了"千户制"，全蒙古编为95个千户，辅以十户、百户、万户等层级，实现了军事与民政组织的合一，较高的效率打破了部落氏族的原有限制。

阔台汗亲率大军再起灭金之役，1234年金哀宗自杀标志着金国的灭亡，蒙古占据了中国北方地区。1251年蒙哥即位后，拜其弟忽必烈为统帅进攻南宋。1253年忽必烈灭亡大理，对南宋形成三面合围，1260年忽必烈北上争夺汗位暂停攻宋。1271年忽必烈汗称帝（1271—1294年在位），取《易经》"大哉乾元"之意改国号"元"，京城设于大都（今北京），从此开始了元朝在中国本部的统治。苟延残喘的南宋很快就迎来其末日：1276年元军攻陷临安俘获宋恭帝北上，虽然有文天祥等人继续抵抗，但实际上宋朝已经灭亡。忽必烈不仅统治着蒙古国，更成为坐拥华夏九州的"天子"，实现了历代大汗入主中原的遗愿。

忽必烈在成吉思汗诸孙之中的继承序列并不靠前，不过他对汉族传统政治智慧颇为熟悉，这也成为其击败其他竞争者入承大统的关键。元朝建立初期，在忽必烈的统治下对汉族文化仍采取包容吸收的态度。

世界征服者
蒙古在中亚和西亚的扩张

> 天下土地广大，江河众多，你们尽可以各自去扩大营盘，占领国土。
>
> ——《元朝秘史》

入主中原只构成蒙古人战略扩张的一方面，他们对中亚和西亚的扩张奠定了他们在世界历史上的影响力，这种前所未有的影响是以三次西征和四大汗国实现的。虽然西征在时间和具体方向上存在区别，四大汗国也是此消彼长甚至相互征伐，但总体而言蒙古人对亚欧大陆的冲击仍是持久的。

成吉思汗西征：挺进中亚，威震顿河

早在入主中原之前蒙古就已拉开西征的序幕。成吉思汗时代蒙古的战略重点主要在蒙古本部和与之接壤的金国，但中亚地区也是其扩张的主要方向，蒙古人在中亚的首要目标就是立国八十余年的西辽。西辽也被称为喀喇契丹，是契丹皇族耶律大石在辽国灭亡后迁至中亚建立的，极盛时期幅员囊括新疆西部至咸海之间的土地。西辽统治者来自中国东北，但是他们在中亚成为少数族群，逐渐和当地信奉伊斯兰教的居民融合。早在铁木真兼并蒙古各部时，乃蛮部的屈出律就败走西辽，他与花剌子模合谋篡夺了西辽政权。1211年成吉思汗命哲别统军两万大举进攻，此时的屈出律立足未稳，又因宗教问题引发西辽内讧，结果很快就惨败于蒙古军队，屈出律被杀后西辽随之灭亡。

尽得西辽故地后，蒙古在中亚获得进一步扩张的基地，成吉思汗将这里分封给次子察合台，

奠定了后来察合台汗国（Chagatai Khanate）的基础。察合台封地的南界与中亚大国花剌子模（Khwarezmia）接壤，早前成吉思汗就因花剌子模协助篡位西辽而欲讨伐，到了1219年他又借口花剌子模劫杀蒙古使节商旅等，率20余万大军兵分四路挺进花剌子模。花剌子模虽处繁盛时期，但对突

察合台可汗是成吉思汗的第二个儿子，1226年至1242年间为察合台汗国的统治者，汗国幅员包括了今天的中亚五国，因而也是当时蒙古西征进入中亚和西亚的重要通道。

144

知识链接：汗位之争

窝阔台死后，成吉思汗的孙辈诸王争夺汗位，至 1246 年才选出窝阔台之子贵由（后追封定宗）为新汗，短短三年不到贵由也去世，诸王再次爆发激烈争夺。主要焦点集中于窝阔台（成吉思汗三子）系诸王和拖雷（成吉思汗四子）系诸王，最后拖雷之子蒙哥即大汗位（后追封宪宗），开始打压窝阔台系的王公。

窝阔台大汗（1229—1241 年在位）是成吉思汗的第三个儿子，1229 年被忽里台大会推举为大汗。由于蒙古并不存在汉族王朝的嫡长子继承制，所以早期统治者继承秩序混乱，多以才干卓著者继承，这也埋下了后来成吉思汗诸孙争夺汗位的隐患。

如其来的蒙古铁骑毫无防备，陷入被动挨打的境地。蒙古军队则长驱直入，接连攻克境内许多重要城镇，1220 年攻陷花剌子模都城撒马尔罕（Samarkand）。为了报复长期的抵抗和围攻，城破之后蒙古军队大肆屠杀劫掠，老弱妇孺均未幸免。蒙古人纵横中亚，兵锋所至皆为平地，当地居民除少数掠卖为奴外皆尽屠灭，许多古老的文明遗存玉石俱焚，至 1231 年花剌子模彻底灭亡。

蒙古军队进入中亚以后兵分两路，一路向南蹂躏花剌子模，另一路军队沿里海西岸北上，越过高加索山脉进入顿河平原。此时的顿河平原正处于罗斯诸王公与波洛伏齐人的拉锯战中，面对从天而降的蒙古铁骑，波洛伏齐人被打了个措手不及。罗斯王公不得不与曾经的对手协同抗击外敌，1223 年蒙古军队挫败了罗斯与波洛伏齐人联军，此后势如破竹驰骋于俄罗斯南部至克里米亚地区，直到受挫于保加利亚的抵抗才于年底班师回朝。

1380 年，俄罗斯的军事英雄大公季米特里·顿斯科伊（1359—1389 年在位）率领他的部队在库利科夫战役中，从蒙古人手中赢得一场难得的胜利。

拔都西征：东欧的"上帝之鞭"

对于蒙古人来说，很难说存在什么明确系统的战略，他们的进攻方向往往也在不断变化，一方面使其颇有"天降神兵"的威力，但是来得快、去得也快的蒙古人并不能长久驻扎维持占领。1227年成吉思汗去世使蒙古人的西征戛然而止，时隔八年后的1235年，新任大汗窝阔台命拔都再次率军西征，包括贵由和蒙哥在内的诸王也随军出征，这为后来的汗位之争埋下伏笔。1236年拔都到达上次西征的战场，迅速击溃了波洛伏齐人之后挥师西进，罗斯人还像以前那样四分五裂、内斗正酣，他们对蒙古人的到来虽然震惊但也仅限于此。在他们看来蒙古人和以往那些劫掠的部落并无二致，因而从未认真团结起来共同御敌。结果蒙古军队轻易地拿下梁赞、莫斯科、弗拉基米尔等地，1238年进入克里米亚半岛，攻陷车尔尼戈夫。随后调转北上于1240年攻克"罗斯诸国之母"基辅城。

罗斯诸国的分裂混战，使任何共同抵抗都无从谈起，如入无人之境的拔都大军顺利西进，于1241年攻入西斯拉夫诸国，首当其冲的就是波兰和匈牙利。我们在前面曾说过，波列斯拉夫死后波兰实际上分裂成五大诸侯，彼此间攻伐如仇雠，北路蒙古军到来后，在莱格尼察战役（Battle of Leg-

这顶王冠据称属于金帐汗国（亦即钦察汗国）可汗，现藏于俄罗斯冬宫博物馆。蒙古人以金冠为饰者并不多，这是极少见的例子之一，很有可能是受到了欧洲风俗的影响。

nica）中大败波兰和条顿骑士团联军。同时南路军越过喀尔巴阡山进入潘诺尼亚平原，此时匈牙利王国的盛期已成过去，贝拉四世面对桀骜的大贵族无法协同抵抗，1241年3月大败于蒙古军。至11月窝阔台去世，蒙古军队才停下征途，撤军之前他们在匈牙利境内大肆蹂躏劫掠，兵锋一度进抵维也纳。1243年，拔都汗在伏尔加河流域建立了钦察汗国。

旭烈兀西征：终结阿拔斯王朝

蒙古的第三次西征是在蒙哥汗（Mongke，1251—1259年在位）时期，最重要的战果是终结了阿拔斯王朝500多年的统治，使西亚统一的哈里发政权不复存在，取而代之的是蒙古人建立的伊尔汗国（Ilkhanate，又译伊利汗国）。1254年蒙哥命其弟忽必烈主攻中国的南宋政权，与此同时另一个弟弟旭烈兀则统率西征大军。次年，旭烈兀进驻花刺子模旧都撒马尔罕，1256年南渡阿姆河横跨伊朗，于1258年初开始围攻阿拉伯帝国的首都巴格达，2月13日城破之后蒙古军队如法炮制当年在撒马尔罕的暴行，大肆烧杀劫掠的同时，许多伊斯兰教的古老建筑都毁于战火，酿成人类文明史上一

华丽的蒙古帝国时期的头盔，上面镂有中国的龙纹。

大悲剧。末代哈里发穆斯塔辛投降后被卷进毛毯，用马蹄活活踩死。

蒙古军队在蹂躏古都巴格达之后，移师叙利亚并夺取了阿勒颇，1260年初占领大马士革。此时蒙古人已到达亚洲最西端，濒临地中海，他们下一步将沿着当年阿拉伯帝国的征途，向西挺进埃及。同年9月3日，埃及的马穆鲁克军队在统帅拜巴尔的率领下，于阿音扎鲁特战役（Battle of Ain Jalut）中大败旭烈兀军队，从而遏制了蒙古人的进攻。此役普遍被西方人视作从蒙古手中拯救伊斯兰与基督教文明的关键，此后拜巴尔威望大增并自立为埃及苏丹，即拜巴尔一世（Baibars I，1260—1277年在位）。而恰在此时，困扰着前两次西征的因素再次显现：1260年初蒙哥汗去世的消息传来，心猿意马的旭烈兀意欲争夺汗位，从而基本结束了西征攻势。1264年旭烈兀见争位无望，遂接受新汗忽必烈的册封，以花剌子模故地和西亚为基础建立伊尔汗国。

伊尔汗国凭借军事征服而建立，鼎盛时期其领土东至印度河与阿姆河流域，西据小亚细亚大部，

北跨高加索和里海盆地，南临波斯湾和印度洋。伊尔汗国在合赞汗（1291—1304年在位）统治下迎来黄金时期。由于蒙古人作为统治族群在当地属于少数，因而他改宗伊斯兰教从而赢得了穆斯林的拥护。通过对行政和司法制度的改革，合赞汗清除了蒙古人入侵遗留下的弊端。合赞汗远不像他的蒙古祖先那样残暴贪婪，他对教育、文化、科学等方面的支持使汗国出现了繁荣昌盛的局面，这对西亚的政治格局产生了相当的影响。

1260年9月，埃及马穆鲁克军队与蒙古军队会战于阿音扎鲁特，阻止了蒙古人进入北非的脚步，这在世界历史上的意义也不亚于732年的普瓦提埃战役。

操纵哈里发的人
塞尔柱人的王朝

他们让阿拔斯王朝的哈里发们在巴格达空有其位，他们自己的苏丹才是幕后的真正操纵者。

——朱迪斯·M.本内特

曾经盛极一时的阿拉伯帝国，到9世纪中叶时衰落已经不可避免。阿拉伯帝国衰落的原因可以比照当年它迅速崛起的条件。随着时间的推移，穆罕默德的继任者们不再能号令全体伊斯兰世界，即便是哈里发自身也变成了木偶，而塞尔柱人就是这些木偶的牵线人。

阿拉伯帝国衰落的原因

阿拉伯帝国的衰落当然是多重因素的合力，任何单一原因都不能解释其衰落的历史。人类文明史上所有帝国的衰落都有着相似的内在逻辑，但是仍有许多特别的因素困扰着阿拉伯帝国，虽然它们没有完全摧毁帝国，但注定要使它四分五裂。早期的发展史有助于梳理这些特别因素，其中两条尤为值得注意。

阿拉伯是伊斯兰教的神权帝国，先知穆罕默德在世时政教合一的特性就已奠定。在穆罕默德死后仅仅一个世纪中，穆斯林就从半岛一隅发展成横贯地中海的大帝国，亚洲、欧洲、非洲仅仅构成其一部分，毫无疑问这是人类历史上最大的帝国之一。伊斯兰的宗教宽容政策是迅速扩张的有利因素，它使拜占庭和亚洲许多遭受迫害的人们将阿拉伯看作解放者，这在埃及和波斯极为明显。当时的伊斯兰教方兴未艾，有足够的生命力和宽容度调适境内的各种宗教，但是到了8世纪以后这种优势便开始逐渐消退。哈里发身兼宗教领袖和世俗领袖，这不仅没能提高其权威，反而很容易被架空，这是纵向权力结构的缺陷。

从横向来看，武力征服在阿拉伯世界的扩张中起着不可替代的作用，它将不同民族、信仰、语言风俗甚至不同社会发展水平的人们汇聚在帝国内。但这只能是一个松散的联邦，无论帝国当

凯鲁万大清真寺始建于670年，位于突尼斯凯鲁万，也被称为奥克巴大清真寺，今日所见规模主要形成于9世纪间，它也是伊斯兰教历史上最著名的建筑之一。

现存于托普卡帕宫图书馆的一份 13 世纪早期手稿，其中的插图描绘的是塞尔柱人军队在战场上的画面。

局如何努力，都无法消弭实际存在的巨大差异，即便在哈里发力量最强大的时期，中央权威在边远地区都是很有限的。阿拉伯没有全国整齐划一的、系统性的行政官僚组织，一旦国势衰微或者异族入侵，那么边境各省就极不稳定，要么由军事寡头割据，要么完全沦丧于异族。后来的事实证明，宽松的联邦反而成为地方寡头的优势，他们纷纷自立为苏丹，从而基本剥夺了巴格达哈里发的世俗权力。

塞尔柱人的崛起

1055 年，这是塞尔柱人在巴格达建立优势地位的年份，称之为塞尔柱王朝或者塞尔柱帝国都不恰当，因为阿拔斯王朝的哈里发依然存在，法理上他依旧是所有穆斯林的"皇帝"。而且除了塞尔柱人，阿拉伯世界还有其他与之并立的世俗统治者，比如埃及的法蒂玛王朝。塞尔柱人的优势在于，他们占据着阿拉伯世界的心脏地带。

塞尔柱人源自突厥的乌古斯部落，其名称来自部落首领塞尔柱（Seljuq），他们从中亚逐步西迁进入伊斯兰世界。1037 年他们的首领图格里尔（Tughril，990—1063 年）兄弟侵占了呼罗珊（Khurasan），并且击败东部的伽色尼王朝军队。1055 年他们进入巴格达，推翻了此前控制哈里发

的白益王朝（Buwayhid Dynasty，945—1055 年），从此开始了塞尔柱人的实际统治。图格里尔自立为"苏丹"，他的家族在两个世纪中成功地传承权力。此后不久，另一支塞尔柱人于 1077 年在曼齐克特战役（Battle of Manzikert）中击败了拜占庭皇帝罗曼努斯四世，从而占据了安纳托利亚，他们逐渐发展成为罗姆苏丹国。罗姆苏丹国不仅将拜占庭势力挤出了小亚细亚，而且还与后来的奥斯曼土耳其人颇有渊源。

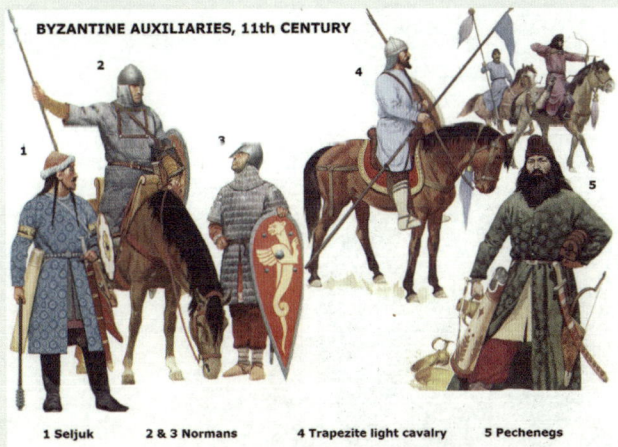

BYZANTINE AUXILIARIES, 11th CENTURY

1 Seljuk　　2 & 3 Normans　　4 Trapezite light cavalry　　5 Pechenegs

拜占庭皇帝的保镖来自于各国，主要由日耳曼人，特别是古代挪威人和盎格鲁－撒克逊人组成，特别有意思的是与拜占庭为敌的塞尔柱人也成为皇帝保镖，图中 1 就是塞尔柱人。

突厥人在小亚细亚
初兴的
奥斯曼国家

奥斯曼作为一个政治强人建立了其权威，同时期的埃米尔们往往忙于自相残杀，而他却懂得拉拢人心，赠予归顺者以"加齐"的头衔。

——斯蒂文·朗西曼

奥斯曼土耳其人与塞尔柱人有不少相似之处：他们都属于突厥乌古斯部族，都信奉伊斯兰教，都以各自的首领为名称，甚至奥斯曼土耳其人的土地都和塞尔柱人重合。他们也都曾败于蒙古人之手，所不同的是塞尔柱人一蹶不振，奥斯曼土耳其人不仅重振河山，而且创建了跨越三洲的大帝国。

奥斯曼国家的起源和发展

13世纪的蒙古西征，除了将西亚残存的古老国家一扫而光之外，还有一个重要的结果就是突厥人的广为流布。这可以从两个层面上理解，一方面蒙古人的到来冲击了原有的族群分布，使得当地的许多突厥向西迁移；另一方面则是突厥的军事贵族

土耳其人的早期首领奥斯曼一世，后来的奥斯曼帝国即以其命名。

阶层，他们构成了伊尔汗国统治集团的相当一部分。蒙古人虽是征服民族，却不是天然的统治民族，人数的劣势使他们无法独自治理广袤国土，就好比一把盐撒进了游泳池，不能把泳池的水变成鸡汤一样。这个规律在中国本部得到了印证，在西亚也同样适用。巨大的人数缺口就以突厥人填补，不仅如此蒙古人自身也逐渐被他的臣民所同化，成了说突厥语的穆斯林。

旭烈兀西征时，部分突厥人就在苏莱曼（Sulayman）的率领下，从呼罗珊向两河流域上游迁移。苏莱曼死后其子埃尔图格鲁尔（Ertughrul）继续引领部众抵达小亚细亚，这里是与其同源的塞尔柱人的罗姆苏丹国，他们从苏丹手中获得了一小块封地，位于小亚细亚西北部与拜占庭接壤。到了埃尔图格鲁尔之子奥斯曼（Osman，1290—1326年在位）的时代，这些突厥人已经成为小亚细亚的重要力量，1301年奥斯曼击败了拜占庭军队，这更加强了奥斯曼在突厥穆斯林中的影响了，他本人的名字进而成为部族称号。与此相反的是，奥斯曼的宗主国罗姆苏丹国却日渐衰微，失去了对小亚细亚的控制，奥斯曼顺势而为自称"埃米尔"（Emir，意为总督），实际上脱离了对罗姆苏丹的臣属。

奥斯曼之子奥尔罕（Orhan，1326—1359年在位）时期是奥斯曼国家迅速发展的时代。1329年

托普卡帕宫殿的图画。托普卡帕宫是位于土耳其伊斯坦布尔的一座皇宫，自 1465 年至 1853 年一直都是奥斯曼帝国苏丹在城内的官邸及主要居所。

奥斯曼人在佩尔卡隆大败拜占庭军队，1331 年占领尼西亚地区，1337 年攻陷尼科米底亚，至 14 世纪中期土耳其人已经将拜占庭的势力基本赶出了小亚细亚。与此同时，奥斯曼土耳其兼并了众多原先臣属罗姆苏丹的埃米尔国，扩展了在小亚细亚的领土。

跨越海峡，冲出亚洲

非常讽刺的是，土耳其人第一次冲出亚洲进入巴尔干，居然还是其对手拜占庭招来的。拜占庭皇帝约翰六世为了对抗政敌皇太后，通过与土耳其联姻来争取外援。1345 年奥尔罕出兵 6000 人进入色雷斯，援助约翰六世对抗政府军，这是土耳其人第一次踏上欧洲的土地。约翰六世此举无异于引狼入室，土耳其人不仅开始在色雷斯定居下来，而且还占据了达达尼尔海峡欧洲一侧的许多要塞，成为进一步向巴尔干扩张的据点。此后拜占庭与土耳其的关系开始反转，君士坦丁堡的皇帝常受土耳其人的牵制。

知识链接：穆拉德一世之死

1389 年穆拉德一世自塞尔维亚南部北上迎战拉扎尔联军，6 月 15 日驻军于科索沃平原（亦称"黑鸟平原"）附近，一名塞尔维亚逃兵自称有重要情报，随即获得觐见的许可。在军帐中这名"逃兵"趁苏丹不备之时用匕首直刺其心脏，穆拉德一世当场身亡。但是他的儿子巴耶齐德迅速接掌权力，并且秘不发丧，从而顺利取得了科索沃大捷。

穆拉德一世（Murat I，1359—1389 年在位，于 1383 年始称苏丹）时期是奥斯曼帝国大举进军东南欧的时代。1361 年土耳其占领亚德里亚堡（Adrianople）后更其名为埃迪尔内（Edirne），这座如同楔子般的古城切断了君士坦丁堡与巴尔干腹地之间的联系，拜占庭帝国更为孤立无援了。1371 年塞尔维亚联军在马里察河畔败于土耳其，1389 年在科索沃再败于穆拉德之子巴耶齐德一世，巴尔干诸国基本丧失独立，奠定了土耳其人统治巴尔干半岛的前景。

1389 年科索沃战役之后，巴尔干半岛各国很难再阻止奥斯曼帝国的扩张，拜占庭在半岛的大部分领土也被吞噬，对君士坦丁堡形成包围。

浴火重生
帖木儿与奥斯曼帝国的扩张

1.453 年发生在君士坦丁堡的那场风暴，无异于为奥斯曼帝国对巴尔干的长久征服画上一个圆满句号。

　　穆拉德一世以前的土耳其只是"奥斯曼国家"，它尚未脱离地区色彩而成世界性霸权，同时也因其首领并没有法理上的君主地位。1383 年穆拉德一世开始用伊斯兰国家通称的"苏丹"称号，正式的苏丹封号则要等到1394 年，巴耶齐德一世（Bayezid I，1389—1403 年在位）从哈里发那里获封为"罗马省苏丹"。

命悬一线：帖木儿征服奥斯曼

　　巴耶齐德一世时期奥斯曼帝国继续在巴尔干半岛推进，君士坦丁堡以西诸国望风披靡。1396 年，匈牙利国王西吉斯蒙德组织了一次十字军阻止奥斯

尼科波利斯战役爆发于 1396 年 9 月 25 日，一方是奥斯曼帝国，另一方是匈牙利王国以及包括法兰西王国、医院骑士团、威尼斯共和国等欧洲各国的联军。此役又称尼科波利斯十字军东征，是中世纪时期最后一次大规模十字军东征。

曼帝国，得到巴尔干诸国和法、德、英以及教皇的支持。双方在尼科波利斯（Nicopolis）会战，结果基督教联军大败，土耳其在巴尔干的攻势更趋顺利。与此同时土耳其在小亚细亚陆续兼并了萨鲁罕、艾登、门特舍、哈米德和特克等埃米尔国，并夺取了拜占庭在小亚的最后据点菲勒德尔菲亚。

　　就在巴耶齐德即将奠基世界帝国之时，帖木儿大军从中亚飞旋而至，以迅雷不及掩耳之势突进小亚细亚。1402 年，巴耶齐德率军与之大战于安卡拉，结果兵败被俘于翌年去世。此后帖木儿对奥斯曼帝国分而治之，将国土瓜分给巴耶齐德的四个儿子，此举意在挑起土耳其内斗从而损耗其国力。又将从前被征服的埃米尔诸国尽数恢复，对于此时的奥斯曼帝国来说无异于前功尽弃。

　　经过十年内战，巴耶齐德的儿子穆罕默德一世（1413—1421 年在位）于 1413 年在埃迪尔内继承苏丹之位，从而将奥斯曼帝国重新统一，他也由此获得"复兴者"的尊号。穆罕默德恢复了诸埃米尔国的臣服，重建奥斯曼帝国在安纳托利亚的霸权，国力迅速得到恢复。

夙愿得偿：攻灭拜占庭

　　1453 年君士坦丁堡的陷落是中世纪举足轻重

帖木儿视察被征服的撒马尔罕（乌兹别克斯坦东部一城市）

的事件，它不仅标志着延续了 1000 多年古老帝国的崩溃，基督教在东方的失势，而且也被看作中世纪与近代的分界线。然而对于奥斯曼帝国来说，夺取君士坦丁堡是历代统治者的夙愿，它也不仅仅是某一历史进程的完结，它更是一段新征途的开篇。

　　围攻君士坦丁堡就意味着灭亡拜占庭，早在穆拉德二世（1421—1451 年在位）即位初就以拜占庭扶植对立苏丹为借口，兴兵讨伐君士坦丁堡。恰在此时苏丹的兄弟据守安纳托利亚反叛，穆拉德二世不得不仓促议和，拜占庭割地赔款。1439 年穆拉德二世完成了对塞尔维亚的吞并，大公乔治·布兰克维奇逃往匈牙利。但穆拉德二世随后遇到了匈牙利名将雅诺什·匈雅提的有力抵抗，紧接着西方国家再次组成十字军，双方平分秋色，结果于 1444 年签订《埃迪尔内停战协定》。穆拉德二世不得不禅位于其子穆罕默德二世，但不甘失败的穆拉德二世于 1446 年复出，废黜穆罕默德二世并重掌权力，于 1448 年取得了第二次科索沃战役的胜利。经此一役西方国家再也不能阻止奥斯曼帝国在巴尔干的攻势了。

　　当 1451 年穆罕默德二世再次从父亲手中接过权力时，前方等待他去征服的早已不是查士丁尼时

代的那个君士坦丁堡，它已从人口逾百万的繁华大都市萎缩到如今几万人的小城镇，城内杂草丛生、建筑坍塌，民生凋敝，破败不堪。当 1453 年 5 月穆罕默德二世亲率 17 万大军和数百艘战舰大举进攻之时，君士坦丁堡依旧无愧于帝国首都的荣耀，以视死如归的精神迎接穆斯林的征服，他们虽然早已不是"罗马帝国"，但站在他们身后的是永不褪色的古典世界的光环，而随着君士坦丁十一世（1449—1453 年在位）的倒下，一个延续千年之久的古老文明也跟着湮灭无闻了。

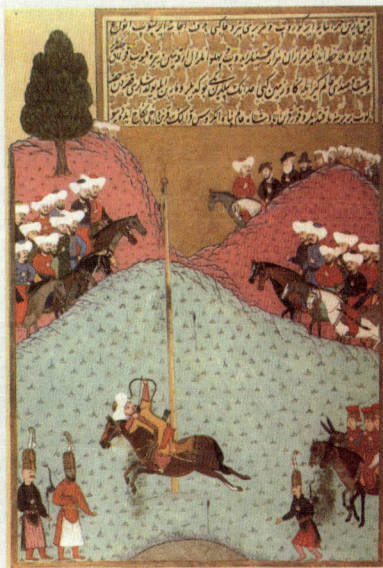

1584 年的一幅土耳其细密画中的苏丹穆拉德二世，他是奥斯曼帝国史上承前启后的杰出君主，在位时期基本奠定了攻灭拜占庭的基础。

君士坦丁堡的陷落

重回历史现场

君士坦丁被西方盟友们背弃，可他屹立在城墙缺口决不后退一步，直至被异教徒的大军所吞没——罗马最后的皇帝，连同他殉葬的帝国，永远消失了。

——斯蒂文·朗西曼

帝国末日逼近

1453年5月29日凌晨，拜占庭首都君士坦丁堡。

城内所有教堂的钟声齐鸣，远在海峡的索菲亚大教堂的钟声也在震动着围城土耳其人的耳膜，与君士坦丁堡隔金角湾（Golden Horn）相望的佩拉（Pera），那里的意大利人也能听到钟声延绵。此时，全城的非作战人员都往附近的教堂集中，他们为即将开始的守城战役而祷告；所有可参加作战的市民都齐聚在西侧的防御土耳其人的城墙

下，那里是保卫都城的最后屏障。老人和小孩都已知道，土耳其人的总攻即将开始了。

就在前一天下午，阳光明媚，万里无云，太阳西下之时，激烈的阳光刺得城内守军睁不开眼，在近两个月的围城战中，他们一次又一次打退土耳其人潮水般的进攻。此刻他们已经精疲力竭，几乎看不见城外敌军的任何情况。土耳其人趁机开始了布防，他们逐渐推进阵线，大量工兵迅速填补护城河，为即将到来的攻城做准备。29日凌晨苏丹穆罕默德二世相信时机已经到来，下达了攻城的命令。

之前的围攻令苏丹无法小视君士坦丁堡的战力，拜占庭人虽已濒临亡国，但凭借君士坦丁堡城墙坚不可摧的防御体系，屡屡使土耳其军队伤亡惨重。穆罕默德二世安排非正规军打头阵，以此消耗守城军队的体力，这支先头部队被称为"巴希巴祖克"（Bashi-Bazouk），堪称不折不扣的杂牌军。他们本是巴尔干和东欧地区的基督徒，投降后成了残杀基督教同胞的帮凶。这些乌合之众先是一拥而上，只要稍遇反击便阵脚大乱、一触即溃。穆罕默德二世深谙此道，视他们为攻城的炮灰而已。巴希巴祖克的进攻方向在莱库斯河谷（Lycus Valley），狭长的地形使他们人数的优势尽失，两小时的惨重伤亡之后他们被苏丹

土耳其军事博物馆所藏壁画，描绘的是1453年攻打君士坦丁堡时城墙外的景象。

召回。

但拜占庭人并没有多少喘息的时间，苏丹随后命伊萨克帕夏（Ishak Pasha，为安纳托利亚总督）率领正规军安纳托利亚军团再攻，这次的主攻方向在罗曼努斯门（Gate Romannus）。土耳其人到达城墙下的护城河时，出现在他们面前的是高大巍峨、有三重防御体系的狄奥多西城墙。土耳其人的火力相当猛烈，他们得益于匈牙利叛徒乌尔班发明的火炮，而拜占庭的制胜法宝"希腊火"在此却基本派不上用场，相反倒是投石器发挥了不少威力。土耳其人在强大火力的掩护下曾一度突入城内，但是很快被守军围歼，至天亮前安纳托利亚军团也基本停止了攻势。

命运总是弄人

两度进攻虽不是毫无斩获，但伤亡惨重、兵锋受挫的压力在考验着穆罕默德二世的神经，他反复斟酌将直系部队加尼沙里军团（Janissaries）投入作战。虽有种种疑虑，他依旧下令大军开拔，不要给拜占庭任何休整的机会。在四个小时的战斗中，加尼沙里军团面对守军的枪林弹雨毫不退缩，他们的骁勇善战抵消了拜占庭城防的优势。而人数上的压倒性优势，能够使土耳其人在伤亡惨重的情况下，依然轮番进攻。退无可退的拜占庭置之死地而后生，双方逐渐进入了近身肉搏的阶段。

致使君士坦丁堡城破的关键既不在莱库斯河谷，也不在罗曼努斯门，更不在城墙南段的佩吉门和第二军门，这个软肋恰恰在城墙最北端靠近金角湾的地方，这是大大出乎双方意料之外的。狄奥多西城墙在临近海湾的地方与布雷契亚城墙连接，从这里折向东方的防御体系是君士坦丁堡的北部屏障。布雷契亚由于是新皇宫所在地，因而自成一体。早年建设时曾在两城墙结合处有一道小门，叫柯尔克门，但后来由于常年不用基本被封死。到1453年出于防务的考虑，柯尔克门重新投入使用，土耳其人遂趁机从这里攻入了城内。

当时距离最近的守军将领是热那亚名将乔万尼·朱斯提尼亚尼（Giovanni Giustinioni），他也是当时最有可能驰援柯尔克门并围歼敌军的人选，不幸的是他被流弹所中，几乎丧失了作战能力。攻入城内的土耳其军虽不多，但是也足够占据此处城墙。朱斯提尼亚尼不得不离开战场，结果热那亚人以及随后的拜占庭守军都以为土耳其人已占领了城市，那些入城的土耳其军队早已换掉了城头旗帜。对于守城将士来说，这无异于心理防线的彻底崩溃。

皇帝壮烈殉国

皇帝君士坦丁十一世从自己防守的罗曼努斯门赶来援救，但已经为时太晚。热那亚人的轻率举动在城内守军中引起连锁效应，皇帝再也无法挽救全线溃退的狂澜。城中军队四散逃窜，此刻坚守在皇帝身边的只有三个人：表亲西班牙人弗朗西斯科、堂兄弟提奥菲鲁斯·帕列奥洛格斯和侍卫长约翰·达尔马塔，他们见死守柯尔克门对于崩溃的防线于事无补，皇帝于是扔掉了皇家盾形纹章，与这几位随从提枪跃马冲入了土耳其人的洪流之中……

这是人们最后一次看见皇帝。罗马最后的皇帝，连同他殉葬的帝国，永远消失了。

苏丹穆罕默德二世举行入城仪式，他在默许了对城市的有限洗劫之后，宣布保护君士坦丁堡及其居民，并很快将帝国首都迁至此地。

转型中的次大陆
笈多王朝
时期的印度

笈多王朝于4世纪初以恒河中下游为基地建立了政治稳定、经济繁荣、文化昌盛的大帝国，它处于印度由奴隶社会向封建社会的转型时期。

印度从上古时代继承了多元分立的特点，不仅民族、语言和宗教极具多样化，而且印度历史上的国家与王朝也是高度混杂的。长期以来，北印度与南印度的反差甚至要超过不同文明体的区别，它们之所以被看作同一文明圈，原因在于印度次大陆独有的地理格局。

笈多王朝在北印度的兴起

320年，旃陀罗·笈多建立了笈多王朝（Gupta Dynasty，约320—535年），北印度经历了500多年的分裂后重新统一起来。笈多王朝的祖先室利·笈多（Sri Gupta）原是恒河上游比哈尔地方的诸侯，4世纪初期发展壮大并征服周边的其他小国，室利·笈多自称为"摩诃罗阇"（Maharaja，意为众王之王）。旃陀罗·笈多（Chandragupta I，320—335年在位）就是室利·笈多的孙子，他与梨车部族的公主结婚后获得了该部落的华氏城，从此将两个国家联合起来。梨车部族属于早先统治印度北部的贵霜人，他们的联姻加强了笈多家族的政治影响。旃陀罗·笈多将家族势力扩展到华氏城，该城位于中游要冲之地，从这里向东可进攻恒河下游至三角洲地区，往上游可扩展在印度北部的势力。

继任的君主也正是这样付诸实施的，旃陀罗·笈多的儿子沙摩陀罗·笈多（Samdragupta，

又称海护王，335—380年在位）统治时期是笈多王朝大规模扩张的时代。一方面他延续父亲的政策进一步向上游扩张，逐渐占据恒河上游至印度河流域东部的地区；另一方面他顺流而下进攻下游和三角洲的邦国，并且取得了阿萨姆（今孟加拉国）地方。沙摩陀罗·笈多自称有权从孟加拉东部、阿萨姆和尼泊尔接受贡品，还从喀布尔、乌贾因省督和锡兰国王等处收获礼物。不仅如此，他还挥师南下进攻德干高原，自从孔雀帝国崩溃后南印度就再也没能统一，沙摩陀罗·笈多虽未能征服德干高原，但还是取得了高原东部和奥里萨地区。

笈多王朝的由盛转衰

笈多王朝在沙摩陀罗·笈多之子旃陀罗·笈多二世（Chandragupta II，380—413年在位）时期进入了鼎盛时代。人们普遍相信旃陀罗·笈多二世就是传说中的"超日王"，超日王在继承祖先遗产的

一尊表现恒河女神的笈多王朝时期的雕刻，女神是恒河的化身。

旃陀罗·笈多二世时期发行的钱币，其上以婆罗米文篆刻着国王的名字，铸造时间大约在 380 年至 415 年间。

基础上，致力于向西部推进统治，因为笈多王朝最初起于恒河流域，所以统治核心在印度东部。此时印度西部主要处于三大势力统治下：印度河流域被马拉瓦人和卡提阿瓦人统治，西海岸古吉拉特地区处于乌贾因省督控制下，而德干高原西南部是瓦卡塔卡斯王国统治。除了乌贾因省督之外，其他两大势力要臣服于超日王，或者与超日王联姻从而合并。388 年至 409 年间，超日王挥军西南，连续攻克马尔瓦、古吉拉特和卡提阿瓦，从而将笈多王朝的领土推进到印度洋沿岸。为了巩固征服的成果，超日王将首都迁至华氏城（今巴特那）并且在恒河上游支流建立了行宫。超日王时代，笈多王朝堪称帝国，疆域东西直达海洋，北抵印度河上游，南括德干高原东部，除南印度中部其幅员可与孔雀帝国

媲美。帝国经济繁荣、政治稳定、宗教实行宽容政策，超日王还大加奖掖学术文化，他本人也是文武双全的君主。

但是到超日王之孙塞建陀·笈多（Skandagupta，455—467 年在位）时，笈多王朝逐渐衰落。此时不仅王朝内部的部落氏族叛乱无常，更危险的在于嚈哒人的入侵。嚈哒人属于白匈奴，5 世纪中叶从西北方向侵入了印度，此时笈多王朝内乱不止，塞建陀·笈多在位时尚能抵抗他们的入侵，但是自他死后笈多王朝已无法有效抗击入侵。印度北部分裂混战的王公，面对嚈哒人的入侵毫无抵抗力，至佛陀·笈多之时王朝统治基本瓦解，此后王室也沦为一方割据诸侯，成为摩揭陀国的统治者。

塞建陀·笈多金币，金币正面（左）中塞建陀国王左手拿着一个蝴蝶结，右手拿着一支箭。塞建陀·笈多曾击退嚈哒人来袭，后来就无法抵御，国势日颓，民穷财尽，以致不得不借改革货币来维持现状。

英雄与帝国
昙花一现的戒日王朝

> 今戒日大王东征西伐，远宾迩肃，唯此国人独不臣服。履率五印度甲兵及募征诸国烈将，躬往讨伐，犹未克胜。
>
> ——玄奘《大唐西域记》

戒日王的个人奋斗史，如果写成一部传记，想必其精彩程度不逊色于许多小说。戒日王朝极盛时，他控制的领土可与笈多王朝和后来的莫卧儿帝国相媲美，但是这种霸权是短暂而不稳定的，统一的北印度在他死后迅速瓦解，戒日王朝虽精彩终究不免昙花一现。

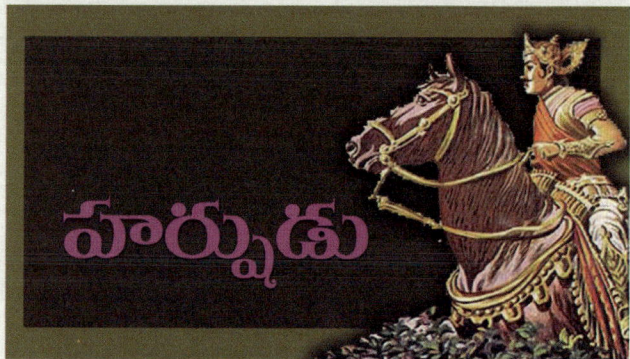

骑着战马的戒日王在战争行进之中

通向王位之路

戒日王本名曷利沙·伐弹那（Harsha Vardhana，意译为"喜增王"，606—647年在位），是北印度坦泥沙国王的次子，早年曷利沙·伐弹那的姐姐、坦泥沙国公主罗伽·室利嫁给了曲女城穆克里国王，所以坦泥沙与穆克里两国结成联盟，共同征战北印度。604年，曷利沙·伐弹那的父亲去世，他的哥哥曷罗阇·伐弹那（Rajya Vardhana）继承王位。位于孟加拉的高达国王设赏伽联合其他邦国，进攻曲女城。穆克里国王兵败被杀，其王后罗伽·室利被囚禁在城中。此时坦泥沙国王曷罗阇·伐弹那毅然率军前去解救姐姐，留下弟弟曷利沙·伐弹那主持国政。坦泥沙王虽然解了曲女城之围，但不幸被高达国王所杀，坦泥沙军队残部不得不回撤。

此时坦泥沙国内群龙无首，大家推举曷利沙·伐弹那继承哥哥的王位，王号"喜增"，德称"戒日"。戒日王即位后立即兴兵为姐姐和哥哥报仇，亲率大军进攻曲女城，大败高达国王及其联军。为了牵制对方的兵力，戒日王与高达北部的邦国联盟，诱使其出兵进攻高达本土。随后他顺利光复曲女城，但是姐姐已经不知去向，后来他又亲自深入温迪雅山寻觅姐姐的行踪。功夫不负有心人，最终在佛僧的帮助下姐弟俩得以团聚。此后戒日王节节胜利，很快将侵略军赶出了姻亲国穆克里。此时穆克里国王已死，作为王后的兄弟戒日王成为曲女城的实际掌权者，两国的合并为戒日王的霸业奠定了第一块基石。

帝国称霸北印度

戒日王继承了父兄遗志，在六年间就完成对北印度诸国的征服。612年他在曲女城正式即位成为穆克里国王，形成了戒日帝国的雏形。曲女城位于恒河上游，所以相对于笈多王朝而言，戒日王的统治核心已经西移了。如果戒日王就此停下脚步，那

古代印度军队中的"象军"独具特色,这是南亚的地理与气候环境对战争最显著的影响之一。

么就不会有戒日帝国,他的王朝也不会有英雄主义色彩。戒日王征伐的脚步大致沿着当年笈多王朝的轨迹,在恒河流域溯流而上,陆续吞并了上游直到印度河畔的许多邦国。戒日王的军队由象军、马军和步军组成,他尤其重视象军在战争中的威力,因为印度森林密布的地理环境更适合象军作战。620年,戒日王占据信德地区,从而控制了印度河三角洲,此后又兼并了孟加拉,东部疆域直达大海。7世纪30年代,戒日王先后臣服了东北印度的邦国,此后专注于对宿敌高达王国的攻伐,637年高达王设赏伽死后,戒日王完全吞并了该国。

与印度史上的伟大帝王一样,戒日王也梦想征服德干高原从而统一印度。自620年至634年间,戒日王曾多次对德干高原的遮娄其王朝用兵,但战事旷日持久而且戒日王的军队屡遭败绩,结果他不得不退回北印度,这件事曾被访印的唐代高僧玄奘记载,于是就有了本节导语中的那段话。不过他在东南方的扩张则较为成功,643年他夺取了奥里萨的部分地区,将领土推进到东南沿海,这也是戒日帝国疆域的极致。647年戒日王死后无嗣,帝国很快就开始瓦解。他凭借武力征服所拼凑的帝国,经不住地区多样化的侵蚀,短短几年就分崩离析,戒日王的帝国伴随他未竟的霸业一同成为历史。

曲女城遗址。曲女城又名"羯若鞠阇,阘饶夷城",其名称来自于《大唐西域记》中玄奘的记载,曲女城是印度历史上著名的历史古城,许多地方性政权建都于此。

穆斯林来到印度
德里苏丹国的建立

笨拙的传统战术，协调不一的指挥和种姓的限制，使印度教军队在与西北方来的骑马射手的战斗中大为不利。

小国林立是印度历史的常态，而海内一统的帝国总是昙花一现，孔雀帝国、笈多王朝和戒日王朝无不证明了这一点。和平时期印度的分裂或许还能满足土邦王公的虚荣心，而当横扫内陆的世界霸权到来之时，南亚次大陆瞬间不堪一击，最终不得不臣服于异族的统治。

德里苏丹国的建立

德里苏丹国并非最早进入印度的伊斯兰王国，早在建国之前几百年穆斯林征服者就已光顾印度了。8世纪初倭马亚王朝的哈里发四处征讨之时，阿拉伯人将领就已侵入印度，伊本·卡西姆于713年跨越海洋踏上信德的土地，就将先知的宗教带到印度，此后沿着印度河溯流而上，扩及内陆地区。9世纪伊朗

加兹尼王国位于阿富汗与伊朗东北部，马哈茂德国王曾经17次入侵印度。国王又是爱好文学的君主，图中是他仔细聆听别人朗诵诗歌。

的穆斯林政权南下，将势力渗透到旁遮普与信德地区，至11世纪更有穆斯林在西北部建立木尔坦和曼苏拉王国。所以，当12世纪末来自阿富汗的穆斯林王公侵入印度时，这里对于他们来说并非宗教的异乡，实际上印度西北长期处于各路穆斯林王公治下。

使得穆斯林征服更加顺利的因素还包括印度人的分裂，与其说这是统一帝国分裂后的碎片，不如说印度本就是碎片拼成的版画，统一从来不是其历史的主流。1192年，古尔王朝的穆伊兹·乌丁在塔拉罗里取得决定性胜利，印度教的土邦联军顷刻间瓦解。穆伊兹乘胜追击，于次年进占德里，随即敉平了比哈尔、孟加拉和钱德拉等地的抵抗。不过穆伊兹·乌丁的大本营终究是阿富汗，他委任奴隶出身的库特布·乌丁·艾巴克（Qutb Din Aybak）为总督印度，并委以全权。1206年穆伊兹死后，乌丁·艾巴克就在德里自立为苏丹（1206—1210年在位），由此建立德里苏丹国（Delhi Sultanate）。乌丁和他之后的几个苏丹都是奴隶出身的突厥人，他们组成了早期的"奴隶王朝"（Mamluk Dynasty）。

来自蒙古人的冲击

在13世纪席卷欧亚大陆的蒙古征服浪潮中，南亚次大陆成为汪洋中仅有的孤岛，一路风行万里、百战百胜的蒙古人为什么没有征服印度？这是

一话一说一世一界一

图为瓷盘，上面绘着德里苏丹国穆斯林骑兵图案。

一个常问常新的开放式问题。实际上，蒙古人的确侵入了印度，而且正是沿着之前穆斯林入侵的足迹：1224 年蒙古人攻入了印度西北部，在信德和旁遮普大肆劫掠后返回，并没有深入南部腹地。德里苏丹国建立后，蒙古人的威胁还没有消除，1279 年和 1285 年蒙古人再次侵入了印度西北部，不过还是和上次一样很快退去，一个原因或许是独特的湿热气候极大地削弱了蒙古军的战力，他们无法持续推进征服，更不用说长期地占领建国了。此后，穆斯林逐渐巩固了在印度的统治，早期他们在人数上并不占优势，但是通过伊斯兰教的传播和民族融合，德里苏丹国成为伊斯兰世界的组成部分。他们仍尊奉哈里发的权威，1229 年他们被巴格达的哈里发册封为阿萨姆苏丹。

奴隶王朝在第九任苏丹巴尔班死后衰落，权力日益转移到被称为"四十人集团"的军事将领手中，这些寡头们于 1290 年推举将领菲鲁兹·卡尔吉（Firoz Shah Khilji）出任苏丹，他是以奴隶王朝末代苏丹的生命为代价登位的。菲鲁兹在位时期蒙古人再次入侵印度西北部，不过他在三次战役中胜利地阻止了蒙古人的脚步。一些蒙古人放弃了嗜杀成性的职业，转变为和平的穆斯林在印度定居下来。

古特普夏希皇室陵园。德里苏丹国时期的陵墓形制，位于海得拉巴腹地，陵园的建筑精致独特，现在是印度旅游胜地之一。

中世纪印度的尾声
德里苏丹国的由盛转衰

德里苏丹国兴起之时侥幸逃过蒙古人的征伐，但两个世纪后他们没有那么幸运，帖木儿的侵袭即便没有毁掉它，也已使它名存实亡了。

出身奴隶的苏丹们曾遇到过各种内外压力，但他们终究还是在德里坐稳了江山。印度成为伊斯兰世界最大的王国之一，在杰出而强悍的苏丹治理下日渐繁盛起来。这种辉煌至14世纪末戛然而止，德里苏丹国遭到了致命打击，从此之后便一蹶不振。

图格鲁克王朝时期的鼎盛

1320年图格鲁克家族取代了卡尔吉王朝，成为印度的统治者。王朝创立者吉亚兹·乌丁·图格鲁克（Ghiyas-ud-din Tughlaq，1320—1325年在位）自身的血统很好地说明了德里苏丹的民族性：他的父亲是突厥人，母亲则是印度人。凭借在前朝立下的赫赫战功跻身于摄政之列，而且他的登位和死亡也同样代表着苏丹的传统：他杀死卡尔吉末代苏丹而登位，据说他也死于自己儿子之手。

德里苏丹国在吉亚兹的儿子穆罕默德·图格鲁克（Muhammad bin Tughlaq，1325—1351年在位）统治下迎来鼎盛时代。此时的版图使人误以为孔雀帝国重现：东至孟加拉，南濒高韦里河，西达印度河流域，北据克什米尔。当然，黄金时代的到来也伴随着穆罕默德·图格鲁克的铁腕统治。鉴于南部割据势力反叛，于1327年将首都迁往德干高原腹地的德瓦吉里（Devagiri），改称为道拉塔巴德（Daulatabad），从这里他在南印度实行持续的扩张。穆罕默德·图格鲁克在财政方面的试验虽归于失败，但充分体现出他的魄力与远见。1330年他借鉴中国的经验，发行以黄铜铸造的钱币，以国库中的金银作为储备。可是这种钱币很容易伪造，而且居民并不接受这种代币，所以很快他的币制改革就失败了。杰出的穆斯林统治者往往有一个共性，那就是他们本人具备较高的文化艺术修养，这种特质在穆罕默德·图格鲁克身上也很明显，他不仅深通哲学、数学、天文等各门学科，而且在医学方面也有造诣，他当政时期也是德里苏丹国文化昌盛的时期。

当德里苏丹国的穆斯林在印度落地生根后，对印度社会与文化产生影响。该图是一位印度画家根据国王佩戴王冠的伊斯兰教故事绘制的。

来自中亚的致命打击

穆罕默德·图格鲁克在世的时候，盛世的阴影

14 世纪初期，德里的穆斯林统治者铸造的金币。

知识链接：远征中国？

据说穆罕默德·图格鲁克曾于 1337 年派遣 10 万名骑兵的军队，向东北进发前去攻击中国。不过由于气候、疾病、沿途盗匪等原因，这次军事行动以失败告终。他本想借此伸张苏丹在东北印度的权势，但适得其反的是孟加拉地区的独立性越来越大，并一直为奴隶王朝苏丹的后裔所占据。

就已出现。他的新都道拉塔巴德位于德干高原以南 700 英里处，意味着整个印度统治中心的转移。迁都后数年德里就已如同鬼城，著名旅行作者伊本·巴图塔写道："我在踏进德里时，仿佛进入了沙漠。"而历来印度统治者的重心都在北部，所以他的迁都之举引发了北部穆斯林贵族的激烈抗争。孟加拉和克什米尔的贵族先后起兵反叛，都被残酷镇压。后来他又返都德里，这又触犯了德干高原印度教王公的利益，他们举巴曼沙赫为首兴兵作乱，占据了古尔巴加、道拉塔巴德、贝拉尔和比达尔四省，穆罕默德·图格鲁克直到临终仍未能敉平反叛，从此南印度基本脱离了苏丹统治。

菲鲁兹·图格鲁克（Firuz Shah Tughluq，1351—1388 年）即位后一改其父的高压统治政策，逐渐恢复了前期苏丹宽松的良政，但此时鼎盛时期已经结束，菲鲁兹对此并没有什么特别的补救办法。1388 年伴随着菲鲁兹之死，地方割据势力迅速崛起，正当他们彼此攻伐之时，1398 年帖木儿大军从中亚的撒马尔罕横扫而来。他的铁骑几乎将整个苏丹国夷为平地，仅在德里一地就屠杀了 10 万名印度教俘虏，又大肆劫掠德里城，随后向东蹂躏喜马拉雅山南麓诸邦国，直到 1399 年 3 月才回师印度河上游。经此浩劫，德里苏丹国元气大伤，1414 年赛义德王朝继承国家时，他们所控制的仅仅是恒河上游与旁遮普的部分地区，大部分国土都已分裂

为拥兵自立的土邦。非常讽刺的是，这块仅剩的领地恰是他们先辈最早的栖息地。

1397 年冬至 1398 年，帖木儿大军进入印度并击败了德里苏丹马赫穆德。这幅画约绘制于 1595 年至 1600 年间。

人文地理

日本是与中国一衣带水的邻国，因为日本自古以来与中国在文化上的传承，以及近代以来中日两国的恩怨，两方面几乎汇聚了完全相反的态度。所以今天有关日本的许多话题变得相当复杂，但是通过梳理日本文明演变的轨迹，或许能为彼此的理解提供另一种视角。

日本领土由北海道、本州、四国、九州四个大岛和其他 7000 多个小岛屿组成，因此也被称为"千岛之国"。日本是一个多山的岛国，山地呈脊状分布于日本的中央，将日本的国土分割为太平洋一侧和日本海一侧，山地和丘陵占总面积的 71%，平原面积狭小，耕地十分有限。

大和文明的形成与生长
日本文明

为了抵御外侮，保卫国家，必须使全国充满自由独立的风气，不分贵贱上下，都应该把国家兴亡的责任承担在自己肩上，也不分智愚明昧，都应该尽国民应尽的义务。

——福泽谕吉

日本：千岛之国

自古代起日本就是一个群岛组成的国家，这种地理形势对它的历史产生了重大影响，不仅是程度上的无以复加，更是时间上的延展性，直至今日它还是决定日本国策的重要基点。组成日本国的大量岛屿自朝鲜半岛南端的海面向东延伸约 1200 公里，然后突然北折继续延伸差不多的长度，与北海道相望的位置再次接近东亚大陆。略呈"J"形的国土与东亚大陆合围形成了日本海，这里气候寒冷而潮湿，对于日本北部内陆的影响较大。不过，本州岛西南端即接近中国和朝鲜半岛的地区，相对而言温和湿润，因而日本的主要文明中心就汇集于此。一直到 8 世纪平安时代以前，日本并没有固定的首都，这与它的文明核心区分布也是有关的。

四个大岛构成了日本的主要国土，从大到小依次为本州、北海道、九州和四国，除了北海道之外，其他三个岛是主要的人口聚居区。而实际上自古以来北海道就是相对独立的体系，这不仅因为其特殊的地理位置，而且也有民族的因素。值得注意的是，在本州、九州和四国之间，形成了一个狭长水域，这里称为日本内海。日本的文明中心之所以集中于西部，与它早期接受汉文化传播的途径有关。一直到大化改新之前，日本都是间接地从朝鲜汲取汉文化，所以早期的九州反而比本州更受重视。

具体到本州岛来看，有两个比较重要的地区，在日本历史上扮演着重要角色。一个是与四国岛相望的本州西南部，如今属于"近畿地

"，这里是平安时代以前政治文明的摇篮；另一个则是本州东部、位于东京湾附近的关东大平原，如今称为"关东地方"，它是武家势力兴起的基地，对于幕府时代的日本政治有关键影响，直到今天依然是日本的政治和经济中心。

早期的人种来源

日本的岛国特性首先体现在它的人种构成方面，岛国相对独立而封闭的环境，使日本的民族构成比较单一。在古代日本，大和人就在人口总数中占据绝对优势，今天大和族占日本总人口的98%以上。阿伊努人是日本最主要的少数民族，古代阿伊努人被称为"虾夷"，是北海道的主要居民。实际上日本本州靠近北海道的地区就已是人口较少的区域，最早的"征夷大将军"之设立，就是为了征讨"虾夷"。因为当时虾夷不仅占据北海道，本州东北部的地区也是"虾夷"的活动范围，古代日本国家开疆拓土的一大方向就是不断驱逐本州东北部的虾夷，从而设立领国以治之。奈良时代是日本律令制国家的盛期，正是在此期日本完成了对东北地方的征服，而北海道则迟至明治维新后才成为正式的行政区划。一直到现在，阿伊努人还有自己独特的语言、风俗和宗教信仰，在文化方面明显区别于大和族。

日本最早的人种来源一直是个极具争议的话题，因为这并非单纯的科研学术问题，也是敏感的政治话题。但从考古学和人类学的研究

虾夷是与大和民族完全不同的人种，外貌特征浓眉大眼，白肤黑发，五官轮廓很深。据考证可能为高加索种或蒙古种，也有独立人种的说法。

来看，日本人与东北亚的朝鲜人还有通古斯系的民族有密切联系，语言的部分相似之处也能支撑这种观点。但从人种志的证据和日本神话内容来看，日本人又与中国南方人、马来人甚至波利尼西亚人接近。而至于古代虾夷的来源就更为可疑，甚至有人推断他们是原始高加索民族的一支。因此至今都没有形成比较明确的结论，最持中的看法也不过是认为，日本人乃蒙古人种与东南亚马来人的混血族群，当然历史上的虾夷也与大和人实现了部分融合。

在10月的北海道阿寒湖，虾夷长老西田正夫手捧苔球，感谢神灵给了他们丰收的一年。

襁褓中的日本
从绳文时代
到古坟时代

夫混元既凝，气象未效。无名无为，谁知其形？然乾坤初分，参神作造化之首；阴阳斯开，二灵为群品之祖。

——《古事记·序》

严格来说，日本古代史的开端比邻国中国和朝鲜都要晚很多，但这并不意味着史前时代的日本乃一片洪荒。新石器时代日本就出现了较为明确且阶段性很清晰的史前文明。虽然 6 世纪后中国文明的传入极大地塑造了日本，但这些史前文明仍然奠定了相当的底色。

跨越公元前后的文化

日本的史前文化一直到旧石器时代末期才逐渐发展，大约在公元前 4500 年左右进入了"绳文时代"，此后一直延绵到公元前 3 世纪，这也是日本从旧石器时代向新石器时代的过渡阶段。"绳文"来源于美国人莫斯对日本史前遗迹的考古挖掘，1877 年莫斯对东京的大森贝冢进行了发掘研究。日本人最初翻译为"索纹陶器"，白井光太郎改译成"绳纹陶器"，后来演变成今天所说的"绳文陶器"。一直到二战后"绳文时代"这个词才得到普及。它又大致分五个时期，即草创期（公元前 4500—前 3700 年）、早期（公元前 3700—前 3000 年）、中期（公元前 3000—前 2000 年）、后期（公元前 2000—前 1000 年）和晚期（公元前 1000—前 250 年）。这一时期的文化遗址主要分布于本州岛北部，当时人们主要的经济活动是渔猎和采集，公元前 3000 年以后逐渐定居，大部分人住在半地穴式的房屋里。

大约从公元前 3 世纪开始，一种新的文化逐渐在本州岛南部出现了，后来被称为"弥生时代"，得名于当时具有代表性特征的弥生式陶器。弥生时代早期虽然与绳文时代重合，但是它的出土文物形态与绳文时代北部的遗迹有相当区别，也有西方学者认为弥生文化与朝鲜青铜文化有着密切联系。不过真正使其印象深刻的是水稻种植技术的传播，对于日本来说这是划时代的变化，农业的发展使贫富差距扩大，农村共同体就渐趋政治形态。伴随着农耕经济而来的是原始信仰、风俗和礼仪的形成，奠定了日本文明的雏形。

这只绳纹罐时间可以追溯到公元前 2500 年左右。陶器和该时期都取名于陶器放入开放火堆烧制前，利用细绳或植物纤维来修饰湿黏土容器时所留下的图案。早期的绳纹陶器可能是由女性所制作。

话说世界

自弥生时期起，氏族领袖连同"三项圣物"——刀、镜子和宝石一起下葬。图中的青铜刀、青铜镜以及玉石，都来自此时期的一座坟墓。

古坟时代的日本

"弥生时代"在3世纪期间转变为"古坟时代"，这个略显怪异的文化得名于此期统治者大量修筑的"古坟"，这种前方后圆的墓葬形式以奈良县为中心，后来散布于北起福岛县、南至熊本县和大分县的广大地区，5世纪又传播到宫城县和鹿儿岛县。中国史籍《三国志》中记载当时日本有"邪马台国"，大致就处于古坟时代，该国以女主"卑弥呼"为首统辖着众多小国。"邪马台国"究竟地处何方，学界历来是众说纷纭，也有中国语言学家认为，"邪马台（Yamatai）"就是"大和（Yamato）"一词的转译。3世纪中期以奈良县为中心，逐渐兴起"大和国"，此后陆续吞并了许多小国，至5世纪成为日本最主要的政治体，统治者名号最初称"大王"，这是后来"天皇"的源头。

> 🦉 **知识链接：天皇的"身世之谜"**
>
> 天皇最初的来源究竟是什么？由于早期历史与神话混杂，导致天皇的起源扑朔迷离。而在当代日本，"天皇"不仅是历史，更是一种现实存在，"活着的历史"触及日本的民族感情。2015年曾有报道，称日本将开放皇陵以供研究，但宫内厅随即否认此事。英国媒休称，正是担心天皇的中国或朝鲜起源，从而彻底解构日本历史神话。

虽然有关天皇实际可靠的史料直至230年前后才出现，当时的崇神天皇号称第十代天皇。但是8世纪成书的《古事记》将建国历史一直推演到公元前660年，作为日本神话的一部分，"天照大神"的后裔神武天皇被看作是日本的首位天皇。"天皇"一词在文献中的出现要比实际存在的天皇晚很多，日本天皇名称最早的文字记载是天武天皇（673—686年在位）于681年颁行的《飞鸟净御原令》。当然也有人推断，674年唐高宗李治与皇后武则天改尊号曰"天皇""天后"，并称"二圣"，这对于日本君主采用"天皇"称号也颇有影响。

大仙陵古坟位于堺市，这座有钥匙孔形状的土墩，长约486米，宽约249—305米。

效法中国时期
从圣德太子 到大化改新

炎炎赤日当头照，萧瑟秋风席地梳。
奈良秋菊溢香馨，古佛满堂寺庙深。
——松尾芭蕉

一话一说一世一界一

日本民族一个鲜明的特征是，他们非常善于吸收外来文明，并且在为我所用之时，仍坚守自身的民族底色。这一方面是由于日本早期历史的单纯，无须承担太多传统的包袱；另一方面，独特的岛国优势使其文明自成一独立和谐的整体，而甚少与外部文明产生激烈的冲突。

飞鸟初期的日本

6世纪末7世纪初，日本的统治中心转移到奈良县的飞鸟地方（时称藤原京），此后直到710年迁都平城京，这段时期被称为"飞鸟时代"。从本质上说飞鸟时代以前日本天皇的权力还属于上古君权的范畴，天皇氏族只是当时统治日本的大小氏族中的盟主，天皇的家神被尊为国之神，所以天皇作为联盟首领对日本只有松弛而脆弱的控制，诸氏族首领拥有"大臣"或"大连"的世袭封号，皇族产业的各世袭职位被称为"伴造"。自4世纪以来日本人就漂洋过海入侵朝鲜半岛，随后一个世纪日本声称对半岛南端的许多国家拥有宗主权，或处于保护国的地位。

但是日本自有的古代君权并不能适应这种军事扩张，6世纪以来皇族为了侵略战争的需要，不断扩大在全国的直属领地，这些都以牺牲部落氏族的利益为代价。在朝鲜的军事行动往往需要地方贵族们承担大量负担，这种张力在战争顺利时

推古天皇在位时期将政事悉数委托于侄儿圣德太子，从而开始了最初的效法中国改革。图为推古天皇。

圣德太子向菩萨祈愿像。日本飞鸟时代视为皇族的人物，用明天皇的二皇子。天皇推古朝的改革推行者。

尚可控制，一旦战事不顺或者国力衰微，皇族与贵族的平衡就被打破。此时，日本朝中的革新派势力以苏我马子（551—626年）为代表，他和东亚大陆移民关系密切，故倾向于加强皇权以对抗守旧派勋贵，他在铲除物部守屋等守旧派后，扶持自己的外甥女额田部继位，此即日本首位女帝——推古天皇（592—628年在位）。

推古天皇堪称受命于危难之际，此时中国结束了南北朝的长期分裂，隋唐两朝相继崛起，缔造了强大的中央集权制帝国。在朝鲜，半岛南部国家新罗日渐发展壮大，不断驱逐日本在半岛的侵略军。新罗加强中央集权的同时，还对日本的盟国百济构成威胁。日本势力在半岛的消退，也使它无法与中国文明直接相连，国际地位和政治威信都衰退了。更为严重的是日趋失控的内乱，伴随着日本在朝鲜的失败，国内的贫富悬殊明显，而部民制基础下的氏族贵族，一方面疯狂掠夺平民的资源，另一方面对皇族也是叛服无常，社会经济受到极大破坏，民众的奋起反抗把古典日本逼到了绝境。

圣德太子的改革

每当国家陷于危难，总会有杰出人物挺身而出，力挽狂澜于既倒。圣德太子（574—622年）就属于这样的人物。圣德太子本为厩户皇子，其父用明天皇是推古女皇的同母兄，推古女皇即位后就

知识链接：苏我马子擅权干政

苏我马子是大臣苏我稻目之子，长期与守旧派代表、大连物部守屋争权。587年用明天皇去世，物部守屋欲拥立穴穗部皇子即位，苏我马子抢先奉敏达天皇皇后诏，迎立用明天皇之弟崇峻天皇继位。但崇峻天皇不满于苏我氏专权，欲摆脱其操控，结果苏我氏又杀掉崇峻天皇，另立推古天皇。

立他为皇太子，并委以摄政。"圣德太子"乃是德称，以示其"聪慧，治政英明"，在推古朝圣德太子代表女皇成为实际执政者。圣德太子十分仰慕中国的海内一统，隋炀帝风行万里的汉家威仪更令他印象深刻，他决心以政治改革和文化吸收来建立天皇至上的中央集权国家。

603年，圣德太子制定"冠位十二阶"，与同期中国官制精神相一致。致力于人才的录用机制，不再以门第出身作为升降标准，而以才干和政绩作依据，抑制世袭贵族对政府的操控，以此加强天皇权威。604年他又颁行《宪法十七条》，综合了儒家伦理学说和中央集权帝制政府的理论，作为贵族和官员的行为操守准则。圣德太子不仅以制度创新强化皇权，更以道德说教巩固君主至上的意识形态。

他在外交方面也有重大举措。为更好地吸收汉文化，他一改历来从朝鲜间接引进的方式，直接派出遣隋使和留学生到中国，学习先进的典章制度和科学文化。607年遣隋使小野妹子向隋炀帝递交国书，内中以"日出处天子"指代天皇，谋求与隋朝的平等邦交，此举改变了过去对中国王朝的藩属地位。圣德太子还是日本佛教的真正奠基者，他颁行的《宪法十三条》中就提出"笃敬三宝"，于593

7—9世纪间，日本多次派出遣唐使赴中国学习先进的典章制度与科技文化，但是他们的活动并不局限于中国，朝鲜半岛的局势也在他们的观察之列。

年即兴建四天王寺，596年建成法兴寺，607年建法隆寺等重要佛刹。

大化改新的开始

圣德太子的改革集中于政府组织和意识形态，即所谓上层建筑方面，而要真正实现"帝道唯一"，还必须改造经济与社会结构。具体来说就是以班田收授制取代原来的部民制，消除贵族割据的社会基础，使之成为皇权国家的职业官僚，进而改变国家的本质属性，这一任务将由大化改新来完成。

大化改新（645—718年）以一场权力争夺为开端。自推古朝以来，苏我氏大臣渐秉国政，长期与皇族联姻从而操控历代天皇。苏我氏当年曾是主张汉化的代表，但他们作为士族豪强终究是天皇集权的一大障碍。645年6月12日，皇族实力派中大兄皇子发动宫廷政变，一举铲除了朝中

的苏我氏家族势力，从而掌握了政府实权，随后迎立孝德天皇（645—654年在位）即位，改元"大化"，从而拉开了大化改新的序幕。作为大化改新的幕后推手，中大兄以天皇名义发布了改新诏书，主要内容集中于四个方面：首先是理论上土地国有化，废除皇室和贵族私有土地和部民，收归国家所有；其

这是7世纪的木质面具，是日本演员在佛寺内表演的道具。

法隆寺，位于日本奈良生驹郡斑鸠町，是圣德太子于飞鸟时代建造的佛教木结构寺庙，如今是日本重要的历史文化古迹，同时在日本佛教史上也有重要地位。

次是改革政府结构，以京师和地方行政机构的划分打破氏族格局，地方设置国、郡、里三级，防务上以关塞、戍边军和驿站组成，均由国家任命长官；再次是仿效中国的编户制度，统计户籍和赋税账目，以此为班田收授的准绳；最后还以唐朝的租庸调制为日本的新税法。

新政在很长一段时间里都只停留于纸面，在地方推行时遇到了豪强贵族的激烈抵抗，苏我氏余党发动的叛乱被先后镇压。实际上改革方案自身存在不少问题，它在原则与细节上多是对中国体制的生搬硬套，忽视了本国的实际情况。短期内世袭贵族把持权力并不能有什么改观，所以依靠他们改革其效果自然大打折扣，大化改新的功臣之一苏我石川麻吕也因涉嫌谋反被诛。

改革方案自身的缺陷、执政者的好大喜功和地方豪强势力的激烈反抗，使大化改新一度陷于停顿。中大兄皇子于668年即位称天智天皇（668—672年在位），早年锐意进取的精神在这位中年天皇身上已所剩无几，加上此前日本在白村江战役中大败于唐朝，天皇更不愿积极过问朝政。以天皇之弟大海人皇子为首的改革激进派，受到保守派勋贵的排挤，于671年被兄长废黜了皇位继承权，结果不得不出走东国。672年天智天皇驾崩，眼见保守派将篡夺国政，大海人决定先下手为强，公然举兵清君侧引发"壬申之乱"。大海人仅用一个月就获得胜利并继任天皇，是为天武天皇（673—686年在位），又一次的权力争夺，才使大化改新得以深入推进。

8世纪初，日本出现了首批钱币。这种钱币制度是由中国流传到日本的。

奈良时代
日本律令制
国家的盛衰

盛年不再，倏忽此生；京城奈良，不见而终。

——《万叶集》

　　奈良时代（710—794年）对于日本的意义，就如同唐代在中国史上的地位，巧合的是前者在众多方面都受益于后者。奈良时代与唐代不仅是各自国家历史上的黄金时代，艺术审美领域也有种种相似，日本的盛世正得益于前期效法中国的"大化改新"。

律令制国家的全盛

　　所谓律令制就是以律令作为国家基本法制体系，这是东亚古代中央集权的统治制度，以中国唐朝为源头，后来传播到日本、朝鲜、越南、琉球等中华文化圈国家。日本奈良时代的繁盛辉煌是与律令制国家密不可分的，实际上可以说，日本最强盛的时代正是它效法中国最有效的时代；而武家政治兴起以后，日本与宋代中国的联系削弱，其吸收汉文化的能力急剧衰退，律令制国家也就逐渐崩塌了。

　　经历大化改新的深入推进之后，天武天皇于681年开始制定《飞鸟净御原令》，后经继任天皇的修订与补充，至701年（文武天皇大宝元年）形成《大宝律令》，将大化改新的成果以律令形式确定下来，也大致意味着大化改新的最终完成。该律令经718年（元正天皇养老二年）修订扩充，形成定本《养老律令》。凭借这部根本大法，日本构建了以天皇专制主义为宗旨、以唐代中国为典范的律令制国家体系。710年，以唐代长安为摹本的平城

京（即奈良）落成，天皇宫廷迁都于此，从而成为日本历史上第一个永久性的都城。伴随着律令制国家的发达，日本的国力也逐渐鼎盛，奈良时代日本的版图急速扩张。在本州东北部征服了一度十分强盛的虾夷，因其故地设置"出羽国"隶属东山道。出羽国至太平洋之间地方为陆奥国，日本在此设立了多贺城，从此拥有了持续向北海道方向扩张的据点。往西南方向日本吞并了九州南部隼人的地盘，

位于日本奈良药师寺的佛塔，从建筑样式中可看到唐代风格的明显影响。

奈良时代是日本史上少有的天皇权势如日中天的时代，这也是一个女皇辈出的时代，共有四代女天皇掌权约 30 年。尤其是孝谦天皇（749—758 年在位、764—770 年复位为称德天皇）受到僧道镜的操纵，僧道镜利用天皇的宠幸晋升法王甚至觊觎皇位。孝谦天皇死后，僧道镜很快就倒台，此后 900 多年间不再立女天皇。

北海道对于古代日本来说是一衣带水的蛮荒之地，日本本州岛东北部历来是与北海道虾夷作战的前沿阵地，在屡次扩张中虾夷人逐渐与大和族融合，但仍保持着自身特色。

设置萨摩和大隅两国尽分其地。为了实现对地方的有效控制，以首都平城京为中心，分别向各道修建了交通干道，各道之间也有道路相连，这对于巩固统一有着重大意义。

律令制国家的松懈

大化改新虽然缔造了日本古代史的辉煌，但是危机同样肇始于改革自身的弊端。大化改新的举措并不是日本土生土长的环境中凝结出的果实，它更多的是出于统治者的意志和对唐代体制的模仿，这种模仿从理论到实践层面的确进行得很彻底，但是短短一个多世纪并不能改变日本经济社会的固有结构。过去的那些世家大族绝不甘心于丧失部民和土地，因为只消中央权威松懈，他们就千方百计地贪求资源，随时准备从公家的手中夺取纳税土地。另一方面平民也并没有从律令体制中受益太多，因为新的税收往往缺乏弹性且负担沉重，致使许多农民为税收所累，濒于破产，所以他们都倾向于将自己纳税的公田转为私人所有的庄园照管。这两个方向的趋势几乎主导了数世纪日本的经济史，也成为解

释日本政治史的有力根据。

所以就不难理解为什么到 8 世纪晚期，律令制国家的威力大不如前了。大化改新在前期的确曾将土地收归公有，从而释放出强有力的生机。但是却抵不住土地私有化的总体趋势，因为土地私有绝不是某一阶层或某一集团的一厢情愿，它本身就是社会经济发展的内在规律。不过，在光仁天皇（770—781 年在位）和桓武天皇（781—806 年在位）时期，他们还是致力于挽救这种颓势，这在一定程度上延缓了律令制国家的崩解。

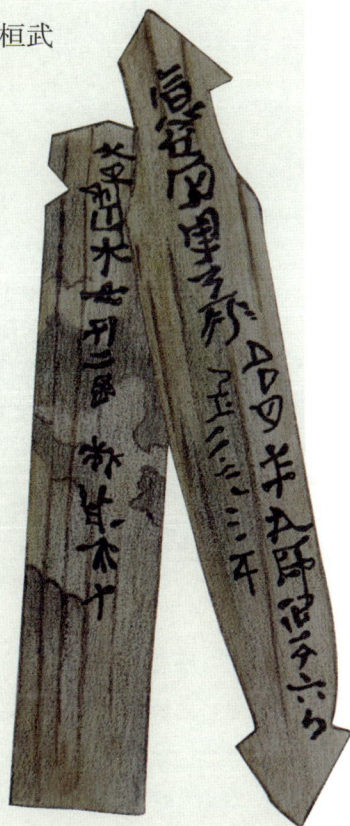

把这种木牌插在已被征收的物品上面，以此表示国家的征税。

平安时代不平安
"摄关"与"院政"的兴替

京城之中歌舞升平，远方国土武士驰骋。外戚摄关，上皇院政，武家崛起的背后充斥着血腥与暴力。

日本历史似乎与中国历史走着完全相反的轨迹，当中国沿着战国、秦汉、南北朝、隋唐一统的路线前行时，日本却先是从奈良的统一到南北朝，继而又走向战国时代。一衣带水的邻国却有着如此迥异的历程，而这种反差从平安时代就初现端倪：平安时代不平安。

"摄关"与"院政"

794 年，桓武天皇将都城从长冈迁到平安京，他原本希望通过新都为律令制国家赢得新生，毕竟政治和经济上的新起点也很重要，此后直到 1868 年日本京城都在这里，从而有了一个更为人所知的名字——京都。从迁都平安到 1185 年镰仓幕府建立，这段时期以平安时代命名。不过，有几种因素加剧了这个时代的不平安。

早在奈良时代，藤原氏就成为朝中首屈一指的实权派，其先辈是大化改新的功臣中臣镰足，他因功高被天皇赐姓藤原氏。藤原家不仅权倾朝野，而且支系繁杂，藤原不比等（659—720 年）诸子于 8 世纪后期形成了南家、北家、式家、京家四族，时人称之"藤原氏四卿"。南家的首领藤原仲麻吕（706—764 年）更是排斥皇族，成为第一个非皇族出身的太政大臣，但最终唯独北家胜出。藤原氏以外戚干政，为所欲为，二后并立，四女三妃。858 年后诸天皇多以冲龄即位，多由藤原摄政，及长则藤原改任关白，从而牢牢掌控中央权力，由此形成"摄关政治"，颇似于中国东汉章帝以后外戚干政故事。

此间天皇绝不甘心做被玩弄于股掌之间的傀儡，1068 年后三条天皇（1068—1073 年在位）亲政，开始打压藤原氏，其后的白河天皇在位 13 年后将皇位禅让于皇太子，自己则出家为僧，号称"法皇"（即出家的上皇），他另立院厅继续执掌朝政 40 余年。后来的天皇多遵循此传统，提前禅位于新皇然后退居幕后，以上皇身份主持大局，形成了上皇的"院政"与藤原氏"摄关"对抗的格局。

藤原道长（966—1027 年）是藤原家实力的重要奠基者，他最为有名的事迹是一家立三后，三个女儿——藤原彰子、藤原妍子与藤原威子皆为皇后。因为三个女儿都嫁给了天皇，藤原道长掌握了极大的权势。

平安时代武士。平安时代是日本天皇权力下降的时期，不仅朝廷公卿开始侵夺皇权，地方武装力量也开始染指中央权力。

武家势力的崛起

院政形成之后对藤原家的摄关政治产生冲击，但与此同时另一大势力也逐渐崛起，并且将主导日本数个世纪的历史，这就是武士阶层。武士的兴起也是日本进入中世纪的标志，因为无论在西欧、东欧还是日本，骑士或武士集团都构成封建制度最重要的社会基础。而武士的兴起则与律令制崩溃、地方豪强日益做大的趋势紧密相关。

律令制的松懈在奈良晚期已很明显，到了11世纪公卿贵族将公地转为私人庄园的现象更为普遍，此时天皇已经无法控制局面的恶化，所以与其让地方领主割据自立，不如由天皇将土地分封给自己人——皇族、同系的公卿或者佛寺，实际上开始了类似于西欧的分封，这在日本称为"知行国"。最初受封国的多是上皇或者女院（即皇太后或皇太妃），后来扩展到许多皇室宗亲和关系较近的公卿。但这种分封并不是"实封"，而更近乎中国所说的"虚封"，即国主仍在京都，只是享用封国的赋役租税而已，结果知行国并没有遏制地方豪强的势力，反而更加剧了公权力私有化的趋势，导致中央日益丧失对地方的控制，而豪强领主们出于保护产业、扩展实力的需要，逐渐培养起一支专事武力的扈从队伍，这些武士们与贵族豪强结成了主从式的军事团体，在未来政治史上扮演越来越重要的角色。

一位朝廷官员（右边坐者）被藤原氏放逐。这就是胆敢质疑藤原氏统治的后果。

武士入京都
日本幕府时代的开启

骄者难久，
恰如春宵一梦；
猛者遂灭，
好似风前之尘。

——《平氏物语》

　　并不平安的"平安时代"到1185年走到了尽头，代之而起的是一个武士占据舞台中心的时代——幕府时代，从12世纪至19世纪，幕府将军成为日本的实际统治者。尽管有着南北朝和战国的分裂混战，但是将军而非天皇总是各派的争夺对象，这主导了近代以前的日本史。

武士入京：镰仓幕府前传

　　虽然将军的幕府驻扎于镰仓，但是这不影响他们对京都朝廷的控制力，这个仅次于奈良和京都的日本古都，是武家政权的摇篮。1185年源氏武装在坛浦之战中最终击败平氏，其首领源赖朝（1147—1199年）成为全国的实际统治者，1192年他的地位正式受天皇承认，这一年他当上了"征夷大将军"，预示着幕府时代的来临。

　　坛浦之战只是长期的武装冲突的结局，源氏与平氏两大集团的对抗肇始于平安时代。889年，桓武天皇的一个曾孙被授予姓氏曰"平氏"，通常只有支系较远、由皇族降为臣籍的后裔才会另获姓氏。"桓武平氏"成为后来平氏武家政权的源头；源氏的始祖是清河天皇（858—876年在位）的后裔，他们在摄关政治时代曾是藤原氏的得力助手。后来发展壮大，不仅成为武士领袖，而且在地方上割据封国，自此成为"清河源氏"。这类人物的崛起称得上是因祸得福，他们与皇族的血脉疏远，被迫去京都以外

幕府将军石雕。幕府将军又称"征夷大将军"，其设立原本旨在对东北虾夷的征战，后来日渐成为武家势力的代表，对天皇权力形成严重的威胁。

的世界闯荡，他们与地方上方兴未艾的武士阶层合流，逐渐赢得了政治资本。

　　远走他乡的平氏和源氏，在摄关与院政的交替中向朝廷成功打了回马枪，在他们身后是纵横沙场的武士集团。1167年武家平氏的首领平清盛（1118—1181年）进京任太政大臣，此为他们控制朝廷之始，甚至一度在京都建立了平氏政权。不过1181年平清盛死后，平氏逐渐式微，遂有1185年作为"源平合战"终曲的坛浦之战。

以下克上：镰仓幕府的权力转移

　　源赖朝立为征夷大将军后，朝廷内外大事皆决

图中所绘人物为镰仓幕府的实权派北条时政，他正在向海中的神灵祈祷。

知识链接：何谓"御家人"？

简单来说，"御家人"就类似于西欧封建时代的封臣，他们从将军那里取得官职和庇护，称为"御恩"，作为回报他们必须对将军宣誓效忠，承担贡役，此为"奉公"。御恩和奉公确立的主从关系，就是所谓"御家人制度"。当然，并不是所有武士都是御家人，也有作为普通民众而非幕府系统的武士。

于幕府，镰仓取代平安京成为"无冕之都"。随着幕府将军政治、军事权力的扩展，幕府自身的组织结构也开始完善。幕府下设政所、侍所和问处所，分掌全国政治、军事与司法政务。不过这种组织结构在源氏统治下很快就产生了问题：源赖朝在1199年早逝，幕府将军尚未巩固自身的地位，就面临着政所长官北条时政（1138—1215年）的威胁，此人是源赖朝的岳父，也是其霸业的重要干将之一。北条时政之女、源赖朝正妻北条政子更是巾帼不让须眉，时人称之"尼姑将军"。源赖朝死后，作为幕府的实权派人物北条攫取了政治权力，其子北条义时更是兼掌军权。从此以后，北条家族把持实权与镰仓幕府相始终，幕府将军渐成傀儡。于是非常讽刺的是，将军在将天皇变成木偶之后，随即他自身也成为北条家的木偶，这种层层相叠的"以下克上"大抵是封建时代日本的常态。

镰仓幕府时期，律令制国家的崩解已成排山倒海之势，公权力的私有化至此基本完成。为了控制全国，将军以"御家人"充任各国各庄领的长官，实际上取代了先前公家任免的国司与庄官。这些武士构成的御家人逐渐把领国和庄园变成私人产业，形成了封建社会的军事贵族阶层，后来战国时代大出风头的守护大名多出自于这些军事贵族集团。

源平合战标志着源氏取代平氏成为主导性力量，开启了后来幕府体制的基本格局。

武士的全盛时代
从室町幕府到战国时代

武器本身不足为惧，恐惧的是武将的武艺；
正义本身不足为惧，恐惧的是煽动家的雄辩。

——芥川龙之介《罗生门》

对于日本武士们来说，太平盛世绝不是什么好事情，那意味着刀兵入库、不再有用武之地了。14世纪，日本武士阶层迎来了黄金时代，这是一个分裂、割据、混战的新纪元，全国几乎所有大小领主都在旷日持久的战争中诠释着"武士道"精神。这个时代以天皇失败的复辟而开篇。

杀回京都：室町幕府之建立

来自北方草原的蒙古人，在 13 世纪中叶征服了中国之后，对一衣带水的日本虎视眈眈。元世祖忽必烈在 1274 年和 1281 年两次泛海入侵日本，虽然没有实现征服日本的目的，但是却极大地削弱了镰仓幕府的统治。一方面是因为蒙古人入侵的国土在光复后被守护大名们占据，从而使幕府失去了西部国土；另一方面，对于反入侵战争中的英勇人物，将军缺乏酬劳他们的资本，结果武士贵族们日益不满于北条氏政权。更有不少武士和寺僧倒向宫廷，这给了长期被架空的天皇以复辟的希望。1331年，精力充沛、富有才干的后醍醐天皇（1318—1339 年在位）在保皇派武士和京都寺僧的支持下"倒幕"，对北条氏战而胜之，1333 年复辟改元"建武"，此即"建武兴中"。

遗憾的是后醍醐天皇并未正视政治和经济的现实，他的一系列举措很快引起不满。而且，在一个武士贵族崛起兴盛的时代，他却安排自己的儿子担任征夷大将军，这无疑给各路勤王之师大泼冷水，须知这些人的到来恰是为了幕府将军之权位。结果这批勤王之师的一员、先前由北条氏招来的足利尊氏（1305—1358 年）发动叛变，起兵反对后醍醐天皇，后者仓皇逃出京都。足利尊氏就成了京内的

蒙古人对日本发动了进攻，兵分海陆两路对日本形成了威胁，画面中表现的是一位日本武士正在与蒙古军队作战。

后醍醐天皇在位时期曾一度击败了北条氏的幕府势力，短期恢复了天皇权力，但由于政策失误和局势误判，很快又再次引发武家夺权的祸乱。

实际统治者，虽然 1338 年他才自立"征夷大将军"，但其实 1336 年新的幕府就已建立，从此进入室町幕府时代（1336—1573 年），这得名于将军在京都室町街设立的幕府。

南北并立：一天二帝南北京

空町幕府迁回京都，似乎对朝廷的掌控力将得到强化。而实际情况却是，与之前的镰仓幕府相比，新幕府在稳固权力和改善体制方面要失败得多，因而可以说镰仓幕府多少保留了中国武将专权的色彩，而室町幕府则是不折不扣的日本封建特色。这首先就体现在，室町幕府甫一建立，日本朝廷就开始了大分裂。1336 年后醍醐天皇被足利尊氏赶出京都之时，随身带走了日本版的玉玺——三神器，他逃到了京都以南的吉野地方，并在当地另立朝廷。同年，足利尊氏在京都迎立皇族远支登基，是为光明天皇（1336—1348 年在位），从此

日本朝廷一分为二，史称"南北朝时期"（1336—1392 年）。

后醍醐天皇在南方分庭抗礼的同时，原先支持复辟的武士贵族如白畠氏和楠木氏等家族成为朝廷砥柱，并以各自所率武装力量护卫天皇正统。后醍醐天皇死后，他的儿子后村上天皇（1339—1368 年在位）与两个孙子长庆天皇（1368—1383 年在位）、

足利尊氏不仅是骁勇善战的武士，而且是经验丰富的政治家。

后龟山天皇（1383—1392 年在位）相继在位，与北方朝廷对立。就如同中国的南北朝一样，当北齐高欢说南梁武帝"专事衣冠礼乐，中原士大夫望之以为正朔所在"之时，在日本或许有着相似的情节。虽然占据京都的是实权派将军足利尊氏，但是天皇所居才应是正朔所在，它始终是吸引相当部分武士贵族忠诚的核心，这也是南朝能挺立近 60 年的重要因素。在此期间，北畠亲房曾撰写《神皇正统记》，以示南朝之正统地位，这部书在塑造日本民族认同和爱国情怀方面，有着里程碑的意义。不过，这也没能阻止南北统一，就像在中国南朝终究为北方所统一那样，1392 年南北朝廷议和实现了统一，南朝后龟山天皇交出了三神器之后，隐居于京都大觉寺。

战国时代：肇启封建无政府状态

1467 年"应仁之乱"爆发，当时的人们无从知晓它将成为百余年全国大混战的序曲。从 1467 年至 1573 年间日本的封建无政府状态，像极了 15 世纪英国的玫瑰战争，几乎所有世家大族都参与到角逐之中；从时限和破坏程度来看，它又更像英法百年战争，国土荒废，生灵涂炭，京都更是化为一片焦土，几近夷为平地。

1467 年开始的十年"应仁之乱"，肇始于室町幕府第八代将军的继承问题，而背后则是幕府内部不同武士集团之间的争权。以山名宗全（1404—1473 年）为首的势力，和以细川胜元（1430—1473 年）为首的集团展开了激战，他们各自都在

室町幕府时期的日本武士出行。绘于 1538 年。

1467 年，为幕府继承权的争夺，两个封建领主在京都爆发内战，战争持续 10 年，史称"应仁之乱"，以此昔日幕府权力盛世一去不复返了。

地方上兼有数国统治权，而且在幕府内的权位也致使他们在将军继承问题上激烈斗争。由于细川胜元的东军初期受到天皇和幕府将军的支持，兵锋甚锐，山名氏不得不收缩战事，但是很快山名宗全获得了西部诸国的支援，遂转被动为主动，又迎立新任将军与京都对抗，结果战事遂成胶着状态，至1477年早已精疲力竭的双方决定停战。

如果认为应仁之乱使战局出现一段落，那就大错特错了，可以说应仁之乱实际上是冰山一角：它既能让人看到矛盾的表象，又遮蔽人们观察本质的视线。自从室町幕府成立后，将军就倚重亲信和同族作为其统治全国的助手，这些武士集团成为各国的守护，除掌理政治和军事大权外，领地内的司法、财政和赋税诸事也悉归之。南北朝时期更是守护们扩张自己实力的大好时机，武士的生命力就在于永不停歇的战斗，两朝廷之间的彼此攻伐自然为他们提供了大显身手、培植羽翼的机会。正是在室町幕府时期，许多身兼数国乃至十几国守护的"大名"出现了，他们名义上服从尊奉幕府将军，实际上是各行其是、各自为政的。将军在很大程度上只是各地守护大名的松散联盟，这是室町幕府的一大特色，也就成了南北分立和战国混战的深厚社会基础。所以，只看到应仁之乱这座"冰山"，就无法理解水面之下封建时代的日本，此后延绵无绝、打打停停的无政府状态，其实恰根植于这种社会土壤之中。

不过，一个阶层的辉煌时代正是其走向衰落的转折，当初穷兵黩武的武士们纵马驰骋之时或许未曾想到，作为一个整体他们将在百余年混战中衰落。因为伴随着战争的破坏和社会秩序的松动，"下克上"现象逐渐溢出了统治阶层的范围，而成为一种全社会性的流动，越来越多的民众从束缚中解脱出来。商品经济的发展也使武士贵族往日的风

光褪色，许多中小武士逐渐分化甚至破产，而战争中发迹的许多大名成为权倾朝野的霸主，奠定了未来日本政坛的格局。织田信长、丰臣秀吉和德川家康正是从战火中锻造出的人物。一将功成万骨枯，武士出身的他们之崛起，却以武士阶层的整体衰落为代价，伴随着武士集团盛期的结束，日本历史的新阶段即将来临。

大名。其名下拥有世袭的大量土地庄园，同时还通过军队维持本地区的社会治安，因而实际上成为日本的地方诸侯。

人文地理

不为人知的新世界
美洲太平洋文明

15 世纪末以前，美洲大陆与世界文明发达地区隔绝，而且住在美洲各地区间的民族缺乏联系，所以美洲社会历史的发展远远落后于亚欧大陆。

探寻美洲和大洋洲原住民的渊源，将勾勒出一幅原始人在全球范围内迁徙、繁衍和扩展的图景。然而直到今天为止目标还远没有完成，因为这是地理学、气象学、生物学、人种学、文化学、历史学和古生物学等等众多学科的综合性研究，任何领域的研究进展都能使这个任务推进，但似乎又无法穷尽其疑问。

美洲与大洋洲的地理划分

我们今天谈论"北美洲""拉

墨西哥是拉丁美洲第三大国，位于北美洲南部，拉丁美洲西北端，是南美洲、北美洲陆路交通的必经之地，素称"陆上桥梁"。墨西哥气候复杂多样，由于多高原和山地，垂直气候特点明显。因墨西哥境内多为高原地形，冬无严寒，夏无酷暑，四季万木常青，故享有"高原明珠"的美称。

丁美洲""大洋洲"等等概念之时，都是就近代以来的话语体系而言的，具体来说就是地理大发现之后，欧洲人强加给这些土地的名称。这并不是因为美洲和大洋洲原本没有名称，而是因为记载着它们名字的文明早已湮灭无闻了。对于大洋洲来说，这点尤为明显，因为直到欧洲人到来之前，这里的族群甚至还未进入文明叫代。

划分北美洲和南美洲更多的是地理意义上的区分，而拉丁美洲的概念则更重于文化意义。与现代美国的地位完全相反，在西方人发现美洲之前，现在叫美国的地方并不是美洲本土文明的核心区。当时的美洲文明中心在墨西哥和秘鲁两地——当然是以现代国名而标志地点的。美洲大陆的巨型体量，足以令欧洲人震惊，因为它的地理规模的确使人类空间增长了一倍。南北纵贯美洲大陆的科迪勒拉山系，是与横贯亚欧的阿尔卑斯山—喜马拉雅山系并称的两大山系。它由北美的落基山脉和南美的安第斯山脉组成，中间在墨西哥境内接合。这个山系不仅是地理上的奇观，也是美洲原住民迁徙繁衍、创造伟大文明的主要路径。

大洋洲的形式则要简单许多，除了澳大利亚和新西兰之外，它基本由一系列群岛组成。巴布亚新几内亚、美拉尼西亚、密克罗尼西亚和波美拉尼亚

这一幅玛雅壁画描绘的是一群被他们的守护神"黑蝎"（位于中央的黑色形体）所庇佑的商人，他同时也被视为重要交易物品——可可豆的守护神。

是原住民主导的大洋洲群岛，此外还有几十个领地仍处于英法等国的治理之下，这实际上是殖民体系的最后残存。

美洲原住民的来源和成分

美洲的原住民主要是印第安人和爱斯基摩人，大约在威斯康星冰期的后期，他们的祖先从亚洲迁移到了新大陆。印第安人的到来约在四五万年前，他们从亚洲东北部、今俄罗斯最东端越过白令海峡到达阿拉斯加，当时白令海峡之间有大陆桥相连。即便在今天，白令海峡的平均宽度约 65 千米，最窄的地方宽度仅有 35 千米，中央的海面上还有克拉特曼诺大岛和克鲁逊什特恩岛两个岛屿，它们之间距离约 4 千米。而白令海峡的水域深度也很有限，最深处也不过 52 米，这说明海平面变动对大陆桥的影响极大。而在威斯康星冰期晚期，据推测海平面曾下降 130—160 米，肯定会形成一个宽度和高度都相当可观的大陆桥。因而不仅人类可以由此迁徙，就连许多亚欧大陆的动物也由此迁徙到美洲。

后来位于今加拿大境内的冰原融化，使得落基山脉以东成为可通行的地带，这些亚洲移民就沿着落基山脉自北向南迁徙，越来越多的人汇聚于北美大陆。一部分人停留于当地，成为北美最早的印第安人居民；另一部分人则继续南行，越过中美洲进入南美大陆，大概在距今 1 万年前的时候分布于南美洲各地区。爱斯基摩人来到美洲的时间要晚于印第安人，可能由于在亚洲时他们的起源就有区别，所以进入美洲以后，爱斯基摩人主要定居在纬度较高的北美洲和北极圈内，他们的经济活动也和印第安人不同，以捕鱼和狩猎为生。

跳舞的爱斯基摩女人。爱斯基摩人又称为因纽特人，生活在北极地区，分布在从西伯利亚、阿拉斯加到格陵兰的北极圈内外，分别居住在格陵兰、美国、加拿大和俄罗斯。属蒙古人种北极类型，多信万物有灵和萨满教。

美洲之心
玛雅人的
国家与文明

我们正是没人猜测的谜。我们是困陷于自身形象中的童话。我们是那一直在前进而未曾抵达理解的东西。

——乔斯坦·贾德《玛雅》

在与世界其他地区完全隔绝的情况下，玛雅人在3000年中创造了人类独一无二的文明。玛雅文明并非简单的地区文明范畴，它甚至为人类世界提供了另一种可选择的文明形态。非常遗憾的是，16世纪以后玛雅文明几乎荡然无存了。

玛雅人的国家

作为颇具流动性的族群，美洲印第安原住民的活动范围处于变动之中，玛雅人的活动范围大致在今天的墨西哥南部、危地马拉、洪都拉斯和萨尔瓦多等国家。自公元前16世纪，玛雅文明进入了形成时期，玛雅人独有的文字、历法、建筑式样均在此时奠定。公元前后的几个世纪中，玛雅文明进入了较为繁盛的时期。通常而言，城邦的出现可以作为一种文明成熟的标准之一，此时在玛雅人活动的尤卡坦半岛南部靠近佩腾·伊查湖附近的区域，最早的城邦形成了。公元1000年之前，

玛雅没有金属工具，工匠使用石质工具雕刻石头。这个玉质面具所戴的是玛雅典型的庆典头饰，包括极重的耳塞。

玛雅人正值其文明的鼎盛时期，从保存下来的文字中可知，当时玛雅人的城邦数已经超过100个，在今天的洪都拉斯西部有科潘，危地马拉境内有提卡尔，墨西哥东南部的则是帕伦克城。这是玛雅文明高度发达的有力证据。

不过，从11世纪开始玛雅人似乎经历了一次文化转型时期，尤卡坦半岛南部的城邦日趋衰落，他们的活动逐渐往半岛北部滨海地区集中。除了与南部城邦同样悠久的奇钦·伊查之外，11世纪期间还形成了许多新的城邦，玛雅潘和乌斯马里为其首要者，此后一直到15世纪玛雅人的重心都集中于半岛北部。有人推测，玛雅人的族群名称，就来自于当时他们最强大的城邦——玛雅潘。不过有一点值得注意的是，玛雅人即便在其最强盛的时候也没有形成统一的国家，而是分裂成许多政教合一或者寡头治理的城邦，这与其他印第安文明区别明显。

高度发达的玛雅文明

玛雅人与其他美洲原住民的另一大不同之处在于，它是唯一有文字记录留存下来的族群，这使今天重新梳理玛雅文明史成为可能。玛雅人在建筑、艺术、数学、工程学和天文学等方面有着相当的高度，即便在它与世界刚发生接触的时代，其文明也处于较前列。玛雅人的文字与数学发达，使他们所

一系列难解的玛雅象形文字雕刻

🦉 **知识链接：玛雅人的预言**

玛雅人将所有历史分解成五个太阳纪，第一是马特拉克堤利，它由一场洪水暴发而终结，有人认为这就是诺亚方舟的故事；第二个是伊厄科特尔，被"风神"吹得四散零落；第三个是奎雅维洛，因天降火雨而步向毁灭之路；第四个是宗德里里尤，是在火雨的神庙下引发的大地震灭亡，而所谓"2012世界末日"就因为第五太阳纪将要来临。

编订的太阳历比儒略历还要精确，以365天为1年，1年分为18个月，每月20天，另外多余的5天成为无名日。玛雅人将无名日看成是神灵交接的时期，所以为避灾消难，应该斋戒祭祀。

今天，玛雅文明遗存给人印象最直观的就是建筑遗址，他们的庙宇和其他主要建筑都是以巨石和胶泥构造而成，建筑的外立面用带雕刻的石块进行装饰，内部的石砌通道自成体系，相当严整。奇钦·伊查的天文观象台就是玛雅建筑遗存的代表，在高达两层的台基之上，耸立着圆形建筑，内部的石道和回廊结构清晰。更为著名的则是卡斯蒂略金字塔，它雄居奇钦·伊查城正中间，是为羽蛇神而建的神庙。金字塔的地基呈方形，四个侧面有清晰的垂直阶梯，直至顶端的庙宇，这种在金字塔顶加盖神庙的设计是中美洲文明的一大特色。

直至今天，玛雅人并没有完全消失，在今天的尤卡坦半岛仍生活着约300万现代玛雅人，许多人相信玛雅人的消失主要是指，作为一种文明的玛雅文明已经衰亡，而玛雅人却没有完全灭绝，他们与新来的族群融合后延续下来。

图为绘有代表玛雅历法之象形符号的祭瓮

太阳神的后裔
阿兹特克帝国

> 我熟悉首都的天空，它像阿兹特克人使用的小锅，热气腾腾，不可触及。
>
> ——罗贝托·波拉尼奥
> 《护身符》

在讨论美洲文明的语境中，"帝国"一词必须在其最宽泛的意义上才能适用。作为一支独立发展甚至没有文字记录的文明，称阿兹特克为"帝国"更多是外在形态的相似，以及人们有限的推理。虽然没有文字遗存，但是阿兹特克却有着区域性国家的历史。

阿兹特克人之建国

阿兹特克人原本是纳胡亚人中的一个部落，他们与托尔托克人属于同源。最初的阿兹特克人分布在今天墨西哥的西北部，大约在12世纪他们开始了往南方的迁徙，这也是大多数印第安人的共性。不过，即便是在墨西哥境内，这个迁徙的过程也是

相当漫长的，一直到两个世纪后他们才终于在墨西哥盆地再次定居下来。1325年到达铁希戈戈湖之后，他们在湖面上建立了特诺奇蒂特兰城，这座人工岛成为后来墨西哥城最早的源头。

关于阿兹特克人的迁徙，传说中都认为，太阳神（兼战神）休伊特齐洛·波齐特利曾启示阿兹特克人，只有看到一只鹰站在仙人掌上面咬啄一条蛇，才能确定那里是他们要定居的地方。所以太阳神的祭司们带领部落寻找住所，才会费时两个世纪之久，而特诺奇蒂特兰所在的位置，正是他们发现神启景象的地方。一直到今天，墨西哥的国徽上依然还有鹰啄蛇的纹章，这是对早期历史记忆的致敬。

早在阿兹特克人到来之前，与之同源的托尔托克人就已经来到这块土地，所以两个族群在此又重新融合。阿兹特克人在当地的发展相当迅速，他们通过与特斯科科人、特拉科班人结成占优势的政治军事联盟，不断扩张并占据新的地盘，其势力范围逐渐扩展到从墨西哥湾至太平洋沿岸的墨西哥中南部，而且还在中美洲建立了移民居留地。16世纪初，特诺奇蒂特兰城的人口已有约6万户，这在同时代各文明中也是相当庞大的体量。而人们对阿兹特克帝国总人口的估算，大约为500万左右，统治这样庞大的国家，依赖于权力集中的政府，其君主通过选举产生，同时还存在着复杂的官僚机构，中

这幅由迭戈·里维拉创作的壁画，再现了古代墨西哥城（特诺奇蒂特兰城）的阿兹特克人生活场景。

图为历法石，反映了阿兹特克历法中时间循环流动的观念。

知识链接："浮园耕作法"

阿兹特克人的伟大技艺是"浮园耕作法"，在芦苇编成的框架上填充泥土，使其浮于水面，然后在上面种植各种作物。随着植物生长，各种根茎的发达逐渐使芦苇水筏固定。同样的办法甚至被用来建筑城市，比如阿兹特克帝国的首都、墨西哥城的摇篮特诺奇蒂特兰也是参考了这种办法。

央委任各省长官，配以组织完善得体的司法体系和军队，这一切构造在蒙提祖玛二世的时代（1502—1520年）进入全盛时期。

部落的进攻，城内还有各种巍峨的神庙、金字塔和宫殿，从远处望去颇为壮观。

阿兹特克文明

16世纪初阿兹特克文明发展到全盛期，只是毁灭也来得非常快，西班牙人到来之后，阿兹特克文明在他们的强盗行径之下，很快归于灭亡。不过，即便这个古老帝国正在逐渐被人们遗忘，它在文明史上的地位却从未受过质疑。与玛雅人一样，阿兹特克人的建筑、数学、天文学和艺术都很发达，尤其是建筑的成就与同时代其他文明相比犹有过之。

阿兹特克人的首都特诺奇蒂特兰，简直是一座梦幻般的城市，其独特形态与巴比伦"空中花园"相比亦毫不逊色。位于铁希戈戈湖中央的城市被划分为4个区域，每个区域由5条街组成，这可能与当时阿兹特克人的部落构成有关。随着人口增加，早期的城市规模已不适应，于是又在人工岛的周围新建许多建筑和公共设施，这些后建的部分与中央岛连接起来，从而形成威尼斯水城般的街景。为了实现与陆地的连接，有3条10米宽的土路发散至湖边，并用石水槽供应用水。这些道路不仅是与周边地区连接的要道，其上还设有吊桥可以防止敌对

《门多萨手抄本》中的一页。这是一本16世纪西班牙人的手抄稿，记录了阿兹特克人的习俗，此页内容记载了女孩被教导烹饪以及编织的技巧。

安第斯山间的古文明
印加帝国

正好有一天，创世主帕查卡马克来到这里，心血来潮，便随手造就了第一批人类以及飞禽走兽。

——印加神话

就在玛雅人与阿兹特克人在中美洲绽放文明的花朵之时，印第安人的另一些部落则在南美洲安第斯山区发展出同样灿烂的文明。印加帝国，由于其独霸南美洲的特殊地位，也由于其国力的强盛，成为西班牙殖民者遇到的最强劲的原生文明。

印加人国家的形成

早在印加人建立国家之前，分布于太平洋沿岸和山区高地之间的部落就已经创造出成熟的文明了，这些部落包括奇穆、纳斯卡、帕查卡马克和蒂亚乌亚纳克等等。12世纪，操奇楚亚语的印加人到来后继承了这些早先成熟的文明，并且将其影响范围扩展到更广阔的区域：从今天的厄瓜多尔到智利中部的沿海地区，同时还向内陆延伸。印加人以

黄金与绿松石制成的人像，是奇穆部落祭祀用的刀柄。

秘鲁南部的库斯科城为首都建立了国家，但是他们扩张的脚步却没有停止。15世纪他们持续征服了周边许多部落，西班牙入侵之前印加帝国的边界已是东至亚马孙河热带雨林，西濒太平洋，南达智利的马乌莱河，北抵厄瓜多尔北境，相当于今天的秘鲁、厄瓜多尔全境和智利北部、玻利维亚和哥伦比亚局部地区。

在印加帝国的广阔疆域内，生活着约1200万人，他们主要是奇楚亚人、艾马拉人、莫奇卡人、普基纳人等部落。在这样的大国内，统治结构的运转依赖于权力的集中，印加人自然是帝国的统治族群，他们的统治方式是一种父权制的、严格遵循集体主义的神权政体。印加帝国不仅以其广袤领土而著称——实际上它有"塔宛亭苏"之称，意谓"四方之国"——而且帝国的统治者也是强大而有力的。伟大的印加征服者胡亚伊那·卡帕克的长期统治一直延续到西班牙人到来之时。在行政制度方面，印加人与阿兹特克人很接近，也是将全国划分为若干个省，省以下再设次级行政机构。而且遍布全国的驿站网络也给人以深刻印象，这对于实行有效的治理和防御战争入侵等等具有重要的意义。

印加帝国的文明

虽然印加帝国强大而富饶，但是他们文字记录的阙如，使他们的历史很容易淹没在历史长河之中。即便没有文字，印加人也有自己记录社会生活

一条"魁普"上的许多绳结和彩色绳串，记录了印加帝国详细且精确的政务信息，政府使者从偏远地区将这些"魁普"传送回首都。

的方式，那就是"结绳"记事。大致方法是在一条粗绳上系许多细绳，然后在细绳上结许多不同位置和颜色的结巴，而位置与颜色就作为具体事物的代表。印加人通过这种方式保管政府记录、保存传说并交流信息，由此可见，在印加帝国时代这种看似原始的记录方式，实际上需要高度的社会共识和观念整合，否则它是无法作为通行帝国全境的行为规则而存在的。

印加人的科学知识也达到了相当高度。他们在数学方面虽然不及玛雅人和阿兹特克人，但是库斯科的观象台则提示我们印加人的天文学水平，该建筑是用来观测太阳位置的，以此来厘定农业生产的节气和宗教祭祀的时间安排。天文学的发展与历法相结合，与玛雅人不同的是，印加人把全年分为12个月，每月30天，而以每10天为一周，多余的5天为半周，这更接近现代的通行历法。

印加人的建筑成就同样令

马丘比丘古城位于今库斯科附近，矗立在2300米的山峰上，其山川形胜直到今天依旧激动人心，它不仅是印加文明的重要象征，也是游人观光访古的胜地。

人惊叹，可引以为例者就是群山环抱之中的马丘比丘古城。马丘比丘古城位于库斯科西北75公里处，该城建立于2300多米巍峨陡峭的山脊上，周围是郁郁葱葱的热带雨林，居高俯瞰乌鲁班巴河谷。印加人认为从大地上切削石料是为不敬，所以建造城市所用的材料全部来自采集的碎石。即便如此，有许多部位连灰泥都没有使用，完全靠精确的切割堆砌来完成，石块间的缝隙还不到1毫米宽。这不仅是印加帝国时代遗迹中保存较完好者，而且还为进一步了解印加历史的考古科研提供了最佳资料。

文明之外的世界
大洋洲和
太平洋岛屿

没有远见，人就会迷失。

——毛利人名言

对于澳大利亚、新西兰和众多太平洋岛屿而言，"历史"和"历史学"几乎是完全不同的两种概念：他们有自己的历史，却从没有自己的历史学。大洋洲和太平洋群岛的所谓"历史"基本是西方人到来之后构建的，他们在殖民的同时也将土著的历史与人身一同消灭，以至于当地原住民自身的历史被涂改得面目全非。

澳大利亚原住民的来源

当然，所谓"原住民"也是一个相对的概念，澳洲本土最早的居民肯定出现在有历史记录之前，而我们所说的原住民，主要是指欧洲殖民者到来之前的本土居民。因此，既然这些原住民并非真的土生土长，那么其来源自然值得探究一番。最早的猜想是19世纪来到澳洲的英国人，当时他们看到澳洲原住民时，印象是他们与非洲人无论在肤色还是体型、习俗方面，都具有高度相似性。所以直观而言，澳洲土著似乎是从非洲来的。当然，亚欧大陆的一些最早民族来自非洲，这或许还是可以接受的；但是放在澳洲来看，这个猜测明显是经不起推敲的。在久远无考的年代，人类几乎不可能大规模地漂洋过海，除了陆地上的交往，根本不可能实现人种的重新分布。而且当时非洲的人口还远没有多到要离

开本土、另寻生存空间的程度。

直到20世纪，对于这个问题还是众说纷纭，考古学、人类学和文化学等学科都给出过自己的答案。比较普遍被接受的看法是，原住民在最近一次冰期来到澳大利亚，当时海平面较后来为低，东南亚和澳洲之间还有陆地相连，原住民能通过大陆桥和小片水域来到澳洲。冰期结束后海平面再次上升，澳洲大陆完全成为孤岛，从此走上独立的发展轨迹。还需要指出的是，土著原住民也并非单一成分，不同时期会有数量不等的各族群来到澳洲，从而与原先生活于此的人们融合，这就构成了英国人到来时所看到的那个社会。

太平洋诸岛的原住民

与澳大利亚相比，新西兰的原住民情况似乎明确得多。10世纪间，库克群岛和塔希提的波利尼西

一尊典型的澳洲原住民女性雕像。部落重视女性的仪态，而男性通常会拥有一个以上的妻子。

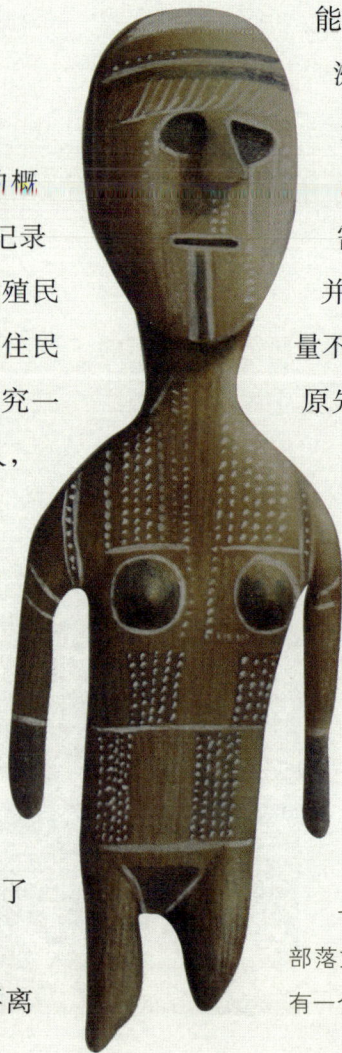

大洋洲的土著毛利人在表演自己的传统文化风俗

亚航海家登上了新西兰列岛，后来他们与本土的美拉尼西亚人通婚、融合，就形成了后来新西兰原住民毛利人的来源之一。12世纪期间，他们的定居点逐渐扩展，在新西兰形成了初步的原住民社会。在宗教上他们属于原始部落神，崇奉多神祇，而且各种禁忌也比较多，毛利人还和我国台湾的部分原住民有着共同的渊源。

作为大洋洲的第二大国，巴布亚新几内亚的人种构成更多地体现连续性。一直到今天为止，巴布亚新几内亚的主体民族依然是美拉尼西亚人，这是大洋洲土生土长的原住民。虽然后来也有来自中国、欧洲、澳大利亚、菲律宾等国的移民，但是其主体民族成分并未改变。

美拉尼西亚、密克罗尼西亚和波利尼西亚构成了太平洋上的三大群岛，在国际航路体系中居于正中的位置。美拉尼西亚的原住民正如其岛屿名，当然也有一些巴布亚人混居；密克罗尼西亚和波利尼西亚的居民分布较为单一，这些地区作为众多小岛组成的集合，颇能体现大洋洲在族群、语言和文化方面的多样性。但是与澳洲和新西兰有本质区别的是，它们没有成为西方人的主要定居点，因而即便进入现代世界以后，当地居民仍然未能建立现代经济部门，所以多数成了当今世界较不发达的国家。

巴布亚新几内亚的土著酋长，身着本部落的传统服饰。

农业社会的万花筒

　　要对中古世界的经济发展作一概述几乎是不可能的，即便是欧洲内部各地区也存在着重大差异。不过仍有一点规律可循，那就是国家的出现总和定居的农业经济如影随形。而作为反例的蒙古人，之所以未能建立持久的国家，很重要的原因即在于游牧经济的流动性，这在极端依赖自然界的传统社会更是不争的铁律。

　　早在各蛮族建立王国之前，欧洲就已进入农耕经济和渔猎经济并存的阶段。对于中世纪早期的人们来说，生存总是一个极严峻的考验，四面合围的入侵者和技术低劣的耕作致使农业凋敝，商业和城镇更是一度趋于断绝。始于 11 世纪的农业拓殖和商业复兴才使欧洲社会焕然一新。与之相比，东方的拜占庭帝国则富庶安定、歌舞升平，这也产生了帝国战略的防御性特征，至于拜占庭北方的蛮族——斯拉夫人发展的起点更晚，而东方游牧民族的侵袭也阻滞了经济生长。

　　游牧经济在亚洲的广大腹地更为流行，建立强权的族群早期多是牧民出身，内亚（Inner Asia）的地理形势和气候环境对此有决定性的影响，游牧传统也给国家的制度留下明显的印记。不过，南亚次大陆和日本则是另一番景象，精耕细作的农业经济在这里居于主导地位，农业经济天然的自给自足特性，也使印度和日本的分裂状态长期延续，中央集权的缺位，使割据混战成为常态。

"富者田连阡陌"
罗马帝国大地产制的兴起

奴隶制是反自然的，是和本性及其固有的自由相抵触的。

——塞内加

罗马帝国在 3 世纪出现的危机，从经济上看这与之前几个世纪中土地集中的趋势密切相关。从共和晚期到帝国早期的两三百年间，这一趋势虽有反复和停歇，但总体而言是深刻而明显的，到戴克里先重整帝国秩序之时，经济上的这一变化已成定局，而且影响了中世纪的经济。

共和晚期以来的大地产

"光荣属于希腊，伟大属于罗马"。罗马帝国伟大的疆域，其实都得自共和时代的遗产。早在公元前 2 世纪，罗马就已基本完成对地中海盆地的征服，这片海洋被恰如其分地称为"内海"（Mare Internum）。征服扩张所带来的大量土地，使罗马当局迅速成为大量公有地持有者，罗马公民最早都

罗马的大庄园地产这种形式虽主要存在于罗马帝国时代，但对后世土地所有制的影响至今仍能见到。

挤在狭长密集的亚平宁半岛，此刻他们的版图已囊括当时已知的全部世界。

面对这突如其来的大笔进项，罗马当局是如何处理的呢？大致方案有三种，对于原先就存在王国或部落的土地，罗马人留一部分土地给原统治者，其余的土地就卖给个人，从而造就了许多中小地主；第二种方案是罗马将土地出租给耕种者，这种情况下罗马当局仍有土地所有权，耕种者只有使用权；第三种方案则是直接出让土地的所有权，由此逐渐形成大地产制的基础。实际上，土地兼并在任何文明、任何国家历史上几乎都是自发趋势，如果没有政府的强制干预，经济自身的发展规律也会导致土地向大地产所有者集中。问题在于，罗马当局在此过程中扮演着怎样的角色？

共和晚期，罗马政治家就意识到大地产制的发展将侵蚀国家的力量，所以无论是李锡尼乌斯改革还是格拉古兄弟的改革方案，都是针对大地产制作出种种限制。虽说不能阻遏大地产制的形成，但是一定程度上对罗马公民土地占有的额度进行了规定，结果引起既得利益集团的愤慨，兄弟二人先后被杀。共和末期的内战与其说是罗马贵族寡头的权力争夺，不如说是利益分配的两种模式之间的较量。内战中的屠杀、流放和没收财产，使得土地所有关系发生

这片浮雕刻画的是一名罗马士兵从战争中获得的战利品——来自士麦那（今土耳其伊兹密尔附近）的战俘奴隶，他们被绳索束缚在一起。

了变化。同时当局还授予退伍老兵以土地，使其自立产业，因而一定程度上摧毁了固有的土地所有结构，所以帝国早期的活力颇受益于这种变动。

隶农制的出现

与大地产发展密切联系的变化，是奴隶制的活力渐趋衰退，以今天的概念来说，奴隶制下经济生产中的人力资本提高了。进入帝国时代，罗马虽未停止扩张，但是共和时期那种大规模征服、大规模获得土地与奴隶的战争已经很少，奴隶的来源枯竭。紧随其后的就是奴隶价格的上涨，1世纪奴隶的价格大约是公元前2世纪的3—6倍，这种情况下大地产制的经济效益明显是受到打击的。那么，在人力资本投入不变的情况下，如何释放经济活力、提高生产效率呢？

无论从社会伦理还是经济现实来说，奴隶制经济都显得不合时宜了。现实的打击迫使罗马奴隶主做出改变，越来越多的奴隶主倾向于释放奴隶，至少给予他们部分人身自由，从而提高他们的生产积极性。最初这种转变只是零星而局部的，但是从2世纪开始成为普遍现象，到了3世纪，帝国危机的到来使得中央权威和控制力严重削弱，大地产的封闭性和独立性却日益增强，这些称为"隶农"的人逐渐从国家所有变成了大地产制下的劳工，成为中世纪欧洲农奴的最初来源之一。

罗马帝国时期农民的集市，从中可以粗略地看到当时市场上用以交换的农产品种类。

老死不相往来?
中世纪的"自然经济"

> 大量的人口居住于静态且独立的社群中，其生产规模受限于市场的规模。
> ——艾琳·鲍尔

今天人们对中世纪还有许多偏见和误解，所谓"自然经济"就是其中之一。令多数人失望的是，自然经济不仅在中世纪几乎没有出现，即便在罗马灭亡后那几个世纪的"黑暗时代"中，自然经济也不是欧洲的状态。而要摆脱"自然经济"这种理解的桎梏，最好的办法莫过于从农业本身着手。

农村地区的经济交往

罗马帝国绝非一夜之间突如其来地崩溃，476年罗马城的变故只是给了长期衰朽一个结局而已。如果说农村地区的自给自足趋势明显，那么早在罗马帝国晚期就已经如此了，这正拜大地产制所赐。农村地区的经济衰退，一方面是长期以来它与城市社会的联系被切断，这是数次内战和蛮族入侵的结果；另一方面，体现在公共秩序的崩溃，使得农村各地区之间也缺乏交往，道路、桥梁、驿站等公共设施的荒废，盗匪横行的情况下，农村凋敝是意料之中的。这种情况与其说是欧洲在转型时期的特征，不如说是各民族和各国的普遍规律。

罗马灭亡之时，对于城市的打击要远大于对农村社会的触动，城乡分离乃至对立，在罗马晚期就已成形。中世纪早期，农村地区除了种植粮食以外，还存在许多经济作物的种植。人们趋利的本性在农民身上并不例外，中世纪领主并不是完全依靠收取实物地租，实际上货币地租从未消失过，只是早期货币地租在全部租役中的比重较小而已，这实际上反映的是商品经济本身的衰落。但即便比重再小，也是存在的，所以农民为了缴纳货币地租，必须以经济作物参与到市场交换之中，以获取基本的货币来源。

欧洲国家绝非地大物博，任何地区的农民都无法自给自足，为了满足日常生活所需，他们不得不进行跨地区的交易。仅仅举加斯科涅的葡萄种植园就足够，当然葡萄酒也是当地农民自销的内容之一，但是大规模经济作物的种植肯定不单纯是为了消费。这意味着

盎格鲁－撒克逊原始村落复原图，屋舍是以木板搭上茅草屋顶盖成。

奉教皇格里高利一世的派遣，本笃会修士奥古斯丁到达不列颠。使得当时肯特王国的首都坎特伯雷成为不列颠基督教的中心。

一个巨大的国际性葡萄酒市场的存在，而粮食供应必须是以贸易畅通为保障的，否则等待他们的就是饥荒和灾难。

农村以外的世界

当视线转到农村以外，我们会看到城镇的存在也打破了"自然经济"的图景。中世纪欧洲的城镇是一个极具争议又很迷人的话题，它们与古代世界的关系、它们的形成、最早的人员构成总是引起很多争论。不过可以确定的是，罗马灭亡虽然摧毁了城市生活，却没有使之完全消失，在帝国边疆地带的许多城镇仍或多或少保留了罗马经济生活的遗存。城镇所占有的土地尤其是耕地与其人口密度极不相称，因而其粮食必须依赖进口，许多城镇本身就是转运粮食的码头，所以城乡之间的经济交往无论多么脆弱和无序，结果却很能说明问题：11世纪后城市生活的持续复兴是以地区内贸易的发达为条件的。

另一个破坏"自然经济"图景的领域是中世纪的制造业，在当时的技术水平下制造业就是手工业的代名词。以纺织业为例，欧洲各国各地都有纺织业的生产，但是地区优势却并不是哪里都有，所以纺织业的中心逐渐向两个位置集中，一个是法国北部至低地国家，另一个是意大利中北部城邦，如果在自然经济条件下，很难想象欧洲会形成大规模的产业集聚。当然，这种产业无论是规模还是技术与今天相比都是微不足道，但对于当时的人们来说，它的社会意义却是无可取代的。

英国维多利亚和阿尔伯特博物馆（V&A）展出的中世纪纺织物。从中可看出当时纺织技术的高超精湛，在很长一段时期，以呢绒为首的纺织品是欧洲与其他地区贸易的唯一奢侈品。

中世纪的欧洲工厂
低地国家的毛纺业

> 佛兰德成了北欧所有陆路、河流、海上商业的集中点,横向与纵向的两条贸易轴线在这里相交。
>
> ——J.W. 汤普逊

在前工业化社会中,纺织通常都是手工业的主要部门。这种情况实际上很好解释,因为在人类的吃、穿、住、行等经济活动中,纺织品仅次于粮食而成为满足生活需求的基本条件。对于欧洲来说,纺织业主要分为呢绒、亚麻和丝绸等门类,它们清一色都是现代意义上的"轻工业"。

为什么会是低地国家?

低地国家毛纺业的源头是乡村地区或庄园内的早期纺织,而实际上这种初始的纺织作坊也是遍布欧洲的常态。颜色华美且编织精细的呢绒是社会身份的重要象征,故而颇受显贵们的青睐。附带纺织

纺织业在欧洲是一种普遍存在的产业,不一定是以满足出口为目的,大多数家庭内部也以其为主要营生。

作坊的村落密布西欧,但就本质而言,这种早期业态远不能满足上层社会的需求。

低地国家的特别之处就在于,这里的城市毛纺业的兴起突破了毛纺业的早期形态。具体而言这种 11 世纪的新变化在于,城镇的建立和繁荣特别地受惠于毛纺业的发展,逐渐形成了以出口为导向的支柱产业,而由此所带来的贸易更促进了城镇繁荣。低地国家的大城市之所以承载了中世纪经济成就的荣光,基本由于毛纺业和贸易这两大经济支柱。

然而,这种支柱的效应并不能泛化,低地国家纺织部门的多样化是贯穿中世纪的。在邻近佛兰德的阿图瓦、康布雷和庇卡底等地,地名就反映了产业的分布:位于庇卡底的拉昂(Laon)得名于上等细麻布(Lawn),康布雷(Cambrai)则与麻布(Cambric)关系密切,瓦朗谢纳(Valenciannes)或得名于桌帷(Vaence),而伊普雷之名(Ypres)可能来源于菱形花纹织物(Diaper)。虽然仅从词源外形的相似,就印证其物产似有武断牵强之嫌,但是一个基本事实可以肯定,法国北部和佛兰德等地属于温带海洋性气候,温和湿润的天气与当地土壤的结合,非常有利于亚麻的生长。实际上在这个区域亚麻纺织的起步甚至早于北部的毛纺业,而且当后来毛纺业全盛期到来时,这里的亚麻生产仍有重要地位。

荷兰木鞋是荷兰最具特色的产品之一，世界各地的游客寻访到此都会带上一双作为纪念。在荷兰是情人之间的定情物。

西北欧的羊毛来源

分布于佛兰德南部、阿图瓦和埃诺的白垩质牧场，使畜牧业成为当地的首选。而在沿海地带，随着海潮回落，大面积的富盐质草地显露出来，它们与阿登沼泽地一同构成养羊的优质草场，这就为佛兰德毛纺业提供了最初的原料。早在 1013 年便有从阿图瓦向根特输出羊毛的记载，根特的大呢绒商甚至一度在图尔奈附近承包牧场以获得原料。即便在 13 世纪中叶，康宾（Campine）的牧场还在为布鲁塞尔和鲁汶提供羊毛，而列日的于伊也在阿登地区承包了原料产地。

但是从整体来说，低地国家作为原料产地的好景不长，羊毛供应很快就出现了缺口，由此开启了英格兰羊毛主宰低地国家经济的历史。关于佛兰德什么时候从英格兰进口羊毛，经济史学家并未给出确切的时间。不过，另一方面的问题在于，究竟是什么原因导致佛兰德本土原料的供不应求？或许"供不应求"这个表述本身就存在误导，与数量

上的缺口相比，可能质量上的劣势更具决定性。低地国家的羊毛虽然对早期毛纺业功不可没，但是随着对呢绒产品的要求提高，品质好的英格兰羊毛更符合呢绒的行业标准。而从畜牧业自身来讲，城镇人口的增长带来对牛肉和牛皮的需求，畜牧业从羊毛转向更有利可图的牛群养殖，这也为羊毛原料的减少提供了解释。产量下降导致本地羊毛的价格上升，为控制成本而转向更物美价廉的英格兰羊毛，这本身也是城镇毛纺业的利益关切。

英格兰养羊人。羊毛是中世纪英国主要的出口商品。

国王的债权人
意大利金融家在英国

爱德华三世为获取现金维持其外国的同盟,使英国的羊毛贸易承受着重负,出口业务操纵于意大利人之手。

中世纪欧洲的君主往往很缺钱,这是由于封建王权和财税制度的特征,使王室的财政捉襟见肘。这种现象一直主宰着文艺复兴以前的国王们,而在战争的情况下国王就显得更加贫穷,如何在短期内取得支撑其军事冒险的经费?14世纪英国爱德华三世的例子很值得一提。

国王的摇钱树:羊毛贸易

一直到今天为止,在英国议会上院议事厅接近王座的位置,都有一只巨人的用红色布料缝制而成的坐席,里面填充着来自英联邦各地的优质羊毛,这是大法官和上院议长专属席位。这种布局与中世纪一脉相承,准确而言是由爱德华三世开创的传统,羊毛填充的坐垫不仅以其物理形态接续中世纪传统,它承载的象征性意义更为重要——对于中世

纪英国而言,羊毛贸易的重要性无论怎样高估都不为过。1297年齐聚议会的贵族们就宣称,羊毛代表着全英格兰一半的财富,在当时也就意味着土地财富的半壁江山都归功于羊毛。羊毛所带来的财富并不限于地产和畜牧业,从更广的领域而言羊毛的生产、收购、运输、出口、分销等环节构成了庞大的羊毛产业链,除土地贵族之外的其他社会阶层也能从羊毛产业中获利甚多。

羊毛贸易所产生的税收构成了英国君主最大的收入来源。羊毛在英国国内的生产、收集和运输都会产生税费,而更重要的是羊毛出口到低地国家所缴纳的关税,这才是国王最大的一棵摇钱树,羊毛出口所创造的财富能够支撑国王的各种活动,包括战争。另外,羊毛出口也是英国国王的一大外交利器,由于大陆上的毛纺业特别依赖英国羊毛,国王通过控制羊毛出口——主要是调节税收,甚至禁止出口达到令对手屈服的目的。这是别国君主很少能享有的一大优势,而且英国国王运用的手法还特别高明。

爱德华三世统治时期英国纺织业得到快速发展,原因与英法百年战争密切相关。战时的政治外交措施主要目的是赢得战争,客观上促进了呢绒业发展。

没钱打仗?向意大利人借!

不过,国王这样做还面临着一大风险,那就是短期内尚能向对手施压,但是羊毛出口禁令时间一长就会打击贸易,从而又影响到税收的征缴。而且,一旦真的爆发战争,羊毛贸易大部分陷于停

这是南安普顿一所商人会馆的复原场景，大致时代为13世纪。推测是英国羊毛商人建成，当时他们与欧洲贸易的利润十分丰厚。

值得一提的是，这些银行家的破产并没有影响意大利金融业的繁荣，15世纪佛罗伦萨的美第奇家族兴起。据称该家族最早的生意就是货币兑换商，这是银行业的早期形态之一，1434年科西莫·美第奇成为佛罗伦萨僭主，此后祖孙三代相继掌握佛罗伦萨实权，至16世纪受神圣罗马帝国册封为托斯卡纳（首府佛罗伦萨）大公。

顿，那更不是国王所能控制的。在这样的情况下，没有了最大财源的国王该怎么办？当时活跃于英国的意大利金融家给了国王最及时的援助。

意大利是中世纪欧洲经济最发达的区域，这个地位一直保持到新航路开辟。许多商业和金融上先进的机制都是意大利人率先使用的——抑或是由他们最早引入欧洲。意大利人被证明是极佳的商业合作伙伴，他们身兼商人、实业家、货币兑换商、银行家乃至军火商。对于爱德华三世来说，意大利人是最大的钱袋子，他们在国王最需要战争经费的时候，向其贷出大笔现款。国王则以未来一段时间的羊毛出口关税作为抵押，这是一笔极大的财富，而实际上国王也没有别的更大财富可以抵押。既然如此，那么王国的羊毛关税渐渐成为意大利商人的另一大业务。

13、14世纪期间，意大利巨贾里卡尔迪（Riccardi）、佩鲁齐（Peruzzi）、巴尔迪（Bardi）和弗莱斯科巴尔迪（Frescobardi）等家族把持着英国羊毛出口的关税，这其中不乏揩国王油水的行为。不仅如此，由于意大利人遍布欧洲各国的商业网络，他们成为罗马教皇的"大总管"，负责代理教皇在各国征收什一税，这个传统甚至早于他们借款给英国国王。然而，笑到最后的人并不是他们，英国国王可不是一般的债务人，一旦他想赖账反悔是没有人能够制裁他的。所以14世纪后期，由于爱德华三世强行取消债务，这些金融家也陆续走到了破产境地。

意大利银行家与其账簿。早期在意大利佛罗伦萨、热那亚的银行不仅提供货币兑换业务，还签署信用票据，并且提供贷款业务。

收缩的欧洲
黑死病的经济后果

欧洲人被瘟疫的到来惊呆了，这是因为当时的人对传染病的成因一无所知，它看上去更像是上帝的愤怒降罚于人间。

无论从时间还是空间维度来看，人口对于经济发展而言都是至关重要的参数。中世纪欧洲没有精确的人口统计数据，而且当时的政府似乎也没有这方面的意识。但是14世纪到来的黑死病，以其末世般的威力吞噬了无数生命，这给了后世关于中世纪人口的一个大致估算。

瘟疫肆虐：三人死其一

欧洲经济在经历了三个世纪的恢复和发展后，在14世纪初来到了临界点。对于此时的欧洲人口来说，它那少得可怜的耕地显得是力不从心了。在技术条件有限的传统农业社会，土地对人口的承载力是有一定限度的，14世纪初正接近于这个脆弱的界限。当时英格兰的人口约为600万，这是1066年诺曼征服时期的三倍多，而农业技术在12世纪以后就没有什么大的进展，因而土地之不堪重负已很明显。

另一个至为重要的原因是，中世纪人口居住模式的演进。11世纪以后城镇的兴起和发展，使越来越多的人聚居在城市之中。人们常说"城市的空气使人自由"，但这也意味着将面临种种不确定的因素，例如疾病、火灾、治安等问题。只消真正看过中世纪城镇的模样，估计不会再有多少人相信城市就是天堂了：与多数人诗意的想象相反，中世纪城市拥挤、肮脏、混乱而且不安全，美德与罪恶从未如此近距离地汇聚在同一个地方。碎石子铺成的小街道中间就是水沟，各种生活污水就从贵妇的裙摆下擦着流过。市民饲养的猪狗鸡鸭也悠闲地漫步其间。城镇中的人口密度之高和卫生条件之差，为疾病的流行提供了温床，考虑到欧洲绝大多数城镇——巴黎、根特、伦敦和意大利诸城市不在此列——都是如此，也就不难理解为什么黑死病能够如此横行天下了。

这是意大利14世纪的一幅描绘黑死病人的局部图，它着重描绘了穷人与病人的痛苦表情。

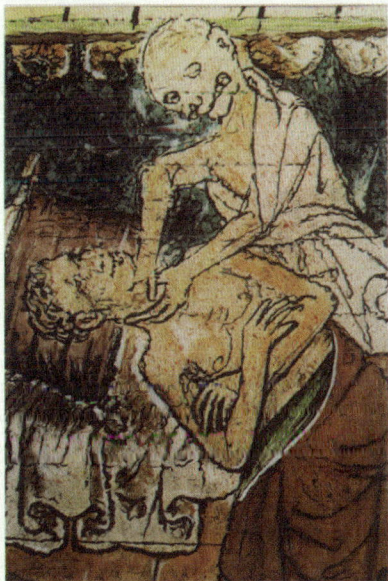

图为中世纪的图画，描绘了死神正夺走一位瘟疫患者的性命。

经济后果：催生了资本主义？

1347 年至 1348 年间的冬天，黑死病率先在地中海上的西西里和撒丁岛登陆，此后以惊人的速度扩散开来。1348 年夏，黑死病抵达地中海北岸，蹂躏西班牙、法国之后于年底蔓延到德意志和英格兰。1349 年年末，斯堪的纳维亚诸国也已沦陷，次年黑死病到达东欧，几乎毁掉了整个波兰平原。虽然当时缺乏人口的精确数据，但是普遍认为欧洲损失了约 1/3 的人口，在许多人口密集地区死亡率甚至高达 50%，用"十室九空"这个成语来形容并不过分。对于欧洲人来说，黑死病的可怕要远甚于前一个世纪的蒙古人扩张，因为蒙古铁骑可以凭借军队抵抗，而瘟疫在人与人之间的传播却根本无法遏制。

黑死病给欧洲带来的经济后果，都是与人口锐减相关的。瘟疫过后人们的总体感受是资源变得多了，收入提高不少，而日子则比以前好过了许多。这非常好理解，毕竟 1/3 的人白白地就没了，此后一直到 16 世纪初欧洲的人口都没有达到 1300 年时的水平。随着人口总量锐减，人力资本上升，城市中的产业必须以提高薪资水平才能吸引劳工，而人力价格的上涨也使劳工的处境改善。这样，在和企业主进行讨价还价的时候，劳工获得了更多的优势，人口锐减迫使产业从劳工密集型向资本密集型转变。同时，14 世纪初那种严整的社会秩序开始松懈，许多旧秩序伴随着瘟疫一同被毁灭，这有利于社会整体活力的释放。不过，这对于欧洲资本主义经济的产生，究竟有着怎样的联系，则需要更进一步的探讨。总体而言，不应该将一种新经济形态的出现归因于单方面条件，甚至以一场瘟疫来解释其关键，更多的因素或许还是在长期的社会经济背景之中。

中世纪治疗黑死病的医生穿着隔离服，上面还有一个内含香料的鸟嘴呼吸器。

竞逐富强
中世纪晚期的重金主义

凡欲出口羊毛之本国或外国商人，须在羊毛出口以后六个月内以每袋一盎司黄金之例向皇家铸币场缴纳。

——1397 年理查二世《金银通货法令》

通常观点认为，"重商主义"（Mercantilism）主要是 17 世纪欧洲国家的经济政策，而实际上在中世纪晚期，一些西欧国家已初步具备了这种经济意识，当时这种意识是以"重金主义"（Bullionism）出现的，两者在精神实质上高度统一，而最具代表性的国家有两个：英国和勃艮第。

重金主义政策的背景

15 世纪期间，随着英国和欧陆国家贸易关系

南安普顿的商人会馆。其中世纪形制一直保存至今，从其弯曲的木梁结构可知其年代久远。

的演变，政府越来越加强对贸易尤其是羊毛出口的控制。羊毛商栈（Staple）就是英国王室实现贸易调控的最主要载体，通过将羊毛出口至位于法国加莱的商栈，从而统一管控羊毛的分销，英国王室凭此将经济主导权掌握在手。而重金主义之所以能够付诸实施，重要的原因就在于英国有商栈这样的贸易组织。

中世纪欧洲国家的货币体系相当驳杂而紊乱，查理曼虽然创立了货币体系，但在随后的长期分裂中逐渐崩溃。非常奇怪的是，既不属于加洛林帝国又不在欧陆的英国，却是唯一还在沿用查理大帝币制的国家。英国政府崇尚重金主义，目的在于维持足够的用于流通的贵金属储备，因此必须竭力阻止优质的英国货币流出，阻止国外的劣币进入英国市场，同时还要吸引大陆的优质货币进入英国。因此，英国当局在伦敦塔和加莱两地分设铸币厂，伦敦铸币厂主要负责外国商品在英国交易所产生的价值，而加莱铸币厂负责海外羊毛商栈的进项。

议会的重金主义法案要求相当严苛，这在实行过程中遇到了极大阻力。一方面是因为，羊毛商人既在英国从事羊毛收购，又要在加莱参与分销，那么就要被两次征收硬通货，而有的人却是两头揩油，形同偷税漏税；另一方面在于，长久以来羊毛交易的大宗款项都是以信贷方式结算，即以现金支付部分货款，其余大部分尾款要分期支付。而法

15 世纪的英格兰金币，表面上篆刻有爱德华四世国王和大天使。

令要求商人们以外国贵金属为羊毛出口缴税，这实在强人所难，因此他们不断向议会递交请愿书。

勃艮第公爵回击英国

勃艮第公爵虽起源于法国，但是他们在低地国家的统治则要成功得多。在 15 世纪中后期，勃艮第公爵是欧洲最强大的君主，勃艮第宫廷是欧洲最富丽堂皇的宫廷。不仅如此，他们在经济政策上的超前意识，也同样令人印象深刻，如果大胆查理没有在 1477 年战死，则法德之间是否会崛起一个中间王国，犹未可知。

勃艮第公爵在重金主义方面给了英国迎头痛击，他下令所有他治下的领地不得将货币流向加莱商栈，同时禁止佛兰德货币的流出。虽然佛兰德的毛纺业城镇极度依赖英国羊毛，但是公爵成功地压制了城市反叛，从而贯彻了自己的意志。这使得加莱商栈的英国批发商处境更加艰难，一方面他们要遵守英国议会的严苛法令，另一方面勃艮第公爵的强权使他们的任何图谋都无从谈起，而且由此带来的经济损失将破坏英国和佛兰德之间的纽带，从而威胁商栈的根本利益，毕竟他们的市场在欧洲大陆，所以不得不屈服。因此英王亨利四世即位后，就对请愿书加以确认，从而放宽了过于严苛的规定。

应该说，重金主义体现了中世纪晚期统治者的远见，但是在当时条件下以行政和立法手段强行干预商业活动，违背了经济本身的规律，因此总是收效甚微。此后双方虽然仍有类似的较量，但都未能持之久远。

勃艮第公爵的纹章（1430—1482 年）。从纹章中心的盾牌可知其领地包括勃艮第（蓝黄相间条纹）、佛兰德（黄底黑狮）、布拉邦特（黑底金狮）和林堡（白底红狮）等等。

王朝衰败的循环
拜占庭帝国的封建化

普洛尼亚的实施在短期内加强了国家和军队的实力，但也为分裂割据局面埋下了伏笔。

几乎从君士坦丁大帝迁都拜占庭起，欧洲的东部社会就走上了与西方极不相同的道路。当西欧沦丧于蛮族入侵的马蹄之下，罗马文明在希腊故地获得了新生——即便是多少有点走形的继承。但是殊途同归，至10世纪以后，拜占庭的封建化已是不可避免的趋势。

军区制和破坏圣像的影响

拜占庭帝国的封建化是一个漫长的渐进过程，它与政治层面的制度设计有着密切联系，而且统治者的方略和实力也有重要影响。查士丁尼之后，拜占庭基本放弃了在西方收复故土的战略，而其后的6、7世纪拜占庭自身反而遭受周边民族的侵袭，战略上的收缩需要以制度改革作配合，最重要的一个表现就是军区制改革。6世纪拜占庭在收复了北非和意大利领土后，开始实行军区制。但当时军区更多的是出于作战和占领的需要，形势平稳之后理应撤销。但是到希拉克略皇帝时期，他将这种局部性、临时性的制度安排推向全国。军区制的改革是以废除行省区划为前提的，将地方上的行政事务归并于军区长官，实际上是以军政合一来治理国家。

为了完善军区制改革，希拉克略还发展出了类似军事屯田制的土地所有制。他将战争中获得的土地分配给服军役的自由农，这些人平时耕作务农，遇战时则成为士兵。凭借这种分配方式，拜占庭缔造了一个广泛的小农阶层，以今天的标准来看他们就是拜占庭社会的"中产阶级"，不仅是社会稳定的中坚力量，也对增强军队战斗力颇具意义，这标志着拜占庭从奴隶制向封建制的过渡。

伊苏里亚王朝的圣像破坏运动，是拜占庭封建化推进的重要时期。圣像破坏运动的具体情况前面章节已有论述，这里仅指出其经济社会意义。实际上，拜占庭当局对于维持中小土地所有者阶层的重要性是心知肚明的，而皇帝为了获得财富分配的资源，将矛头瞄准教会也是意料之中的。拜占庭的政教关系从没有像西欧那样本末倒置，这使得皇帝有强大的力量以打击教会为代价，推进财富重新分配。圣像破坏运动既是一场政治和文化动乱，同时也是经济层面推进封建化的一大举措。

科穆宁王朝时代的拜占庭皇帝卫队。主要由日耳曼人组成，也有来此找工作的盎格鲁-撒克逊人。

这是公元 500 年初期君士坦丁堡的一座大理石人物雕像。这位女性手中握着一个卷轴，以此表明她受过良好的教育。

🦉 知识链接：普洛尼亚制

虽然形成的过程迥异，但是拜占庭的普洛尼亚制和西欧的封建制还是很类似的。拜占庭当局对官僚贵族授予国有或村社土地，由他们负责地方安全防务，并且为国家提供兵役。这实际上公共权力的私有化，是朝廷软弱无力的表现。原先这种授予是不能转让和世袭的，但很快规矩就破坏了，成了实质上的封建采邑。

封建体制的形成

很难肯定地说拜占庭皇帝是否有意识地、自觉地推进封建化进程，因为 9—10 世纪期间马其顿王朝诸帝的战略扩张，即是封建化大发展的时期，同时带来的后果又开始削弱皇帝的力量，即中央权威和控制力下降。在这个意义上说，封建化是成功了，而皇帝却失败了。关键性的解释因素在于马其顿王朝自身的特质。

马其顿王朝时期，拜占庭帝国先后与阿拉伯帝国、保加利亚帝国以及北方的佩切涅格人、罗斯人发生战争。为了维持庞大的军费开支，帝国当局不得不加重税收，而这对于拜占庭的"中产阶级"来说却是致命的打击。他们不仅要服兵役，而且苛重的税收也使大量中小土地所有者破产。9 世纪期间土地兼并已经很明显，10 世纪这个趋势则继续发展。

拜占庭当局并没有袖手旁观，他们继承自古罗马的智慧懂得在危急之时强力干涉。996 年巴西尔二世就曾发布诏书，限制帝国境内的土地兼并规模。但已经为时过晚，当时拜占庭的大地产制已具有相当规模，君士坦丁堡的政令几乎很难在外省执行。巴西尔二世死后，当局的种种努力也收效甚微，到了 12 世纪科穆宁王朝时代，以普洛尼亚为代表的拜占庭封建制遂告成型。

拜占庭军队败于阿拉伯步兵。图中持长形盾牌的就是拜占庭士兵，持圆形盾牌的为阿拉伯军队。

沙皇战友们的土地
俄罗斯封建领地的流转

著名俄罗斯历史学家 C. 索洛维约夫把古罗斯形容为"犹如风滚草似的流动的罗斯",认为这种流动性或者说是"液态因素"延缓了古罗斯的发展。

俄罗斯国家形成的过程中,封建领地的所有制关系发生了变化,从原来的世袭采邑王公手中转移到为莫斯科大公服役的贵族手中。这种土地的流转过程是与莫斯科公国的扩张同时进行的,这是俄罗斯封建社会的一大特征,也影响了后来沙皇俄国的历史进程。

古罗斯时代的封建土地制度

当瓦良格人来到罗斯平原建国时,他们所面对的是原始公社形态的斯拉夫原住民,对于最早的王公来说这并没有什么奇怪之处,因为他们的母国瑞典也基本如此,所以古罗斯时代留存了许多农村公社的遗迹。在长期的共同生活中,瑞典征服者逐渐融入斯拉夫人之中,接受其风俗习惯,皈依其宗教信仰,他们的名字也逐渐东正教化了。由于早期人口规模的限制,许多土地尚处于朴素的公有状态之下,公社作为一个整体享有土地资源,而其成员均有权利,一直到 10 世纪才形成了土地私有的概念。此后,罗斯王公利用强大的政治和军事优势,不断地从村社手中占据土地、山林、草地、池塘等等,这就是罗斯时代土地所有制的最早雏形。

即便如此,古罗斯时代的封建土地所有制也久久没有确立,这一方面固然有上述原始公社制残留的因素,另一方面和罗斯王公的统治方式有关。他们不同于西欧和拜占庭的定居文明,而是处于半游

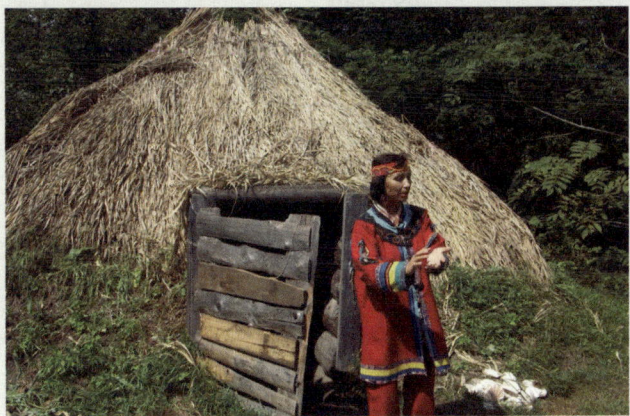

距离海参崴约三小时车程的古新村附近的纳霍德卡村,这里的居民仍保留着传统生活形态,是俄罗斯远东地区居民的最佳代表。

牧状态,依靠掠夺财富和征索供物维持自身地位,这在统一的基辅罗斯建立之前更为明显。所以,直到很晚的时代罗斯王公才开始以封赐土地结成联盟。罗斯社会逐渐形成了封建主和依附农民,封建主包括各国的王公和各级波雅尔,与此同时东正教会在罗斯贵族集团中也占据一席之地。12 世纪中叶以后,统一的基辅罗斯不复存在,王公们忙于彼此争战,势力消长之际对既有的土地所有权也形成很大冲击,领地不断地碎片化,一直到蒙古人统治时期才出现新的变化。

封建领地的流转

作为罗斯诸国不断分化的结果,莫斯科公国原

伊凡四世又称伊凡雷帝，俄罗斯历史上的最重要的沙皇之一。其内政方面的策略是铲除大贵族、扶植中小贵族，加强中央集权。肖像于 1897 年由维克多·瓦斯涅佐夫绘制。

伊凡四世去世以后，俄罗斯陷入了长达十多年的激烈皇位争夺战。一直到 1613 年，才重新召开缙绅会议，全俄贵族推举伊凡四世皇后的侄儿、大贵族米哈伊尔·费奥多罗维奇·罗曼诺夫为沙皇，开创了著名的罗曼诺夫王朝。由此可见，虽然不经常召开，但是缙绅会议本身仍具有极高的法理地位。

本是弗拉基米尔大公国的一部分，不过随着实力的不断增强和统一罗斯的进程，莫斯科大公国并不准备恢复原来那种土地领有制度。实际上，莫斯科大公之所以能在扩张中节节胜利，是与其对封建土地所有制的改革密切相关的。与别的王公不同的是，莫斯科大公依靠服役贵族组成军队，这些服役贵族包括原莫斯科公国的贵族，也包含其他中小贵族，由于受到土地的封赐，他们成为大公最忠心的扈从。服役贵族对土地仅有使用权而无所有权，领地不得世袭和转让，所以这个集团与过去那种各自为政的罗斯王公极为不同。

另外，莫斯科公国是在一个商品经济取得进展的时代统一的，所以城市和市民也构成了大公治下的另一个集团，伴随着中央集权趋势的加强，莫斯科大公越来越倾向于选拔市民中的杰出人物出任政府公职，以此来对抗旧贵族对大公权力的干扰。此后，传统的贵族杜马逐渐成为服役贵族和职业官僚的结合体，不再有过去那样明显的独立性，几乎成为沙皇的御前会议。伊凡三世统治时期，这种制度安排逐渐定型，国家政务的日益繁杂和征服战争的进展，使沙皇需要一个高效率而又比较驯服的机构，因此通常情况下贵族杜马成为沙皇之下的最高权力中枢。只有遇到重大决策之时，才会临时召开扩大会议，吸收更多的贵族和主教参加，这样组成的大会议被称为缙绅会议。

诺夫哥罗德曾是俄罗斯北方最为繁华的商业共和国，商人寡头是掌握本地权力的贵族，一直到沙皇伊凡三世吞并诺夫哥罗德才成为沙皇俄国的一部分，但仍有一些特色。

穿越时代的反射镜

美国中世纪学会（Medieval Academy of America）创办于 1926 年的学术期刊取名《反射镜》（*Speculum*），寓意当代学者对中世纪历史孜孜不倦的求索。中世纪的人们也为后世留下了许多著作，涉及文学、历史、哲学和宗教等方方面面，虽然有相当部分都在历史变迁之中灰飞烟灭，但仍有不少经过岁月的洗礼呈现我们眼前，成为了解那个时代不可多得的"反射镜"。

早期中世纪出现的著作基本都出自教士之手，因为在当时的背景下教士几乎是唯一的智识阶层，而广大民众甚至连封建领主都是不识字的文盲，即便教士群体的知识水平也是参差不齐，流传至今的许多著作中的常识性错误就能体现出来。12 世纪后，世俗作者的作品增多，这其中市民阶层的壮大功不可没，欧洲各国的民族史诗和方言文学在这个时期基本定型。

与欧洲的情况有所不同，亚洲作为诸多古老帝国的发源地有着悠久的文史传统。蒙古人在欧亚大陆的纵横驰骋，客观上推进了知识文化的传播与交流，作为世界性的武力征服者，蒙古人在西亚的统治催生了第一部"世界历史"。南亚次大陆的印度是个例外，除了早期的史诗外印度几乎没有什么历史著作，因此必须借助于中国和伊斯兰世界的典籍相印证，才能大致还原印度自身的历史，中国唐代高僧玄奘的《大唐西域记》就是这方面的典范之作。

官员改行写历史
约达尼斯和
《哥特史》

哥特人比其他野蛮人都要有教养，几乎可以和希腊人相提并论，就像用希腊语写作历史和年鉴的迪奥所描述的那样。

——约达尼斯《哥特史》

塔西佗在罗马帝国时代为蛮族所作的历史记录，在拜占庭帝国产生了回响。6世纪拜占庭作家约达尼斯的《哥特史》（Getica）记录了哥特人的迁徙和发展历程，同时以亲身所见描绘了他们和拜占庭帝国的战争。虽然有着种种不足，但并不影响这部书在中世纪史上的地位。

官员改行历史作家

约达尼斯（Jordanes）也被写成 Jordanis 或者 Jornandes 这两种形式，古代向中世纪过渡时期由于语言差异造成的变体可谓普遍情况，也有人直接以其英文形式翻译成"乔丹"。如同许多古典时代的作家一样，约达尼斯的生平并不很清楚，罗

马史名家蒙森（Theodor Mommsen）根据约达尼斯父亲阿拉诺维亚慕提斯（Alanoviiamuthis）的名字考辨其源流，认为这个冗长的名字应分成两部分即 Alanovii 和 Amuthis，都是所有格形式，推知他们属于阿兰人。约达尼斯的祖父名为帕里亚（Paria），曾经是阿兰人大公康达克（Candac）的秘书。他们一家世代居于哥特人的土地上，所以渐受哥特之同化。约达尼斯在书中自述，他曾是东哥特阿玛尔（Amal）家族的元帅冈提吉斯（Gunthigis）的幕僚。查士丁尼登基后展开对意大利东哥特人的攻势，随着拜占庭的推进，约达尼斯归顺帝国成为教会的文书，并承担撰述哥特人历史的任务。

关于约达尼斯为何写作《哥特史》，有观点认为这是为了向新朝廷表忠心，并且努力融合罗马世界与蛮族世界，缓解双方的矛盾。也有人提出，约达尼斯原本就是具备学识的幕僚，他对历史撰述的兴趣，他简洁凝练的文风以及他自身的哥特文化背景，都促使他成为给哥特人立传的最佳人选。除了《哥特史》他还写过一部《罗马史》，这部书里重点记述了拜占庭和东哥特旷日持久的战争，两部著作合称为《罗马与哥特史》（Romana et Getica）。学者们推断，大约在555年至560年间，约达尼斯在君士坦丁堡或巴尔干东部地区去世，时年60岁左右，他临终前的具体身份还存在不少争议。

在展示台上，约达尼斯的《哥特史》一书位于但丁（左）和但丁笔下完美女性比阿特丽丝（右）两座头像之间，可见《哥特史》在西方文明史上的重要性。

东哥特人装饰品鹰形腓骨，大约产生于 5 世纪。

内容驳杂的《哥特史》

和约达尼斯同时代的罗马元老卡西奥多鲁斯（Cassiodorus，约 485—580 年）也曾撰写过《哥特史》，他早年在东哥特王国担任要职，后来隐居意大利南部的维瓦留姆修道院，致力于保存古罗马学术文化。约达尼斯撰写《哥特史》大部分都取材于卡西奥多鲁斯的同名著作。此外，拜占庭学者普利斯库斯（Priscus，约 410—472 年）有关拜占庭和阿提拉的历史，还有阿布拉比乌斯（Ablabius，活跃于 4—5 世纪）关于哥特人的著作也成为约达尼斯撰写历史的主要资料来源。

约达尼斯首先在前 13 章中描述了当时已知世界的地理概况，以及哥特人族群的源头、分布、迁徙和扩张；第二部分为第 14 章到 23 章，约达尼斯集中描述了哥特人与日耳曼人诸部落的关系，以及他们和罗马帝国的交往。这个部分中约达尼斯详细梳理了哥特统治家族阿玛尔王室的谱系；第三部分为第 24 章至 33 章，从匈奴人入侵欧洲开始，记载了东欧各民族迁徙的进程，这其中包括了西哥特人与罗马帝国的战和，还有西哥特人在

高卢建国、汪达尔人进入北非的叙述；第四部分为 34 章至 50 章，讲述的是阿提拉帝国的极盛一时和西罗马帝国的衰亡；第五部分为第 51 章至 60 章，讲的是西罗马灭亡后各蛮族建国的历史，以及东哥特王国被拜占庭征服的历史。虽然这部书存在一些问题，但难能可贵的是它保存了许多后来散佚的史料，在没有更多资料被发现的情况下，《哥特史》依然是今天研究哥特人和蛮族入侵最全面、最具体的历史著作。

图拉真纪念柱上有关达西亚人和盖塔人事迹的浮雕。约达尼斯在书中将盖塔人和哥特人给混淆了，前者是生活于色雷斯地区的另一个族群。

法国的"史记"
《法兰克人史》

他谈起他们的死，不是出于悲伤，而是以一种狡猾的方式找出更多可以杀害的亲戚。

——《法兰克人史》

图尔主教格里高利的《法兰克人史》记录了6世纪法兰克国家的历史，这个时期正是从"高卢"转变为"法兰西"国家的阶段，而墨洛温家族也被看作法兰西最早的统治家族。凭借这两点意义，《法兰克人史》在历史编纂学上的地位堪称"法国的《史记》"。

转型时期的主教

《法兰克人史》的作者格里高利（Gregory，约538—594年），也被译作格雷戈里，出身于克莱蒙的高卢——罗马贵族世家，他的父亲弗罗伦提乌斯（Florentius）是克莱蒙城的元老，母亲阿尔蒙塔丽雅（Armentaria）是里昂主教的侄女。这个社会群体起源于罗马征服者和高卢贵族的融合，所以西罗马崩溃后蛮族的浪潮拍打过来时，首当其冲的就是当地这些高卢——罗马贵族。他们丧失了原先的统治权，但是法兰克人的野蛮状态使高卢贵族获得了知识精神层面的领导权，他们逐渐汇聚于基督教会之中，钻研古代典籍、传授古典学术，不仅成为蛮族国王治理国家的砥柱，更是接续古典和中世纪知识传统的桥梁。

虽然并非纯正的罗马贵族，但是这不影响格里高利在名字上的罗马化，他的全名是 Georgius Florentius Gregrius，乃典型的罗马三名法。基督教会对于欧洲历史而言，其意义不仅在于罗马崩溃后提供了另一个也是唯一一个普世组织，如同影子那样维系着古典世界统一的幻梦；另一方面更重要的价值就在于保存、继承并发扬了古典世界的精神文化遗产。格里高利并非个例，他在书中就自豪地说道："图尔的历任主教之中，除了五个之外都与我的家族有关。"他的外公朗格勒主教被国王誉为"名门贵胄"，可见格里高利的家族人才辈出，与法兰克教会极有渊源。事实上，格里高利早年丧父，寓居伯父克莱蒙主教加卢斯（St. Gallus）处，格里高利先后受业于加卢斯及其继任者阿维图斯（St. Avitus）主教。563年，他成为克莱蒙的副主祭，从此开始了教士生涯。至573年他被奥斯特拉西亚国王任命为图尔主教，从此他就以"图尔的格里高利"而闻名。

卢浮宫馆藏的格里高利的雕像，让·马赛朗创作于19世纪。

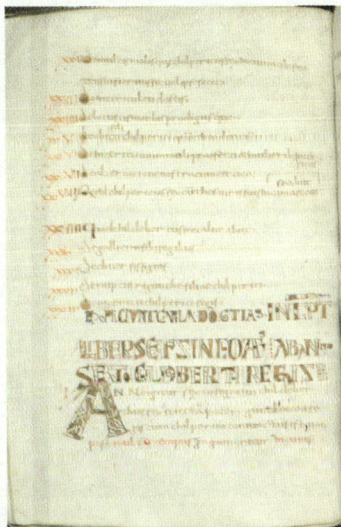

《法兰克人史》书影。这部书虽然有许多荒诞不经的灵异、传说和谣言，但是对于了解法兰克人的生活状况和政治结构仍是不可替代的佳作。

颇受争议的《法兰克人史》

在格里高利的时代，虽然教会保存了古代传统，但此时的学术生活已是不可避免地退化了。他自己在《教父列传》中坦称："我不曾在语法方面受过训练，也不曾从异教作家的完善风格方面受到教益。"同样在《法兰克人史》中他为自己不合语法的拉丁文向读者道歉。平心而论，虽然格里高利不乏实践的智慧和心理洞察力，但是他在哲学深度和学术成熟方面，远无法达到4世纪拉丁教父的高度。不过，在当时的语境下，这并不是他的书受争议的主要原因。

格里高利似乎对残忍的暴行尤为关注，事实上他很支持法兰克王克洛维的血腥暴政。表面上看这很显矛盾，但是问题在于克洛维皈依了罗马正教，而他所消灭或征服的对象，要么是异教徒，要么就是信奉阿里乌斯教派的异端。在这方面，格里高利与克洛维无疑是立场一致的。他绝不是天生的嗜血者，他对一次瘟疫的记载体现了他的慈悲之心："就这样，我们失去了这些幼小的生命。他们对我们是那么

的亲，那么甜蜜。我们曾经把他们抱在胸口，揽在怀中逗他们玩……我一边这样写一边抹着眼泪。"脉脉温情，跃然纸上。

7世纪后加洛林家族逐渐篡夺墨洛温王朝的权力，新统治者自然倾向于诋毁甚至否定墨洛温诸王，所以《法兰克人史》中的许多记载往往被加洛林宫相当枪使，用以指责墨洛温王族自相残杀，毫无温情，才会使土地权力被剥夺殆尽。格里高利或许原本抱着中立态度，但是死后他的作品反而以另一种方式被重新解读。

克洛维皈依基督教，19世纪绘画，再现了克洛维受洗场景。

双面史家普罗柯比
《战史》《建筑》
和《秘史》

当某些人在世时，按照历史学家本应做的那样去真实记载其言行是不可能的，如果我这样做了，那么他们的间谍就会发现，并且置我于最悲惨的境地。

——普罗柯比《秘史》

在欧洲古代和中世纪历史上，很难找到第二个作家能像普罗柯比那样分裂成极端对立的人格。他在世时发表的历史著作将查士丁尼捧上了天，而他身后重现天日的手稿却又将皇帝打入了十八层地狱。爱德华·吉本说得好，普罗柯比写了三本他自己时代的书：一部历史、一部赞歌和一部丑闻。

歌功颂德：《战史》和《建筑》

拜占庭史上最伟大的历史学家普罗柯比（Procopius of Caesarea，约500—554年）是以著名统

意大利拉文纳圣维塔莱大教堂的查士丁尼马赛克镶嵌画。这是拜占庭帝国最具特色的艺术表现形式之一，这幅画像也是查士丁尼最出名的一幅。

帅贝利撒留的幕僚出身的，他早年就学于家乡恺撒利亚附近的贝利图斯（Berytus），接受系统的贵族教育和法律训练，527年他进入贝利撒留的班底，他经历了讨伐汪达尔王国、征服意大利和西班牙的战争，550年后他长期定居首都君士坦丁堡，他的才华颇受查士丁尼的器重，从政之余他撰述了著名的《战史》和《建筑》等众多历史著作。

普罗柯比的《战史》（De Bellis，即"论战争"）也被译成《战争史》《战记》等名，这是一部继承古典史学传统的著作，在整个拜占庭史上有着举足轻重的地位。该书记载了查士丁尼时期拜占庭与波斯的战争、灭亡汪达尔王国、光复北非和征讨东哥特收复意大利的战争，与此同时还广泛记述了当时东地中海世界和西亚各民族的情况，保存了大量珍贵资料。收复失地，光复昔日帝国，这是查士丁尼的毕生追求，普罗柯比对历次战争的记载，充分与统治者的意志吻合，这与他受到皇帝的器重互为因果。

普罗柯比的赞歌——《建筑》（De Aedificiis）一书对皇帝歌功颂德的成分更多，恰如他在本书开篇所说："历史将表明这些得到恩泽的臣民对其恩主如何感激涕零，他们将千方百计地感恩戴德……我们这个时代诞生了查士丁尼，他带领国家威名远

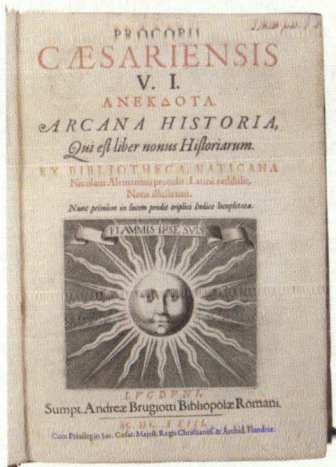

藏于梵蒂冈图书馆的普罗柯比著作，书名为《阿卡纳历史》（即《秘史》），扉页以红黑双色字体的拉丁文、希腊文印制，并说明此书从未公之于世。扉页最下端红色罗马数字表示出版年份为1623年。

扬，更加辉煌伟大。"如果说《战史》还属于正常中肯的著述，那么《建筑》则无异于赤裸裸的邀功谄媚，毫无知识分子应有的气节。

剧情反转：《秘史》重见天日

如果时间止于17世纪，那么普罗柯比的形象将会与今日大相径庭。一直到1623年，罗马教廷的图书管理员才从尘封的书卷中发现一部希腊文手稿，黄灰色的封面上写着"未公之于世"，作者署名普罗柯比。手稿内容颠覆了1000多年来查士丁尼的形象，以污秽肮脏的语言大肆辱骂皇帝与塞奥多拉皇后。曾经令普罗柯比"感激涕零"的查士丁尼，在书中成了"蠢驴""吸血鬼""杀人魔王""低能儿""披着人皮的魔鬼"等等，而塞奥多拉更是被指有"不洁之罪，并以堕胎为荣"，是"最邪恶的妓女"……这些粗野近乎下流的谩骂不仅令读者大为震惊，也令普罗柯比本人的形象大大受损，甚至有人怀疑这是一个托名为普罗柯比的人写的。

究竟如何解释普罗柯比的这种巨大反差？他是真的患有严重的精神分裂症，还是另有别人伪作？如果不是伪作，普罗柯比又是如何白天写着歌功颂德的文字，夜里就铺开蜡版大肆谩骂，任轻蔑仇恨之火在笔尖宣泄？实际上，普罗柯比出身于罗马传

统贵族，他极为蔑视查士丁尼这样的"暴发户"皇帝，内心根本不承认其地位；另一方面，他的才华又颇受查士丁尼器重，因而能出入宫廷，面对最厌恶的人他却不得不俯首帖耳。所以《秘史》（*Arcana Historia*）的文字虽令人难以置信，但肯定是出自普罗柯比之手。而且，普罗柯比对于查士丁尼的穷兵黩武、镇压尼卡起义、横征暴敛等政策都极力反对，所以他只能将心中郁积的悲愤和怒火，化作书写的力量发泄出来，以使之流传后世。

塞奥多拉皇后马赛克镶嵌画象，在普罗柯比的笔下她被描述成集合了所有缺点的卑劣女人，但是这位皇后对其丈夫统治的极大功勋也是应该被重视的。

西方法学传统的原典
《查士丁尼法典》

总的来说，后来令查士丁尼的编撰者载誉的"罗马法"，实际是 2 世纪诸位伟大皇帝及 3 世纪伟大法学家们的作品。
——雅各布·布克哈特

《查士丁尼法典》（*Code of Justinian*）的正式名称是《民法大全》（*Corpus Juris Civilis*），它在西方法律传统中的地位，足够与伟大皇帝的名字一同彪炳史册。《民法大全》承上启下的重要性不言而喻，而它在近代对西方国家政治、法律的革命性影响，则是查士丁尼本人远不能及的。

罗马法的集大成者

"光荣属于希腊，伟大属于罗马。"这句话常被引用来概括西方古典世界的遗产，希腊的光荣在于古典哲学、政治学与艺术的辉煌，而相较之下罗马的伟大则建立在悠久严谨的法律传统之上：罗马法不仅构成了古代帝国运行的基本政治逻辑，而且它在 12 世纪后的复兴极大地改变了欧洲的面貌，如果说希腊世界的关怀在于人自身的观念和思维，那么罗马世界更注重由人组成的国家的学问。

查士丁尼的统治时期（527—565 年在位）是拜占庭帝国最辉煌的时代，史学家普罗柯比以三部巨著记载了这个时代的所有光辉，也鞭挞了人性的阴暗。同样在政治制度层面，查士丁尼也要实现他光复古代帝国的雄心，《查士丁尼法典》正是在这样的背景下出现的。自从罗马帝国东西分立以来，政治、经济和社会各方面的新变化已经持续了相当长的时间。为了对这几百年的变迁进行总结，并重塑罗马帝国的统治体系，查士丁尼任命由法学家特里波尼安（Tribonian，485—542 年）领导的编撰委员会，对自哈德良（Hadrianus，117—138 年在位）以来的元老院决议和皇帝敕令进行收集整理，删除其中相互冲突和不再适用的条款，于 529 年编定颁布，此即 10 卷的《查士丁尼法典》。

作为《查士丁尼法典》的配套措施，533 年又发布了历代法学家解释论述法条的汇编，形成 50 卷篇幅的《学说汇编》（*Digesta or Pandectae*）。为了更好地推行法典，特里波尼安和另两位法学家合作编写了《法学总论》（*Institutions or Elements*），作为指导学习罗马法的教材。从 534 年全 565 年之间，查士丁尼发布的法律和敕令汇成《新律》（*Novellae*），从而使查士丁尼时代与古代帝国的法治传统接续起来，浑然一体。狭义的《民法大全》是指 529 年颁布的《查士丁尼法典》，而实际上只有将其与《学说汇编》《法学总论》和《新律》组合在一起，才能完整再现真正意义上的《民法大全》。

查士丁尼手持《民法大全》的漫画

《查士丁尼法典》古本用拉丁文写成。《查士丁尼法典》堪称集体智慧的结晶,它使得罗马的法律更加的有条理。

在西方大放异彩

这里所说的"西方"乃是狭义上的西欧,并非包括拜占庭在内的西方基督教世界。而实际上《查士丁尼法典》真正的意义恰恰在于未来,在于拜占庭之外的"西方"。查士丁尼之所以要重塑罗马法,很大原因就在于古典罗马法保留着鲜明的公民自治色彩,这与查士丁尼对专制权力的追求是背道而驰的。因而,通过重新整理、编订和删减,政治权力按照自身的诉求抽去了自治色彩,保留并发挥了有利于皇帝集权的条款精神,这大概是《查士丁尼法典》对于拜占庭帝国最重要的影响。

然而,西欧国家受到法典的影响却已是几百年以后。伴随着 12 世纪的文化复兴,西欧的智识和学术传统逐渐恢复、发展,"罗马法复兴"成为这个时代的重大特征。中世纪欧洲主要受日耳曼法律传统影响,这种传统强调分权、自治、限制君主权力,而随着更先进、更系统也更严密的"罗马法"重回西欧,各国的君主从法理上获得了加强王权的支持。所以 13 世纪以后,欧洲各国的统一进程加速,无论是英格兰还是法兰西都出现了王权集中的趋势,而这些都是与罗马法的复兴密不可分的,由其奠定的国家法律传统延续至今。

博洛尼亚大学是欧洲最早从事罗马法研究的高等学校,也被认为是中世纪欧洲最早的大学之一。这是博洛尼亚大学图书馆的内景。

为皇帝立传
艾因哈德与《查理大帝传》

我认为没有人能够比我更真实地记述这些事情，而且我也不能肯定有没有别人会写出它们。

——艾因哈德《查理大帝传·自序》

艾因哈德的自信经得住历史的考验，他的这部传记不仅在当时博得很高的赞誉，而且在随后数个世纪中成为查理大帝生平的范本，这部近乎"元典"的传记在中世纪的手抄本更是不可胜数，仅流传下来可考者就有 60 多个版本。直到今天它仍然是研究查理大帝和加洛林王朝的首要文献。

艾因哈德的廷臣生涯

艾因哈德（Einhard，约 775—840 年）出生于法兰克东部美因河下游地区，他的家庭是当地小有名望的领主，所以不到 10 岁父母就送他到著名的富尔达修道院接受教育。富尔达是当时法兰克王国境内最显赫的学术中心，年轻的艾因哈德原本想在剑术和骑术方面有所造诣，但正如他自嘲的那样——"小碉堡"似的身躯支撑不起那么高贵的玩意儿，于是他转而将注意力集中于文化知识的学习，他对拉丁文的掌握尤为精进。约在 791 年他经修道院长推荐，进入查理大帝富丽宏大的宫廷。当时查理大帝正求贤若渴，他的宫廷中汇聚了当时的学术文化精英，来自约克郡的著名学者阿尔昆（Alcuin of York，约 735—804 年）执其牛耳。

虽然艾因哈德写出名篇《查理大帝传》（Vita Karoli Magni），但是与人们对文弱书生的固有印象不同，艾因哈德似乎在建筑和工程方面也很有才华。当时查理大帝曾授权他督造一系列皇宫和

行苑，这其中就包括著名的亚琛宫殿和英格尔海姆皇宫。不过令人颇感意外的是，虽然深受查理大帝宠信，而且也曾数次奉命出使外国，但是在查理大帝统治时期，艾因哈德始终未能获得任职，他仅是围绕皇帝身边的文学小团体的成员，与阿尔昆等大学者切磋学问技艺，这种角色很类似于汉代前期

艾因哈德纪念碑上除了表明其生卒年份之外，还着重强调了他是伟大的查理大帝的传记作者，也是查理大帝的朋友。

《查理大帝传》扉页。艾因哈德这部著作写于他住在塞利根施塔特期间，是他流传下来的五部著作中最有价值的一部。

的散骑常侍，实际上是皇帝的私人秘书兼顾问。

仿古之作的经典范本

就像图尔的格里高利那样，艾因哈德同样深受古典文化传统的浸润，而且他在拉丁文方面的造诣更是前者所不及，因此他在写作《查理大帝传》的时候能够更为全面地重现古典作家的原貌。实际上，加洛林时代的写作文风多趋向于模仿经典拉丁作家，艾因哈德的独特之处在于他并不生搬硬套，而是形神兼备。当然，传主的身份也很重要，纵观漫长的中世纪，能够与查理大帝比肩者复有几人？

艾因哈德在创作查理大帝传记时，他所效法的范本是 2 世纪罗马史家苏维托尼乌斯（Suetonius）的《罗马十二帝王传》（De Vita Caesarum）。《罗马十二帝王传》是以罗马当局所藏档案、法令和文书为基础写成的，所以其权威性与准确性相对较高。但是因为专注于元首个人的活动，尤其是政治和军事方面的举措，《罗马十二帝王传》对于许多问题一概略去，虽避免横生枝节，但是也影响到对历史的总体把握。不幸的是，艾因哈德忠实地继承了苏维托尼乌斯的这种"春秋笔法"，结果使传记文字高度凝练，专注于政治和军事活动。而且古典作家著述往往篇幅短小且内分多节，艾因哈德也是如此

行事，过多地分段不仅影响了文气通畅，而且也破坏了历史事件的整体性。查理大帝的时代原本波澜壮阔的历史画面，全都消融在清瘦凝练的短小篇幅之中，这不得不说是一大遗憾。然而瑕不掩瑜，《查理大帝传》在权威性与准确性上达到了无可比拟的高度。

法国墨兰大教堂中彩绘玻璃上的查理大帝画像，创作于 15 世纪。

北欧的薄暮
《贝奥武甫》和《尼伯龙根之歌》

他们讴歌他的伟大壮举和英雄事迹，四处传颂他的威仪和英名。
——《贝奥武甫》

英国的《贝奥武甫》、法国的《罗兰之歌》和德国的《尼伯龙根之歌》并称为欧洲最负盛名的三大英雄史诗。这并不是偶然的排列组合，在它们背后是中世纪各民族的形成和方言文学的发展，这些文学杰作自然就承载着文学与历史的双重意义。

《贝奥武甫》：盎格鲁-撒克逊文学的童年

几乎每一本英国文学史或者英语文学史，都会从《贝奥武甫》(Beowulf)开始讲起，一种先入为主的印象是在此之前英语文学乃是一片空白。而实际情况虽不是完全如此，但是《贝奥武甫》的确有

着无可比拟的荣耀：盎格鲁-撒克逊时期最古老也最长的一部较完整的文学作品，也开创了欧洲方言史诗的先河。在它之前盎格鲁-撒克逊人缺乏自我存在感，从它开始英国有了自己的文学传统。

《贝奥武甫》的作者已无可考，从具体情节来推断作者应该是麦西亚人，该王国位于现今英格兰中西部地区，是盎格鲁-撒克逊七国之一。故事大约在6世纪就在民间口口相传，但一直到10世纪才出现手抄本。然而，与它的文学史地位不太协调的是，故事的历史背景、地理位置和主要人物都与英国毫不相干。瑞典武士贝奥武甫接到亲戚——丹麦国王赫罗斯加的求援，在过去的12年中，每晚都有半人半魔的妖怪格伦代尔袭击他的宏伟宫殿，捕食前来受赏的有功战士。贝奥武甫于是率领14名勇士，漂洋过海欲帮助赫罗斯加除害。当晚妖怪格伦代尔如期而至，杀掉了一名贝奥武甫的战士，贝奥武甫一跃而上，撕落妖怪的一只胳膊，妖怪受伤后落荒而逃，在洞穴中一命呜呼。翌日晚上，格伦代尔母亲前来为子复仇，双方大战后贝奥武甫在水洞中杀死了母怪。

贝奥武甫立功凯旋，他的叔

现藏于大英图书馆的《贝奥武甫》的最早文本，大约诞生于11世纪。

根据贝奥武甫的英雄故事创作的油画

叔、国王希格拉克封他做王储。贝奥武甫统治国家 50 年，但是为了保护臣民，他不顾年老体衰，在侄儿威格拉夫的协助下和喷火巨龙搏而杀之，但自己也身受重创死去。史诗结尾处是贝奥武甫的葬礼，臣民们修建巨碑纪念他，碑文就是导语那段文字。

《尼伯龙根之歌》：德意志的"伊利亚特"

《尼伯龙根之歌》（Das Nibelungenlied）是流传于德意志的许多民间传说的集大成者，手抄本大致出现于 1200 年前后，而故事的雏形早在 5、6 世纪就有了。学者们倾向于认定其作者是巴伐利亚或者奥地利的无名诗人，其实它和希腊史诗一样，往往是民间集体智慧的结晶。《尼伯龙根之歌》的结构庞大，由 39 首诗歌组成，内容分成两部分，共有 9516 行诗句。

尼德兰王子西格弗里早年曾杀死巨龙，他以龙血沐浴成刀枪不入之身，只有树叶遮盖的一小块没有抹龙血，结果成了致命弱点（这大概取自伊利亚特的传说），他还占有了尼伯龙根族的宝藏。西格弗里向勃艮第国王巩特尔的妹妹克琳希德求婚。巩特尔在他的帮助下打败撒克逊人，娶了冰岛女王布伦希尔特为妻，然后同意他与克琳希德结婚。

10 年后夫妇二人回到勃艮第省亲，姑嫂之间发生了争执，布伦希尔特得悉巩特尔是依靠西格弗里的力量才娶的她，对此颇感侮辱，就唆使巩特尔的侍臣哈根杀死西格弗里，并把他所藏的尼伯龙根宝藏沉入了莱茵河。13 年后，克琳希德为了复仇嫁给势力强大的匈奴国王埃采尔，又过了 13 年她设下埋伏邀请巩特尔等人相聚匈奴，趁机指挥军队大肆杀戮，最后抓住哈根，命他说出尼伯龙根宝物的下落，遭到拒绝后就杀死了巩特尔和哈根，但是她自己最终也死于部下之手。

德国慕尼黑的壁画，描绘的是《尼伯龙根之歌》里哈根杀死西格弗里的场景，大约创作于 19 世纪。

武功歌的巅峰之作
《罗兰之歌》

罗兰十分厉害，他希望把天下的人都打败，一切土地他都要霸占！依靠什么人他才能这样蛮干？

——《罗兰之歌》

中世纪著名的英雄史诗《罗兰之歌》（*La Chanson de Roland*）源自查理大帝时期的历史，讲的是778年的荆棘谷战役（Battle of Roncevaux）。《罗兰之歌》是法国最早的文学作品，更可喜的是自定本以来就形成了许多不同手抄本，可见它在12—14世纪是如何的家喻户晓，广为传唱。

英雄罗兰的武功歌

7年以来，查理大帝的军队一直在西班牙与穆斯林浴血奋战，此时萨拉戈萨（Saragossa）未能被攻陷。摄于法兰克人军的威力，当地的穆斯林国王马西理（Marsile）问计于众臣，谋士白狼康丁（Blancandrin）建议他遣使求和，许诺纳贡并改宗基督教，以求查理大帝退兵。查理大帝也已厌倦战

中世纪精制挂毯中的荆棘谷战役，除了《罗兰之歌》以外，这次战役还产生了许多其他形式的文学作品。

争，就决定派出使者，大家都知道穆斯林狡诈，故而查理大帝接受侄儿罗兰的建议，让罗兰的继父、查理大帝的妹夫甘尼伦（Ganelon）前去交涉。甘尼伦也惧怕穆斯林袭击，因此对罗兰怀恨在心，决意伺机报复他。在谈判时甘尼伦和穆斯林约定，趁查理大帝回法兰克的途中袭击他的后方队伍。甘尼伦回禀查理大帝，说萨拉戈萨国王求和乃是实情，查理大帝于是按计划班师，并接受了甘尼伦的提议让罗兰率队殿后。

罗兰军队行至荆棘谷之时，突然遭到40万穆斯林军队的伏击，罗兰率军浴血奋战，但是终究寡不敌众，全军覆灭之时，罗兰也为国捐躯。罗兰的好友奥利维（Oliver）曾三次劝他吹起号角，向查理大帝请求援兵，但是顾全大局的罗兰都加以拒绝。直到最后他们终于吹起号角，却为时已晚。待查理大帝回军赶到之时，他所看到的是法兰克军人尸横遍野，知晓内情后的查理大帝率军追击，并大败穆斯林。回国之后，叛国者甘尼伦也被处以死刑。故事至此结束。

《罗兰之歌》是在不断地补充修订中形成的，它的定型时间大致在1040年至1115年间，这也是《罗兰之歌》第一个手稿不断增补完善的过程。定本的《罗兰之歌》有4000行诗，在欧洲文学史上，法国的《罗兰之歌》和西班牙的《熙德之歌》（*El Cantar de mio Cid*）被看作武功歌最杰出的代表作。

创作于 11 世纪的贝耶挂毯，虽然其中主要讲述的是诺曼征服、黑斯廷斯战役等历史，但从中也能看到欧洲骑士时代作战的场面。

> **知识链接：西班牙边区**
>
> 查理大帝于 795 年在塞蒂马尼亚省（Septimania）故地设立了西班牙边区，作为法兰克王国和后倭马亚王朝安达卢斯之间的缓冲地带，与西班牙边区接壤的还包括加斯科涅公国和阿基坦公国。广义而言，许多比利牛斯山区的领地和伯爵也归属于西班牙边区，但是随着加洛林王朝的衰落，这些领地实际上都独立了。

不一样的历史真相

从历史到文学，总会有相当的出入和演绎，早在中世纪晚期就有人对《罗兰之歌》的内容产生怀疑。而实际上，《罗兰之歌》除了借用查理大帝远征西班牙这一基本史实外，其他绝大部分内容都是后人不断敷陈、演绎和虚构出来的。

778 年，查理大帝率军进攻西班牙的安达卢斯，查理大帝的军事行动并不受预先规划的大战略指导，他也没有明确的要实现罗马加冕的理想，他的战争更多是为了不让贵族们无所事事。所以，当贵族们集合在他身边，大家要讨论的不是要不要战争，而是战争的方向在哪里。这一次，778 年的战役，他们的目标瞄准了比利牛斯山的那一边。初期查理大帝的行动很顺利，他在新占领的土地上设立"西班牙边区"（Spanish March），但是好景不长，这个地区逐渐脱离了加洛林王朝，而成为独立的巴塞罗那伯爵领地（County of Barcelona），这就是后来加泰罗尼亚的雏形，所以也不难理解为什么直到今天，加泰罗尼亚还是显得更像法国而不是西班牙的领土。

不过可以确定的是，查理大帝在这里的对手并不是异教的穆斯林，反而是同为基督教的兄弟巴斯克人（Basque），他们才是阻止查理大帝推进的真正绊脚石。当然，武功歌改换成两种宗教间的斗争，更具有故事性和煽动性，而且颇能唤起人们对查理·马特在普瓦提埃胜利的回忆，对于法国的民族记忆来说总是有益的。

巴塞罗那是西班牙东部的重镇，在历史上也是阿拉贡王国和加泰罗尼亚的首府，由于早期受法兰克王国的影响，巴塞罗那周边地区与法国的联系更为紧密，直到今天，以巴塞罗那为核心的加泰罗尼亚仍是西班牙最为独特的地方。

从传奇到故事
《玫瑰传奇》和
"列那狐故事"

> 我到上面的天堂，
> 你到下面的地狱。
> 我可逃脱了魔鬼，
> 而轮到你见鬼去。
>
> ——列那狐故事

一话一说一世一界一

中世纪盛期，伴随着城市与商业的兴起，市民逐渐成为新兴的社会力量。欧洲的文学在这个时期出现潜移默化的转变，而理解这种转变最好的例子，就是法国的长篇寓言诗《玫瑰传奇》。以《列那狐传奇》为核心的"列那狐故事"流传更广，预示着市民文学时代的到来。

骑士文学向市民文学的转变

《玫瑰传奇》（Roman de la Rose）是中世纪法国最重要的文学作品之一。如果只是传统意义上的骑士文学，那么它在文学史上将会默默无闻，早已为今人所淡忘。组成这部作品的上下两部分截然不同，这不仅因为出自不同作者之手，更重要的

《玫瑰传奇》手抄本中的插图，这幅图中央的小花园中有喷泉向外流出。

或许在于文学自身的风格与旨趣的转型，《玫瑰传奇》之所以重要，或许就在于它保留了这种转型的印记。

《玫瑰传奇》上部的作者是纪尧姆·德·洛里斯（Guillaume de Lorris），他的生平晦暗不明，相传他是一个教士，他在 1225 年至 1230 年间创作了4028 行诗，不过直到他去世也没能完成全部的创作。大约在 1275 年前后，或者说 1268 年至 1282 年间，市民出身的让·德·莫恩（Jean de Meung，又名 Jean Chopinal）续写了未完成部分，创作诗歌约 18000 行，形成了《玫瑰传奇》的下部，莫恩续写的部分均以八音节诗创作，这也是《玫瑰传奇》的主体部分，文学史的意义也更突出。后世的手抄本居然达 300 多种，16 世纪传播到英国、荷兰和意大利等地。

作为寓言长诗，《玫瑰传奇》的说教意味浓厚，这也是许多人把它看成宫廷文学的原因，它的主要目的在于教导人们"爱的艺术"。诗中除了作者以外所有人物都以概念为名，比如爱情、美丽、理智、吝啬、嫉妒等。上部以诗人的梦游开篇，说他爱上一朵玫瑰，"玫瑰"其实就是女人的代名词。而爱情、率真等都帮助他，而嫉妒、危险、谣言等横加阻挠。求爱不得，男女都陷入相思病境地。下部情节反转，诗人获得爱情加持，以文雅、慷慨、怜悯、大胆等为攻势，终究抱得美人归。想来这种

"列那狐故事"插图。列那狐在面对狮王的强权、公狼的霸道、雄鸡的弱小无助时，总是能以自己的聪明机警左右逢源。作品以出色的喜剧手法以及市民文学机智幽默的风格，而受到孩子们喜爱。

结局不一定就是洛里斯创作的初衷。

"列那狐故事"：市民文学的全盛

如果说《玫瑰传奇》还处于骑士文学向市民文学审美转变的阶段，那么列那狐的故事则完全是市民文学繁荣兴盛的表现了。10—12世纪，以伊索等人作品为代表的寓言诗就在法国流行，"列那狐故事"的核心作品就是《列那狐传奇》（Le Roman de Renart），作者借鉴并吸收了古典寓言诗的精髓，在市民社会独特的语境下混合了幽默与讽刺的双重意味。此后逐渐衍生出各种相关主题的列那狐故事，截至14世纪初竟然出现了10万多行的列那狐诗歌。

"列那狐故事"以动物的世界寓意人类社会，这是与"拟人"反其道而行的手法，比如狮子刚愎自用却又愚蠢至极，反映的是现实中的国王；主角伊桑格兰狼和布伦熊则是飞扬跋扈的贵族；骆驼缪查寓意教皇特使；而各种诸如鸡和兔子等代表着社会下层平民；主角列那狐则无异于精明能干的市民

阶级化身，它虽然受制于狮王，但是素以狡猾取胜的狐狸总是利用各方的弱点，从而顺利脱身。奇怪的是它却总是败于弱小动物的手下。

"列那狐故事"的成功之处在于，它将动物拟人化的同时又保留了动物原本的属性，而不是为了影射现实而张冠李戴，动物的自然属性与人类的社会属性高度协调，这是市民文学集幽默调侃与辛辣讽刺的意趣所在，所以也就不难理解300年间它的广为流布。

"列那狐故事"的主人公聪明机灵且声名显赫，是法国文学中光彩不减的角色，直到今天有关列那狐的故事和以其为原型创作的戏剧还在舞台上和荧幕上经久不衰。

中世纪的新生
12 世纪
"文艺复兴"

看似天真的信仰却通过实在的物质手段而实现，12 世纪那些崇高艺术杰作的智识背景就在于这种"天真"的理念，直到今天它还在指引我们对艺术价值的坚守。

——肯尼思·克拉克

中世纪并不是一个沉睡、停滞而黑暗的时代，在时断时续的战争和饥荒的浅表之下，新的社会动力正在孕育，前进的潮流即将奔涌。15 世纪的文艺复兴并非欧洲唯一的一次，它不是突然地从天而降，而是受惠于数世纪的积累。中世纪，它的生命与色彩，在潜移默化中塑造了现代世界的模样。

孕育：两位大帝的文化遗产

正像意大利文艺复兴受惠于中世纪的积淀一样，12 世纪文艺复兴也得益于数百年来一系列的新变化。蛮族入侵造成的小国林立乱局在查理大帝时代第一次得以改观，查理大帝对学术文化的推崇，使加洛林王朝成为一大批教会学校的建立者或庇护人，这些学术教育机构成为研习希腊、拉丁典籍的中心，后世誉之为"加洛林文艺复兴"（Carolingian Renaissance）。第二次复兴发生于奥托大帝统治时期（936—973 年），955 年列希菲尔德之役阻止了马扎尔人的侵袭，他就能将眼光汇聚于国内。奥托大帝开创了倚重主教治国的传统，实际上他本人也与当时最有学问和教养的知识阶层关系密切，许多由教会主导的改革逐渐在神圣罗马帝国内推广，由此形成了"奥托王朝文艺复兴"（Ottonian Renaissance）。

这两次复兴是 12 世纪文艺复兴的基础和预演，它们之间的连续性曾被战争和入侵打断，不过 12 世纪文艺复兴的姗姗来迟还有更关键的原因。两位著名皇帝所引领的文化运动，本质来说具有极强的政治属性，无论是亚琛宫廷还是奥托王朝，都需要

查理大帝在位期间，奖励学校与图书馆的发展，他们之中有许多都成为手抄本装饰画的中心，也被称为"缮写室"。这张插图出自亚琛学校所抄写的《金福音书》中的一页，描绘基督教的圣人——圣路加。

一个专事学术文化研究的小群体，以此凸显其盛世的光彩，这大抵是中世纪显赫人物的通则。而且加洛林王朝与萨克森王朝分别处于政治变迁的关口，这种所谓"复兴"更是像被动应对的虚饰。它是自上而下的推动，远不是社会总体自发的趋势，其时代精神更是大相径庭。这或许就是两位大帝的文化遗产不如他们自身形象光辉的原因，说到底那还是崇尚个人英雄主义的时代。

新生：12 世纪的智识传播

查尔斯·H.哈斯金斯是第一个全面论述 12 世纪文艺复兴的学者，这场复兴开始于 1070 年左右，并且贯穿于整个中世纪盛期，1927 年他写道：

"从许多方面而言，12 世纪是一个充满生机与活力的时代。这个时代见证了十字军东征，见证了城镇的兴起，也见证了西欧最早的官僚制国家的出现。这是罗曼式建筑鼎盛与哥特式建筑发端的时期，方言文学开始出现，拉丁典籍与诗歌重见天日，罗马法也开始复兴。希腊自然科学融合了阿拉伯因素后在西方复苏，希腊哲学渐回人们的视野，欧洲最早的大学也肇始于这个时代。"

> **知识链接：中世纪书籍的形态**
>
> 书籍和知识本身一样，在中世纪绝对属于奢侈品。中世纪的书籍往往装帧非常精美，封面以高级皮革甚至黄金制成，上面镶嵌各种珍贵的宝石；内页的书写材料主要是羊皮纸，当时都以手抄为主，颇费人力，这也是为什么书的内容总会有衍文、脱漏和错误的原因。当时的书籍也是不折不扣的装饰艺术之杰作。

古代典籍的成系统翻译构成了 12 世纪复兴的重要内容，这在很大程度上还得益于十字军东征。阿拉伯人非常引以为豪的是，当欧洲被蛮族入侵踏得支离破碎之时，是他们从玉石俱焚的动乱中保存了古代希腊罗马的经典作品，从亚里士多德的《政治学》到希波克拉底的医书。讽刺的是为欧洲保存古典学术传统的穆斯林被当成异教的敌人，如果没有"解救圣地"那极富煽动性的宣传，很难想象 1095 年十字军的浩浩荡荡杀奔东方。残酷的暴行固然带来伤痛记忆，但许多古代典籍也被目不识丁

亚琛学宫想象图。查理大帝在亚琛的宫殿成立学术中心，学者在那里专业研究罗马的文本，以重新发现过去的"失落的知识"。

的骑士们带回家乡。如果说此举是出于对知识的尊重可是高估了他们——这些装帧精美、嵌满宝石的书籍和其他财宝并无二致。

颇具反讽意义的是，许多贵族骑士不善持家，短暂的挥霍之后便一穷二白，他们一边收拾行装准备再次东征，一边把仅剩的家财典当变卖，这些古代典籍奇迹般的旅程，经过多少道商贩的手，又是如何漂洋过海来到阿尔卑斯山北方的王国，后来落入某修道院晦暗的抄经室，又静静躺在某位主教的书柜上……个中万千故事若编成"一部书之游记"云云，精彩程度当不亚于探险小说。从此，这些典籍又踏上了旅程，传播到更广阔的社会领域中去，东征的十字军不自觉地扮演了文化的传播者，这与他们外在形象有很大反差。

本笃会的修士向他们修道院院长献上一本书

查理大帝死后，学术生活并未立即消亡，至少其孙秃头查理时代，苏格兰人约翰·司各脱·爱留根纳（Johannes Scotus Eriugena）仍是新柏拉图主义大师。关于爱留根纳的智慧，有这样的传说：爱留根纳曾与秃头查理隔着饭桌相对而坐，查理调侃他问："有什么事物可以区分苏格兰人和醉汉？"爱留根纳回答："一张桌子就行。"

绽放：视觉艺术的转型嬗变

12世纪文艺复兴也体现在建筑、雕塑和装饰等领域，以今天的标准来看它们都属于视觉艺术。当岁月把帝王将相的壮举清扫得差不多之时，唯有当年他们督造的建筑能够遗留至今，这是纪念他们的丰碑，也是我们最直观感触的历史痕迹。诞生于12世纪复兴时代的巴黎圣母院，具有建筑史和文学史的双重崇高地位。

巴黎圣母院，不仅作为建筑而举世闻名，更是文学青年心目中的圣地。从创作的角度而言，青年雨果正是受了那巨塔钟楼的启发，才想到回溯那遥远的中世纪图景，酝酿出小说《巴黎圣母院》。最初作为法王腓力二世的王室礼拜堂，历时两个多世纪终于完工。传说查理大帝早已为这礼拜堂放下第一块基石，腓力二世使传说中的殿堂化作现实。到了雨果的年代，圣母院早已破败不堪，掩埋在一堆年久失修的建筑残骸中，与那个时代一同远去。他大声疾呼"这个要消灭那个"，无非是提醒工业化时代的人们，别忘了向历史投去哪怕是轻蔑的一瞥。因而可以说雨果促成了圣母院的"新生"，而同名小说的问世则标志着浪漫主义的兴起。

浪漫主义源自法语"Romance"，也就是前节

巴黎圣母院位于巴黎市中心塞纳河中的西岱岛上，法语中的西岱（Cité）有城市的意思，这表明最早的巴黎城就是从该岛上起源的。西岱岛上还有古代的法院，是在早期王宫的基础上形成的。

说的传奇，所谓"罗曼蒂克"（Romantic）亦起源于此。圣母院之所以永恒，就因为当年的建筑师和工匠，把它看作献给圣母玛利亚的礼物，必欲使之永恒，它也确实"永恒"。营建的过程旷日持久，以致它开工之时"罗曼式"风格余韵犹存，到主体建筑完工后哥特式已经风靡西欧，于是两种建筑风格协调共存于圣母院，当年的演变轨迹如今还清晰可辨。罗曼式建筑更像是一种过渡风格，它盛行于中世纪早期，当时许多教堂都是在罗马方形官的基础上改造的，因而保留了相当的罗马风格成分。一直到哥特式建筑出现，中世纪才有了自我代言的装

知识链接：巴黎圣母院的前世今生

虽然巴黎圣母院经常被看作哥特式建筑的典型案例，但是它自身的历史却显示出另一种背景。圣母院所在的位置，早在罗马帝国时代——准确地说是 1 世纪就已经有了宗教建筑，圣母院地下结构的挖掘证明，这里曾有一座神庙。罗马崩溃后，人们也倾向于在神庙旧址上利用废墟重建教堂，这样就有了罗马风格遗存。

饰风格。

然而，12 世纪的新生其意义远不止于此，它具有超越时代的启发和魅力。"罗曼式"建筑，又一次暗示它和浪漫主义的渊源，浪漫主义与启蒙运动所宣扬的"理性"相对。实际上 19 世纪初浪漫主义运动兴起，就是作为启蒙的反潮流而出现的，当 18 世纪的启蒙思想家肆意歪曲丑化"中世纪"时，浪漫主义的旗手却重拾那早被丢弃的十字架，对峙着"伟大的光明时代"，唤醒人们对远去中世纪田园风光的挚爱。

经济发展导致的财富增加是 12 世纪"文艺复兴"的条件。这些是 1005—1025 年间所制作的硬币。

知识分子的行会
欧洲大学的兴起

大学是传授普遍知识的场所，是一切知识和科学、事实和原理，探索和发现、实验和思索的高级保护力量。它描绘出理智的疆域，在那里对任何一切既不侵犯也不屈服。

——约翰·纽曼

令人失望的是，欧洲最早的大学跟纽曼这段话相差甚远，甚至是毫不沾边。作为 12 世纪文艺复兴的主要内容之一，大学本身虽然属于学术文化领域，但是它们的兴起则有着广泛的社会与政治因素，梳理这些因素有利于我们对早期大学的了解。

知识也是力量

欧洲大学的兴起几乎与 12 世纪文艺复兴有着并行的源头，这就是政府统治结构的演变。11 至 12 世纪之间，君主的权力在西欧国家实现了普遍增长，随之而来的是王室政府的职能扩大，事务愈加繁杂。行政与司法权力的扩展，是以大量文书、令状、档案和卷宗为基本载体的，这对于麻雀虽小却非五脏俱全的王室政府来说，是个极大的挑战。对于知识和技能的需求变得日益紧迫起来，过去那种好勇斗狠的贵族是完全不能指望的，国王将业务交给他们无异于自取灭亡，因此这个权力与业务的真空就需要职业化的官僚队伍——准确来说是文员、秘书和收税员之类的下级僚属——来填补。

伴随着经济社会职能的扩大，政府不仅需要佩剑的贵族来保家卫国，也需要知识阶层来治理国家，正所谓"上马打天下，下马治天下"，知识变得和武力一样重要，它能给人带来权力。一方面是对人才的需求量变大，另一方面是欧洲整体文化环境的改善，自 12 世纪中叶以来大学在欧洲各地出现了。现在已很难厘清究竟哪里才是大学的发源地，而且也没有必要弄清楚这个问题，因为大学的源头从来不是单一的，各地区的经济水平和教育水平向来不均。举例来说，意大利的博洛尼亚大学往往被看作是欧洲第一所大学，这主要得益于它源远流长的罗马法研究；可是阿尔卑斯

剑桥大学国王学院的礼拜堂建于 15 世纪亨利六世时代，是中世纪晚期哥特式建筑的代表。

巴黎第一大学法律系的先贤祠中心。今天的巴黎第一大学是巴黎大学的主要继承者。先贤祠曾经是国王为还愿而建的教堂，如今成为法国众多伟人的安眠之地。

山以北从教会学校发展而来的大学——比如巴黎大学同样历史悠久。孤悬海外的英格兰远离欧洲中心，但是牛津大学和剑桥大学却是公认的最早一批大学，地处"再征服运动"前沿阵地的萨拉曼卡大学也是首要的学术中心。

知识界的行会

我们对中世纪大学种种"乱象"的看法，实际源于以当今的标准去衡量最初的大学，这种"后见之明"阻碍了我们对中世纪的观察。早期的大学不仅不在城市郊区，而且许多城镇反而是以大学为核心形成的，这或许就是"大学城"一词最恰当的含义。比如英国的达勒姆大学（Durham University，又被译为杜伦大学），它最初是以达勒姆主教的教会学校为雏形的，山丘上耸立的达勒姆大教堂是其主体部分。19世纪以后达勒姆主教失去了世俗治权，干脆把自己的主教宅邸，一座颇具规模形制的城堡捐赠给大学，此后学校的附属设施逐渐在达勒姆城内扩散。堪称是，与其说大学在达勒姆，不如说达勒姆在大学里。

大学一词的英文形式"university"有助于了解它最初的人员构成，本质上它就是一群以传授知识、研习学问之人为主体的联合（union，也指行

会），这种联合与手工业者的行会并无本质上的区别。只不过大学是知识的行会而已，"万般皆下品，唯有读书高"在中世纪欧洲是不存在的。贵族的后代是要练习骑射，成为战士或统治者的，而贫困的农民和劳工更是没有财力送子女进大学，毕竟上学是毫无经济产出的，所以进入大学的只能是城镇中的殷实人家。这些中产者的儿子们往往游手好闲，名声不佳。虽在大学却毫无文雅做派，一有机会就放荡自己，甚至和城镇居民大打出手。剑桥大学的建立就是拜这种学生所赐，当时牛津的大学生和市民械斗，约翰王介入此事并对牛津大学予以严惩，许多不甘受罚的师生跑到剑桥另立门户，这就是后来的剑桥大学。

达勒姆大教堂也是达勒姆大学的组成部分，位于达勒姆城中心河畔的山巅之上，是达勒姆的象征性地标。

233

英语的奠基者 乔叟和《坎特伯雷故事》

> 怀疑一切与信任一切是同样的错误，能得乎其中方为正道。
>
> ——《坎特伯雷故事》

杰弗里·乔叟（Geoffrey Chaucer，约1343—1400年）年轻时，英国被语言分成了两个国家：上层社会说法语，平民社会说英语。乔叟离世的时候，英语已经成为全民族的语言，无论当时的权贵如何不齿于这种"粗鄙、庸俗"的语言，乔叟的一生也是对"知识就是力量"的最好诠释。

杰弗里·乔叟的生平

乔叟堪称土生土长的伦敦人，出身于富裕的市民家庭，所以他本人对于当时老百姓的语言极为熟悉。他与爱德华三世之子、兰开斯特公爵冈特的约翰（John of Gaunt）渊源颇深，他们初识于1357年王室的圣诞宴会，志趣相投，冈特的约翰后来成为乔叟的赞助人。乔叟的家庭和王室往来密切，一

中世纪英国上流社会宴会的贵宾席

个例子是：1360年乔叟奔赴法国参加百年战争，不料失利被俘，他父亲多方筹集赎金，其中居然有来自国王的16镑13先令4便士。当时伦敦已形成"内殿""中殿""林肯"和"格雷"四大法学协会，实际上是进入法学界的预科学校，乔叟回国后在法学院学习，为以后进入政界做准备。

1366年乔叟和菲利帕·德·罗埃（Philippa de Roet）结婚，菲利帕的姐姐凯瑟琳是冈特的约翰之妻，乔叟和赞助人冈特的约翰之间又多了层连襟的关系。凭借这层关系乔叟得以进入宫廷，14世纪70年代中期前，乔叟多次受命出使外国，广泛游历法国和意大利等地。当时人文主义者薄伽丘（Giovanni Boccacio，约1313—1375年）正在佛罗伦萨讲授有关但丁和《神曲》的课程，乔叟在逗留意大利期间是否曾与薄伽丘会面？后来评论家说他的《坎特伯雷故事》受薄伽丘《十日谈》的启发，也正是基于此。

乔叟虽受国王的器重，但他是以"候补骑士"身份出入宫廷，主要是王室文艺小团体成员，未获政府职位。冈特的约翰大概对连襟颇感愧疚，在他运作下乔叟于1374年被任命为伦敦城的羊毛收税员，这也是前节所说的市民进入政府的通途。他的年薪有10英镑——这在当时算是不小的数目。1377年理查二世即位，冈特的约翰以叔父身份任摄政王，乔叟平步青云，1385年成为林肯郡治安

一话一说一世一界一

《坎特伯雷故事》手抄本中的乔叟，在这里他自己也被描绘成了前往坎特伯雷朝圣的香客形象。

法官，次年被选举进入议会下院。好景不长，约翰很快失势，结果乔叟连带着被褫夺官职和年金，他的夫人也于1387年去世。

《坎特伯雷故事》

在此重重打击下，乔叟隐退并着手写作《坎特伯雷故事》（*The Canterbury Tales*），据说他原本计划写100个故事，但实际上完成了四分之一，即便如此已足以奠定他在英语文学史上的地位。乔叟对人物的选择并非漫不经心，他的主角是磨坊主、厨师、管家、家庭主妇、律师、商人、自由农、游方僧和医生等等，涉及社会各阶层，但是唯独不以国王和贵族为主角，实际上这种选择本身已经显露出乔叟作品的倾向。

《坎特伯雷故事》的另一个特点在于，作者很少直接描写，而是通过人物自己的独白，来显示出他们的社会出身、生活状况、思想观念和情感世界。这样处理的好处是自然而真切，少有先入为主之感，但是这些独白又的确出自乔叟的意志，有着内在的戏剧性冲突，故而称为戏剧性独白。另一方

面，他通过不同的故事题材——因为讲述者的故事本就不同——的描写，极大丰富了英语诗歌的形式，将圣迹故事、民间传说、市井笑话、寓言故事等熔于一炉，从而实现了内容与形式的双重延展。

乔叟心灰意冷、专注创作之时，孰料政局突变，冈特的约翰再度出山掌权，乔叟的仕途迎来第二个春天。1389年他成为王室在伦敦产业的管家，掌握着大量人员和资金，后来又兼任王室在萨默塞特郡产业的长官。理查二世与亨利四世都对他恩宠有加，此时的乔叟可谓大器晚成，但他逐渐淡出官场并于1400年病逝。

《坎特伯雷故事》的尾声部分中讲述各地朝圣者离开坎特伯雷大教堂，可以看到其行列中包含了当时许多不同的社会阶层。

第一部世界通史
拉施特的《史集》

他们用武力、权势和征战，扩张到了中国、印度、克什米尔、伊朗、罗姆、叙利亚和埃及等地区，征服了世界上有人烟地区的大部分国家。

——拉施特《史集·第一卷·序》

成书于1300年至1310年间的《史集》，是伊尔汗国宰相拉施特（Rashid al-Din，1247—1317年）受合赞汗之命编纂的，这是一部卷帙浩繁、内容丰富、体大思精之作，无论在东西方历史上，都堪称真正意义上的第一部"世界通史"。

《史集》的主要内容

拉施特耗时10年，编纂成了传世巨著《史集》，这部书虽然是以蒙古统治者本族历史为主，但同时也记载了当时其他国家和民族的历史。难能可贵的是，拉施特并没有将自己的祖国——蒙古统治的伊尔汗国当成天下的中心，而是非常明确地将其放入世界的大背景下。根据拉施特的自序，《史集》全书由三部分组成：第一部分是主体部分即蒙古历史，其下分为三卷。第一卷主要记载突厥和蒙古部族志、成吉思汗先祖纪和成吉思汗的传略；第二卷讲述成吉思汗的后裔在波斯以外地区的统治历史；第三卷全面论述伊尔汗国在波斯的统治。

第二部分被称为"世界史"，波斯从古代诸帝国讲到萨珊王朝，对阿拉伯历史则上自穆罕默德创立伊斯兰教、下至哈里发穆斯塔法时期的各朝历史，及至帝国分裂后的伽色尼、塞尔柱、花剌子模、撒勒噶尔诸王朝历史，此外还述及伊斯玛仪教派和印度的民族史。

第三部分为世界各民族的"地理志"，后来散佚无闻。据说1310年前后，拉施特对第二部加以补充，增订了《阿拉伯、犹太、蒙古、拂郎、中华五民族世系谱》。有人怀疑，拉施特声称的第三部可能从来没有完成，而上述五民族系谱可能是独立的自成单元。

为了更好地完成这部史书，拉施特广泛采访伊尔汗国众多蒙古统治者，当时立国未久，他们对于自己的蒙古出身和先辈历史记忆犹新，因此这部书保存了大量蒙古史第一手资料，再加上拉施特动用了海量官方典籍和私家特藏，从而使"蒙古史"部分具备了无可比拟的价值。

伊朗的拉施特雕像。他出生于一个波斯犹太家庭，30岁时皈依伊斯兰教。曾作为侍医侍奉阿巴孩，后成为第七代君主合赞汗当政时的宰相。其著作《史集》是研究蒙古史的重要资料。

《史集》的史学地位

《史集》诞生于合赞汗统治下的波斯伊尔汗国，这并不是偶然的。蒙古人于13世纪来到西亚时，他们所继承的领土是有着逾2000年文明史的波斯

合赞汗学习《古兰经》。蒙古人征服西亚以后为了更好地实现与当地民族的融合，主动皈依了伊斯兰教并虔诚学习穆斯林的风俗习惯。

故地，这片土地承载着人类文明史最早的光辉，所以为伊尔汗国提供了丰富的精神土壤。此外，从个人特质来讲，合赞汗并不像他的蒙古祖先那样残忍贪婪，他懂得以当地族群能够接受的方式治理这片土地。为了更好地实现蒙古人和穆斯林的融合，他率全体蒙古贵族改宗伊斯兰教，从风俗习惯和语言文化上适应了当地的环境。合赞汗本人学识渊博，勤奋好学。他在任命拉施特编修《史集》时，胸中就有着无比宏大的气魄，要完成前无古人的伟业。所以他就不能只将眼光局限于蒙古人和西亚，而是要囊括当时的已知世界。1304年合赞汗死后，他的弟弟完者都继承他的遗志，从而保证拉施特顺利完成《史集》这部鸿篇巨制。

更为难能可贵的是，《史集》并不像之前的史学著作那样，只有在与本国本民族发生联系交往时，才去讲述别国的历史，说到底终究是以自我为中心的历史观。《史集》之所以被称为第一部真正的世界史，原因就在于它将其他国家和民族作为独立的完整体系，理清其源流，叙述其历史，并客观真实地予以记录。从东方的中国，南亚的印度，西方的阿拉伯到北部的突厥，都构成了当时世界的有机组成部分。为此拉施特虚心向中国、印度等各地民族学者请教，并且慷慨地资助他们，求贤若渴的品质令人敬仰。

旭烈兀和他的妻子脱古思可敦。根据拉施特的记载，旭烈兀征服了穆斯林的叙利亚，并将统治范围扩展到亚美尼亚、格鲁吉亚和安提阿地区。

俄罗斯的"春秋"
《往年纪事》和
《伊戈尔远征记》

为什么在那无水的草原里，你用干渴扭弯了他们的弓，用忧愁塞住了他们的箭囊？
——《伊戈尔远征记》

如同其他民族那样，俄罗斯早期的历史和文学作品也是不分彼此的，《往年纪事》不仅是古罗斯最早的历史著作，同时也是一部优美的文学作品。成书于 12 世纪的《伊戈尔远征记》则是俄罗斯民族气势恢宏的英雄史诗，它同样在文学和历史上有着开创性意义。

古罗斯的编年史：《往年纪事》

比较特别的是，《往年纪事》一直到很晚近的时代才被人们"发现"，这倒不是因为像普罗柯比《秘史》那样封存上千年才重见天日，而是因为长期以来《往年纪事》的内容被支离分解在许多不同的编年史中。这些编年史有许多作于基辅罗斯分裂后的混战时期，所以内容相当驳杂混乱，基本无法当作严肃的史著来引用，一直到 19 世纪，学者们才从各种史书中将《往年纪事》的内容剥离出来，汇集成册出版。所以应该说，人们早就认识了它，却一直未意识到它的存在。

《往年纪事》作于 12 世纪初，作者是基辅彼彻拉修道院的修士涅斯托尔。古罗斯教会人士有撰著史书的传统，这是因为罗斯的宗教文化源自拜占庭，而拜占庭无论是教士还是贵族都有著史的优良传统。连拜占庭皇帝君士坦丁七世、约翰六世和大教长尼基弗鲁斯都曾撰写历史著作，阿列克塞一世之女安娜公主也是历史作家。《往年纪事》记述了

历史上自传说时代和斯拉夫人起源，下至 1110 年前后即作者所生活的年代，略古而详今，对留里克和奥列格诸王的事迹尤重笔墨。

然而，就是这样一部精彩而重要的历史著作，

古罗斯最早的历史著作《往年纪事》的手抄本，从中可以看到罗斯文字与希腊文的相似之处，希腊文化的引入对罗斯历史产生了持久而深远的影响。

在苏联时代却遇上了大麻烦，当时学界甚至欲判定其是伪书从而推翻它的结论。原因在于《往年纪事》明确提出罗斯统治者是来自瑞典的瓦良格人，这无异于泼了大国沙文主义的苏联一盆冷水，好在学界争论了几十年也无法否认该书的记载，更无铁证来驳斥其结论。对于历史学来说此乃大幸，如果仅以政治目的而任意涂抹甚至篡改历史，则未免拉低了人类文明的底线。

罗斯的英雄史诗：《伊戈尔远征记》

就像《罗兰之歌》之于法国，《贝奥武甫》之于英国那样，《伊戈尔远征记》（*The Tale of Igor's Campaign*）无疑占据着俄罗斯文学史的中心地位，是培育民族心灵的里程碑。《伊戈尔远征记》约诞生于 12 世纪晚期，有研究者将成书年代定于 1185—1187 年，但是作者的身份已无从考证。史诗讲述诺夫哥罗德—塞维尔斯克王公伊戈尔·斯维亚托斯拉维奇的事迹，当时黑海沿岸的波洛伏齐人屡屡侵扰罗斯，伊戈尔毅然率军亲征。史诗中的伊戈尔形象融合了保家卫国的英雄主义和轻率冒进的荣耀感，这种复杂的混合导致伊戈尔轻敌并沦为战俘，后来他又在罗斯人民的帮助下成功逃离。

《伊戈尔远征记》的意义在于作者一方面肯定了大公为国捐躯、大义凛然的个人英雄主义，但是对他追求荣耀而轻敌战败的冒进是持保留态度的，作者在诗歌结尾处借伊戈尔大公之口，号召全罗斯人们团结起来，共御外辱才能实现罗斯人的复兴。而当时的历史现实却是波洛伏齐人的威胁并没有真正警醒罗斯王公，他们的割据自立依然故我，谁也没有真正把外敌放在心上，而是纷纷纳款求和、以邻为壑。作者无法改变这种现实，所以借史诗抒发心中的悲愤。

后人根据《伊戈尔远征记》创作的插图

后人根据《伊戈尔远征记》战斗内容创作的插图

话说世界

日本的"史汉"
《古事记》和《日本书纪》

上古之世，未有文字，贵贱老少，口口相传，前言往行，存而不忘。

——《古语拾遗》

7世纪开始，日本受到了中国文化的极大影响，在文学和史学领域更是如此。对于中国和日本来说，文学、史学都是构建古典皇权体系的重要组成部分。由于日本早期历史陷于晦暗不明的神话之中，所以编修官方史书的迫切性尤为明显，大化改新后日本朝廷逐渐具备了这种条件。

史书化的文学：《古事记》

以《史记》来比拟日本的《古事记》并不恰当，因为前者从未像后者那样把文学虚构和历史记载混为一谈，但是对于日本来说《古事记》却是第一部官方史书。非常讽刺的是，与统治者的初衷相反，很长一段时间《古事记》都被当成文学作品，从内容而言它更像是一系列久远不可考的神话传说和无稽之谈的熔炉，不具备一部史著应有的特质。

元明天皇和铜四年（711年），太安万侣奉敕编撰日本古代史，次年撰成《古事记》三卷，叙述上自神话时代下至推古朝（593—628年）史事。这部篇幅精炼短小的史书以汉字写成，汉字音训混用。全书仿照中国史书，以"本辞"和"帝纪"两种体裁分类，上古神话传说、各种歌谣和历史故事皆汇于其中。不过，在上古神话部分有许多内容和中国神话大同小异，而且书中文风也有不统一的情况，因而许多人也怀疑这是伪作。不过，作者在书中《上古事记表》中也曾透露其不得已的苦衷，其

《古事记》是日本第一部文学作品，全书用汉字写成，包含了日本古代神话、传说、歌谣、历史故事等。太安万侣于712年1月28日，将整理的《古事记》献给元明天皇。从建国神话到推古天皇（圣德太子的姑妈）时代的事被记录进了史书。

言曰："然上古之时，言意并朴，敷文构句，于字即难，已因训述者，词不逮心，全以音连者，事趣更长。是以今或一句之中，交用音训，或一事之内，全以训录，即辞理叵见以注明，意况易解更非注。"可见在日本民族文化形成之初，以提高天皇地位和国家意识为目的的工作颇具难度。

政治化的史学：《日本书纪》

如果说《古事记》以文学创作代行史学编撰，那么《日本书纪》无异于高度政治化的创作，目的在于巩固大化改新后的天皇权力，强化律令制国家结构。元正天皇养老四年由舍人亲王奉命撰修，内

"纪元节"庆典。明治维新时期日本将传统阴历转变成公历纪年法，同时人们把传说中的首任天皇——神武天皇登基的日子作为国家节日，命名为"纪元节"。按照日本最早的敕撰史书《日本书纪》中的日期对照表计算，决定将阳历 2 月 11 日作为登基的日子。

容上限与《古事记》同，下限则延伸至持统天皇统治时期（690—697 年）。与精炼短小的《古事记》相比，编年体的《日本书纪》篇幅要长得多，该书不仅照搬《古事记》中录入的神话传说和历史故事，还增加了皇室谱系、官方档案、私人日记和家族纪志等资料，内容亦丰富不少。

全书以汉字写成，分为 30 卷，其中的天皇世系已经散佚，其神话部分同样有相当篇幅与中国神话相仿。实际上这并不难理解，在效法中国的时代，几乎很难跳出汉文化的叙事框架和政治传统，而中国的天授皇权理念则正是日本天皇梦寐以求的理想。另一方面，日本早期就有不少来自

朝鲜半岛的移民，他们之中也有不少是中国人，所以将口耳相传的神话故事传到日本，也在情理之中。

《日本书纪》虽完成于元正天皇养老年间，但是其最初发端于天武天皇时期（673—686 年）。我们在前节中曾提到，天武天皇（大海人皇子）是以天智天皇（即大化改新的首领中大兄皇子）之弟的身份继承皇位的，而天智天皇晚年曾废黜了大海人的皇位继承资格，改立长子大友皇子为储君。天智天皇死后一年内大海人即夺取皇位，称天武天皇，他自然不承认大友皇子为弘文天皇的地位，故而《日本书纪》中改天智天皇死后那年为天武天皇元年，直接抹掉了弘文天皇的记录，此乃史书政治化一大显例。

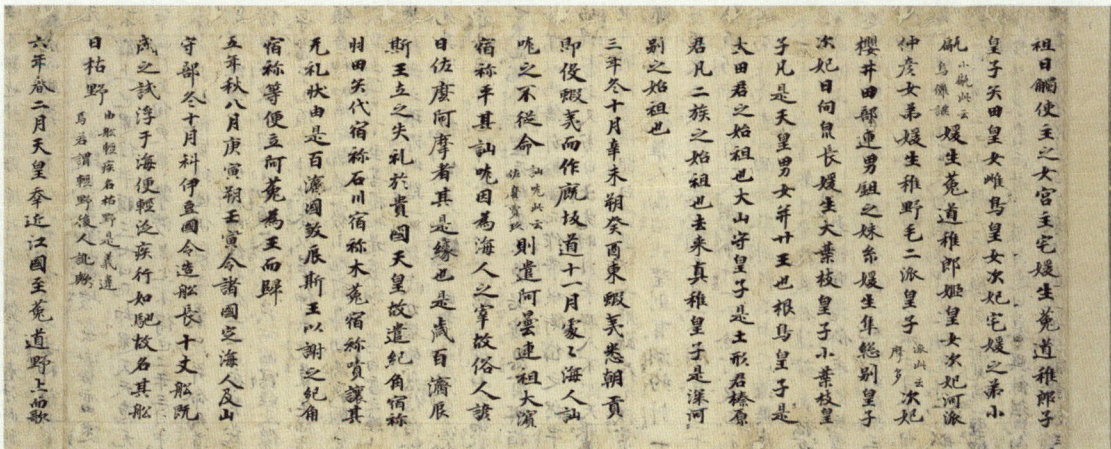

日本留传至今最早的正史《日本书纪》，原名《日本纪》，全书用汉字写成，采用编年体，共三十卷，另有系谱一卷，系谱如今已亡佚。图为平安时期的《日本纪》。

日本文学的高峰
《万叶集》和《源氏物语》

> 尤其是《源氏物语》，可以说从古至今，是日本小说的顶峰。即便到了现代，还没有一部作品能和它媲美，这在国际上也是众所周知的。
>
> ——川端康成

日本古代文学的发展，经历了从汉文向本土文学的转变，奈良时代出现的《万叶集》在这一过程中至关重要，并以作者群体的庞杂而极具代表性。平安时代出现了紫式部的《源氏物语》，不仅代表着日本古典文学的高峰，对后世文学影响至深，在世界文学史上也是第一部长篇小说。

《万叶集》：最早的诗歌总集

从很大程度而言，《万叶集》在日本文学史上的地位和《诗经》相类似，这不仅因为它是本民族最早的诗歌总集，还因其作者群体社会来源广泛，也充分代表了及至当时为止的社会风貌和情感观念。《万叶集》收录了4世纪到8世纪之间的日本

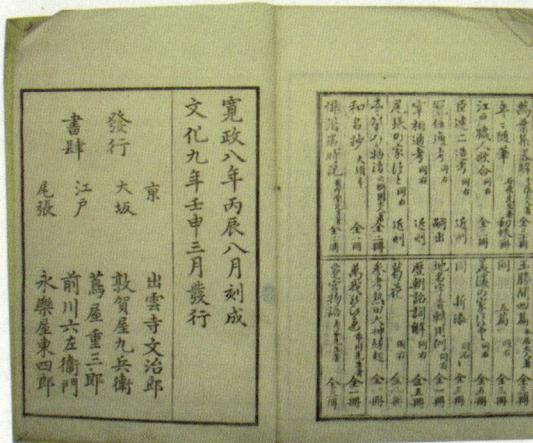

日本最早的诗歌总集《万叶集》，这部诗集收录的诗歌众多，而且其作者的社会阶层也极具多样性，对古代日本的贵族社会风尚描写尤甚。

和歌，是以汉字音训表音的日文诗歌，收录诗歌总数近4500首。相当一部分诗歌的作者是包括天皇、皇妃、皇子在内的宫廷贵族，创作时间大致在687年至759年之间，仅署名的作者就达500多人。此外还有近一半的诗作出自无名氏之手。创作周期之长、社会阶层之广，可以说连浪人、乞丐甚至妓女都为诗集贡献了创作。

《万叶集》大致编定于759年前后，总编修是大伴家持（718—785年），他本人就是奈良时代的著名诗人，是三十六歌仙之一。他除了诗人和《万叶集》主编的身份之外，史是显赫武门名族人伴氏的成员，祖先世代名臣辈出。不过他本人仕途坎坷，这或许与寄情于诗歌创作有联系。除大伴家持外，《万叶集》还收录了山上忆良、大伴旅人、山部赤人、高市黑人和高桥虫麻吕等著名诗人的作品。《万叶集》问世以后，和歌的创作一度衰落，直到905年醍醐天皇才命人编修自《万叶集》以来的和歌作品集，这就是《古今和歌集》，后来又出现了《新古今和歌集》作为续编，它们和《万叶集》合称为三大歌集。

《源氏物语》：第一部长篇小说

物语是日本特有的文学体裁，意即故事或杂谈，它是由口头说唱逐渐演变形成的文学作品，这大致与中国同时代的唐代传奇、宋代话本相类似。

由于受到父兄的影响，紫式部自小就受到汉文化的长期熏染，其作品中也常见到对中国历史文化典故信手拈来，甚至以汉文格律创作诗歌。

日本的"物语"主要流行于平安时代至室町幕府时期，除了《源氏物语》之外，还有《平家物语》《伊氏物语》和《竹取物语》等。

《源氏物语》诞生于11世纪初，研究者推定其创作时间在1001—1008年间，作者是当时的宫廷女官紫式部。"紫式部"并不是她的名字，传统上日本古代女性是没有名字的，紫式部出身于世家藤原氏，她的兄弟担任式部丞，当时惯例以父兄官位给女子命名，所以她应叫藤式部。后因《源氏物语》大获成功，主角紫姬更为读者所爱，藤式部遂称"紫式部"，其生活年代大约在978—1015年间。

与《源氏物语》的内容相比，该书所诞生的背景更值得探讨。自794年桓武天皇迁都平安京，日本历史上一个关键时期开始了。平安时代的最大特征是天皇权力渐衰，取法自中国的律令体制崩解，以藤原氏为首的公卿把持朝廷大权，导致摄关与院政的交替。失去了公权力的天皇逐渐转向私人领域，这个时期的宫廷生活近乎衰颓而渐趋矫作，从而奠定了宫廷文学的底色。这个时代的优美阴柔的艺术气质并不利于宫廷重回政治中心。但这并不影响《源氏物语》的世界影响力，这部诞生于11世纪初的长篇小说，比中国最早的长篇小说要早300多年，而文学价值与之比肩的《红楼梦》更要等到700多年后才出现。

紫式部的《源氏物语》自诞生以来，不断地吸引日本艺术家创作插图，这套木版画作品根据《源氏物语》中的54章创作而成，共54幅，由川面义雄监制，京都派画师海老名正夫于1953年执笔完成。每幅作品都由文学作品的某一章节中戏剧化的一幕提炼而成。

历史变迁的活化石

"但凡世上涌现的复杂思想，无一不化作建筑物；人民意念和宗教律法都有其建筑丰碑。但凡人类所思的伟大问题，无一不用石头写了出来。"正如雨果所说，以建筑、雕塑和绘画为主的视觉艺术，成为今人了解历史最直观的活化石，它们以丰富生动的形象记载了前人的生活、感情和思想。当文献记载的历史日益远去之时，艺术遗产愈加绽放鲜活的光彩。

宗教与政治似乎是艺术永不枯竭的创作源泉，这是东西方文明的共性之一。然而，在不同地区的不同阶段，这两大主题呈现此消彼长的态势。例如在西欧，大教堂几乎是建筑艺术的最高结晶，自始至终都在艺术史上占重要地位。但是，中世纪盛期以后教堂风格的演进很有限，而城堡和宫殿的建设则迎来重要的发展阶段，卢浮宫的大规模扩建就是例证。

又比如印度在传统的佛教建筑之外，石窟艺术也构成极辉煌的一页，实际上早期颇负盛名的佛寺多毁于战火，而石窟造像艺术由于自身特点反而更易保存下来。此外，伊斯兰教的传播使印度的艺术风格产生了明显变化，来自中亚的穆斯林统治者，将自身的文化元素融入臣民的文化之中。

由于文化上受到中国的极大影响，日本的建筑、绘画、书法、园林乃至宗教本身都与唐代中国高度一致，一直到平安时代才更多地融合原生文化的因素。

雄浑质朴
中世纪早期的罗曼式建筑

这是一种无益的偏见，忽视罗曼式风格自身的特性。事实上，罗曼式建筑（Romanesque Architecture）不仅贯穿西罗马帝国灭亡至12世纪这几百年的沧桑，而且分布范围也极广。从东方的波兰到西端的伊比利亚，从英格兰北方边界到巴尔干的克罗地亚，无论是帝国边境内外，还是中欧地区大河南北，都有着罗曼式的身影。

后罗马时代建筑的演变

罗曼式建筑究竟起源于何时？学界的争论从未休止，从6世纪到10世纪几乎每个时段都可作为开端。之所以形成如此大的差异，根源在于罗曼式建筑本身并不是一种固定而明确的风格，它自身的艺术特征变动不居，而且不同时期吸收的元素也极

不相同，更像是各种民族特色的大杂烩。以至于"罗曼式"风格的存在与否都成了很大的疑问。罗曼式建筑自身的这种"流动性"或曰"液态性"使其遭受不少误解，就如同导语中概括的那样，这也是所有过渡阶段艺术风格的共同点。

虽然有着差异极大的种种形态，但罗曼式建筑有着自身内在的固定特质，首要特征在于半圆拱结构的大量使用，与后来的哥特式风格不同，半圆拱的视觉重心在水平方向，往往给人雄浑质朴的印象。另外，罗曼式建筑的墙体厚重而结实，甚至给人笨拙的感觉，而出于墙体坚固性和防御性的考虑，窗户更像是小洞，采光效果较差的同时，巨型墩柱也使人感到压抑。不过好在罗曼式建筑的穹顶往往跨度和曲面都很大，营造出庄严宏阔的视觉效果，让人感到豁然开朗。罗曼式建筑往往重视整体结构而不善精细的雕刻装饰，所以从远处观之，凭借粗略的轮廓就能一眼认出它们。

罗曼式建筑的部分特征继承自罗马建筑，同时融合了基督教文化和蛮族风俗，这正是各地罗曼式建筑差异很大的原因，不仔细看似乎发觉不了罗马风格的遗存。罗马建筑的风格主要就是大穹顶和拱券结构，识别度很高。罗马时代的巴西利卡（Basilica）或译"方形宫"对罗曼式教堂的影响极大，实际上在基督教早期，几乎没有什么建筑能比巴西利卡更适宜改建成教堂。

意大利阿普利亚的圣母升天大教堂的内景，从中能够发现大量运用了交叉圆拱、科林斯柱式等粗壮雄浑的建筑构造，是罗曼式建筑代表作之一。

查理大帝宫廷教堂位于德国亚琛，其八角大穹顶是当年查理大帝皇宫的仅有遗存，保留着拜占庭风格的影响，因而与周边其他部分的风格不太一样。查理大帝宫廷礼拜堂也是亚琛现存最古老的建筑。

巴西利卡（方形宫）是罗马最著名的公共建筑类型，一般用作法庭或市政厅。巴西利卡平面呈长方形，外侧环绕柱廊（Arcade），长方形的长边设主入口，短边则附加耳室（Aisle），顶部由水平极高的圆形大拱券支撑。基督教堂是在此基础上延展两个长边的主入口门厅，使其与正厅长度略等，这样从空中鸟瞰，就非常接近于十字架。

罗曼式建筑的主要案例

早期的罗曼式建筑缺乏特色，所以现在大家开始限定"罗曼式"的适用范围，从严格意义上讲，只有10世纪晚期至12世纪才是罗曼式风格的时代。而10世纪之前的形式被称为"前罗曼式"，主要代表就是德国亚琛的查理大帝宫廷教堂（Charlemagne's Palatine Chapel）。虽然该教堂只是皇宫的一小部分残迹，而且也仅构成现在的亚琛大教堂一小部分，但它却是德国乃至欧洲最具意义的历史古迹。进入亚琛大教堂第一眼就能看到它的八角形穹顶，内部则采用半圆形拱券支撑，十分有限的面积突出了它的高挑。这个教堂的独特之处还在于，它受到了拜占庭风格的影响，而当时的拜占庭仍延续着古罗马建筑风格。

罗曼式建筑不仅广布欧洲大陆，在英国也有罗曼式风格的建筑，达勒姆大教堂即为代表。由于诺曼征服的缘故，罗曼式在英国往往也称为"诺曼式"。达勒姆教堂虽有哥特式细部装饰，但主体建筑结构仍是罗曼式风格，内部联结的巨型拱券层层叠加，支撑起高大的教堂中殿。中殿与后殿、小礼拜堂和耳室之间则由敦实的立柱支撑，这种立柱无论是构造还是装饰都与英格兰的多数教堂不同，它们是分段堆砌而上，内部填充大量碎石料，外部雕刻螺旋花纹装饰。由于坐落山巅，所以刚走出达勒姆火车站的人们就能看到远方巍然屹立的教堂，站在教堂上俯瞰全城，山川形胜尽收眼底。

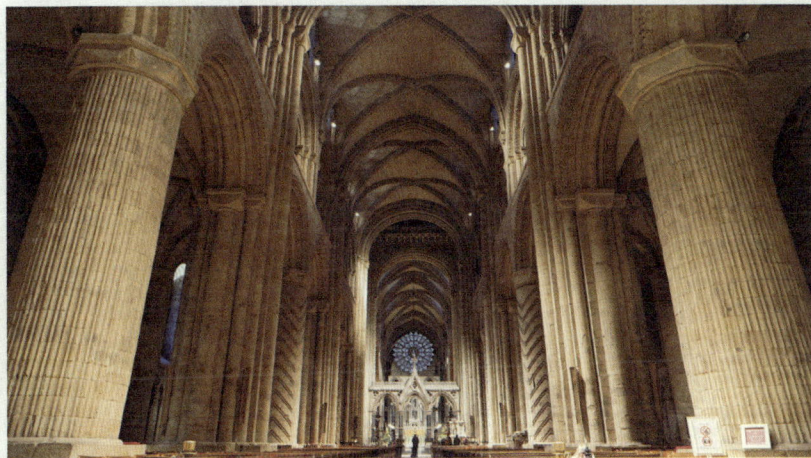

达勒姆大教堂内景。从中殿两侧的柱身花纹可以看到罗曼式风格与哥特式风格相互交融，哥特式建筑在英格兰北方的分布较南部为少，这可能与北方更多地受到诺曼人影响有关。

直上霄汉
哥特式建筑的光辉世纪

> 但凡世上涌现稍微复杂的思想，无一不化作建筑物；人民意念和宗教律法都有其建筑丰碑。但凡人类所思的伟大问题，无一不用石头写了出来。
>
> ——维克多·雨果《巴黎圣母院》

哥特式建筑（Gothic Architecture），以其摄人心魄的壮美和直插霄汉的气象，成为中世纪鼎盛时代的活化石。这是中世纪意义上的巴洛克建筑，就如同巴洛克代表着 17 世纪的浮华，哥特式建筑是中世纪虔诚精神最完美的诠释。难怪 7 个世纪后的雨果会惊呼："这个将要杀死那个，书籍将要扼杀建筑！"

哥特式：北方"蛮族"的骄傲创意

与起源暧昧又形式多样的罗曼式建筑不同，哥特式建筑的专利权自始就归属于 12 世纪的法国人——数世纪前他们还被罗马遗民蔑称为"蛮族"，然而正是这些阿尔卑斯山以北的蛮族，创造出了中世纪特有而且只属于欧洲的建筑风格，从很大意义

哥特式建筑诞生之地——圣德尼教堂。修道院长絮热的创新意识和精巧构思，将一种轻盈华美的风格引入了宗教建筑，该教堂的左侧钟楼在 19 世纪 40 年代倒塌，这种不对称格局一直延续至今。

上来说，哥特式以其在文学、艺术、建筑、雕塑等领域的影响，已经成为中世纪欧洲文明的象征。当 12 世纪中叶哥特式教堂在法兰西岛颤颤巍巍地萌芽之时，许多人都以为它不过是罗曼式的一种新变体而已。仅仅过了一个世纪，哥特式建筑已在全欧洲遍地开花，以至于人们似乎忘记了曾经的罗曼式建筑。

1144 年，位于巴黎近郊的圣德尼教堂（Basilica of Saint Denis）落成，第一座哥特式建筑由此诞生。圣德尼教堂对于法国王室来说，其重要性就如同威斯敏斯特之于英国君主。而在某些方面犹有过之——圣德尼修道院长絮热（Abbot Suger，1098—1151 年）先后辅佐路易六世和路易七世两代君主，成为早期卡佩王朝最重要的政治家。而圣德尼修道院作为皇家修道院，乃是历代法国君主安息之地。如此看来，哥特式建筑诞生于此，似冥冥之中与克洛维以来的神圣王统有某种机缘巧合。

事实证明，絮热不仅是杰出的政治家，他在建筑工程方面也颇具智慧和远见。絮热在规划建筑教堂时，用大小尖肋拱顶（Pointed Arch）内外嵌套，越往里尖券越小，越往外则越大，这组套件的重量分散于下部的四个（或更多）拱底基石，由此就使拱券的高度和跨度都突破了限制，这种限制正是罗曼式建筑的症结，所以罗曼式建筑的视觉重心在水平方向。而哥特式的突破使建筑在垂直方向具有了极大延展性。这种进步不止具有工程技术上的重要

彩绘玻璃为西方建筑装饰品，常见于教堂。其作用原理是，当日光照射玻璃时，可以造成灿烂夺目的效果。图为彩绘玻璃上的天使形象。

性，而且尖肋拱顶更能营造出"往上飞升"的视觉效果，兼具宗教和审美意义。

同心圆：哥特式建筑的扩展与演变

得益于尖肋拱券的采用，教堂的整体建筑架构随之改进。垂直方向上的延展性，使教堂的窗户尺寸也突破了局限，伴随着中殿采光度的提高，大面积的彩绘玻璃窗出现了，这对整个基督教文化而言，不亚于一场革命，装饰艺术和建筑技术的有机交融，使所有教堂的气质发生了翻天覆地的变化。先前罗曼式的厚重质朴甚至呆板，逐渐被哥特式的高大、壮丽和精美所取代。当各国的主教和修道院院长们来参加落成庆典时，他们被眼前的景象震惊了：高耸入云的塔楼是他们未曾想象的高度，内外嵌套的尖拱造型雅致、雕刻精美，中殿与祭坛的阴霾一扫而空，唱诗班的歌声回荡在高大空灵的穹顶，袅袅不绝于耳，阳光透过巨大的彩绘玻璃洒落进来，更令他们眩晕迷失，分不清所处是人间还是天堂。

科隆大教堂是德国境内哥特式建筑的杰出典范，它不仅在建筑高度上超越之前的同类教堂，而且在细部装饰技艺上也达到了一个更高的水平，大教堂如今仍是德国最引人瞩目的历史名胜之一。

米兰大教堂飞扶壁上面的雕刻装饰。与法国、英国和德国的哥特式建筑相比，米兰大教堂更注重建筑立面的装饰效果，从飞扶壁的雕刻细节即可见一斑。

外墙增加支撑结构，从而维持墙体内外平衡。但支撑结构的部件自身也有重量，教堂中殿宽度和高度，决定了它的支撑结构必须架在耳室上方的券梁上，这样就削弱了耳室墙体的承重性。于是，一种伟大的发明——飞扶壁（Flying Buttress）诞生了。飞扶壁外形很像半个尖券，它架设在外墙的柱墩和中殿墙体之间，由于体量很小所以几乎不影响下部建筑的承重性。飞扶壁不仅解决了上述的两难问题，而且它的造型线条非常优美，刚劲与典雅并存，同时又具备装饰性的意义。从巴黎圣母院西立面可以非常直观地看到这种结构的装饰效果，亚眠大教堂也是最早使用飞扶壁的。飞扶壁不仅使教堂的高度一再攀升，也使教堂的立面得以扩大，在正门上方就出现了巨大的玫瑰形花窗玻璃，色彩斑斓，造型精致。

自豪感：哥特式建筑的心理暗示

哥特式建筑诞生于法国，但是它在英国的繁荣

这场视觉盛宴好过一切言语的宣传，此后不到半个世纪，哥特式风格就从巴黎扩展到法兰西岛，从法兰西岛而至全法国，又从法国走向英国、德意志、意大利和西班牙，至13世纪中叶，整个西欧和中欧都成为哥特式建筑的天下。法国的巴黎圣母院、夏特尔大教堂、亚眠主教座堂，英国的坎特伯雷大教堂、约克大教堂、威斯敏斯特教堂，德意志的科隆大教堂和意大利锡耶纳主教座堂等都是哥特式教堂，它们不仅体现了哥特式建筑的辉煌时代，更是成为举世闻名的建筑艺术瑰宝。

伴随着哥特式建筑从法兰西岛由内而外的同心圆式传播，哥特建筑本身的工程技术也在演进。随着教堂高度的纪录被不断刷新，建筑立面自身重量和抗风性都出现了隐患。而且多层拱券的叠加，导致对墙体的张力也增大了。工程师首先想到的是在

坎特伯雷大教堂是英国哥特式建筑的代表，与法国的同类大教堂相比，英国的哥特式教堂更为简约直立，由于安葬着大主教圣托马斯·贝克特，这里成为中世纪英国最重要的朝圣地。

米兰大教堂（Duomo di Milano）不仅是意大利最著名的教堂，同时也居世界五大教堂之列，其宽大的内殿能够同时容纳约 3.5 万人，建筑规模之巨令人震惊。

程度丝毫不亚于其发源地。英国的教堂或修道院与法国不同，它们多数建于城郊或者乡村地区，对不断拉高塔楼倒不是非常在意。英国人向来以"生而自由"为荣，这源于他们古老的盎格鲁－撒克逊传统，而作为日耳曼人的一支同样属于罗马世界嗤之以鼻的"蛮族"。但是罗马人的鄙视倒成了英国人的自豪感，就像《日耳曼尼亚志》所说，日耳曼人质朴、自由、率真，而罗马人则是腐化、堕落和虚伪的代名词，英国人很自豪于这种特色，所以并不十分倾心罗马的艺术风格。当哥特式建筑兴起时，它立即成为英国寄寓族群自豪感的载体。一直到 19 世纪维多利亚时代，英国又开始了"哥特式复兴"，包括温莎在内的许多贵族城堡和教堂，都以哥特式重建或翻新，这在当时正是对 17 世纪以来新古典主义的反潮流。

知识链接：圣彼得大教堂

作为基督教世界最著名的教堂和罗马教廷所在地，圣彼得大教堂（Basilica di San Pietro）的风格尤为引人注目。现存的教堂建于文艺复兴时代，属于典型的古典主义风格。从资料来看，中世纪的圣彼得大教堂就已经是罗曼式风格，虽然设计者米开朗基罗和尤利乌斯二世之间对建筑方案曾有争论，但从未考虑把它建成哥特式风格。

形成鲜明对比的是，哥特式在意大利从来不占主导，这里是罗曼风格一脉相承的天地。哥特建筑只在北部有影响，以米兰大教堂和锡耶纳主教座堂为代表，都在意大利北部，米兰更是伦巴第的核心城市。而且从某种程度而言，米兰大教堂并不能算完全意义上的哥特式建筑，因为它的建筑主体仍然是罗曼式的，只不过在外立面的装饰方面和细部构造的处理上采用了哥特式风格，但是整体轮廓与阿尔卑斯山以北的哥特式教堂反差明显。判定哥特式教堂的一大标准在于，钟楼体积占全部建筑的比重很大，而米兰大教堂的钟楼似乎更像是一种装饰，而不是教堂的必要组成部分。哥特式建筑在意大利的局限，恰可反证它对阿尔卑斯山以北各民族历史与情感的双重意义。

第 252—253 页：兰斯大教堂

兰斯大教堂正式名称是兰斯圣母院（Notre-Dame de Reims），是天主教兰斯大主教区的主教座堂，也是法国历代国王加冕登基的地点，所以兰斯也被称为法国的宗教首都。现存大教堂建于 1211 年，此前的旧教堂曾是传说中克洛维受洗皈依基督教的地方，所以此后历代法国国王都要在兰斯加冕，以突显其神圣王统。

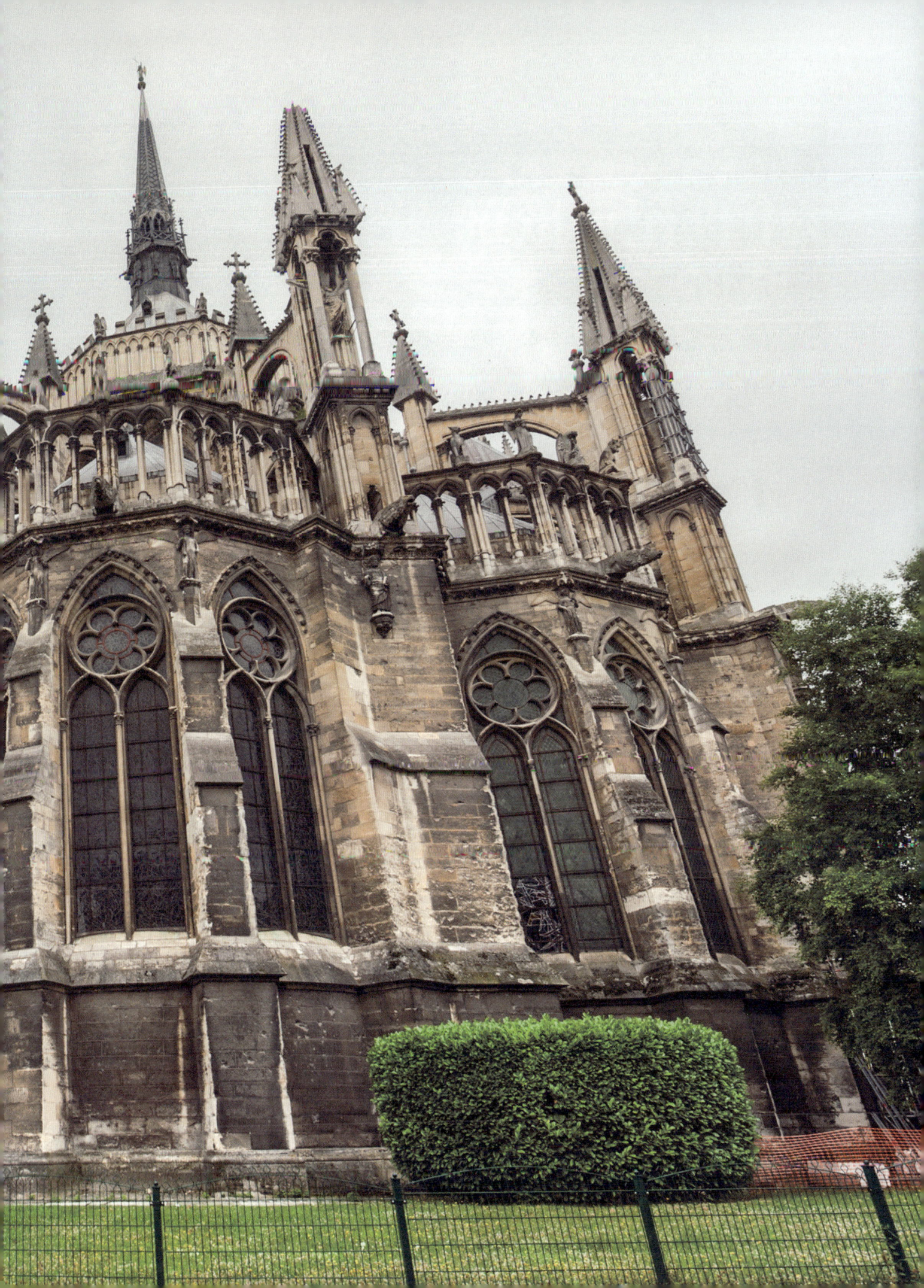

封建堡垒
中世纪西欧的城堡

一部贵族城堡的演变史，就是西欧封建社会的发展史。

欧洲封建社会最典型的画面，除了哥特式教堂之外，一定还要有贵族城堡才算完整。这实际上体现了中世纪欧洲社会的两种权力——世俗贵族和教会，它们都是以加洛林帝国的崩溃为代价的，随之而来的外敌入侵更给了它们发展壮大的机会，城堡自身形态的演变，同样能说明贵族势力的消长。

帝国崩溃，城堡兴起

常识告诉我们，每当外敌入侵之时都是大家同仇敌忾的时候，但9世纪以后的欧洲史却颠覆了我们的常识。当维京人从北方、穆斯林从南方和西方、马扎尔人从东方共同合围欧洲之时，这里的分裂割据反而强化了。原因其实早在查理大帝帝国时期就已显露，为了治理境内各民族，查理大帝以伯

全副武装的维京人航向英格兰，对盎格鲁－撒克逊人发动袭击。

爵或边区伯爵分掌地方军政大权。大致而言，伯爵辖区分布于法兰克人故地或曰帝国核心区域，而边区伯爵集中于新征服的领土，比如东部的萨克森和巴伐利亚。法兰克国家在查理大帝死后四分五裂，这主要是由于后继者的软弱和法兰克人的传统，但是中央权威的削弱终究导致了这些地方长官的分立，因为这个群体无论何时何地，都天然倾向于割据自立。

此时面对外敌，法兰克统治者无法组织有效的抵抗，于是乎干脆彻底下放权力，把抗敌御辱的责任推卸给地方的伯爵们。这等于将大公司拆散，让各个分部自负盈亏，如此一来这些伯爵实际上成了独立的小君主。通过战争，他们不断聚集军队、土地、人民，优胜劣汰，弱肉强食。贵族们最初建立城堡是为防御外敌入侵，但久而久之城堡庇护百姓的功能极大扩展，伯爵们逐渐发展出财政、军事、行政和司法职能，中央的权力荡然无存，城堡才是事实上的宫廷。

世殊时异，城堡转型

最初的城堡和想象中差别极大，甚至连建筑的材料都相当简陋。9—10世纪的防御工事与其说是城堡，不如说是一个颤颤巍巍的木质小塔楼。在战火纷飞的年代不能指望它多少，塔楼内部空间极狭小，无法容纳太多人员。但是大家也只有遇到入侵

温莎城堡位于英国英格兰东南部区域伯克郡温莎－梅登黑德皇家自治市镇温莎，目前是英国王室温莎王朝的家族城堡，也是现今世界上有人居住的城堡中最大的一个。

时才想到挤进城堡，可是这么多的人对于木头做的塔楼来说实在是太多了。而且只要一个火星，就很可能引发大火，处在狭小拥挤的塔楼中瞬间如同置身火海。

用石料建造城堡已经是 11 世纪了，威廉一世征服英国后，以伦敦为中心建了许多城堡，举世闻名的温莎城堡（Windsor Castle）就是其中一员。位于西萨塞克斯郡的阿伦德尔城堡（Arundel Castle），也是建于诺曼征服后不久，它最初只是附近小山丘上的碉堡，因为这里控扼阿仑河（River Arun），是防御欧洲大陆入侵者溯流而上的据点。一直到 13 世纪这个军事碉堡才初具规模，成为高大坚固、体系严密、巍峨厚重的城堡。

但是极为讽刺的是，贵族城堡发生翻天覆地的变化时，贵族自身的社会和政治地位却在下降。自 12 世纪以来，欧洲的君主们逐渐巩固王权，加速了中央集权化趋势，虽然贵族

阿伦德尔城堡位于西萨塞克斯郡，经过 19 世纪的大规模维修扩建，该城堡是现今少数保存完整、同时有人居住的城堡之一，也居英国最著名的十大城堡之列。

们仍然割据一方，似乎天高皇帝远，但是他们作为整体已经开始衰落，无法重现公元 1000 年以前的辉煌。这个时期城堡之所以变得美观，是因为它们的墙壁愈发干净规整，花园愈发茂盛多彩，窗户也是越开越大。问题在于，在这个海内生平无战事的年代，谁还会守着那洞眼般的小窗户过活呢？那洞眼是为了从里向外放箭而不被对方瞄准的，用来做起居室就太寒碜了。所以单单从窗户的尺寸，我们也可以小见大，去探索贵族在政治上日益失势的原因。

城堡当然是越来越壮丽，但它们的主人却越来越衰弱。

圣索菲亚大教堂

拜占庭艺术的缩影

圣索菲亚大教堂改写了建筑的历史。
——马里斯·西蒙斯

圣索菲亚大教堂的确改写了建筑史，而且它自己也被历史改变。非常遗憾的是，今天的我们已经无法得见它原本的模样，当时它还是拜占庭帝国规格最高的大教堂，查士丁尼亲自为它奠基，它曾是基督教世界最大的教堂，它巨大又美妙的穹顶更是举世闻名。不过这一切在1453年戛然而止。

前世：圣索菲亚大教堂的建成

和其他冠以"圣"（Saint 或 St.）的大教堂不同，圣索菲亚大教堂（Hagia Sophia）并不是为了纪念一个叫索菲亚的圣徒。大教堂刚落成的时候，它的正式名字是希腊文"Ἁγία Σοφία"，意思是"神圣智慧"。这智慧并不是别人的，而是指上帝的智慧，"神圣智慧"就是三位一体的第二格即"圣

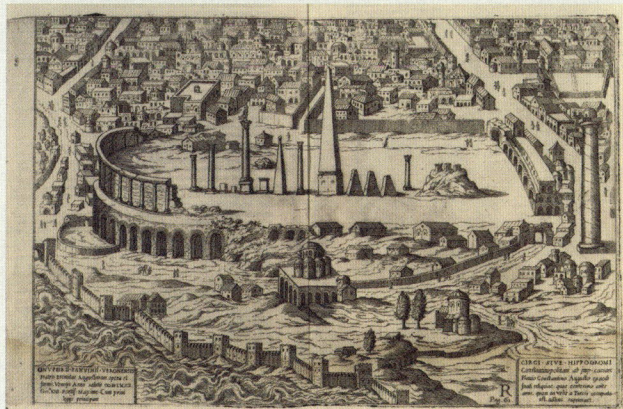

尼卡起义的场景图。当时君士坦丁堡城内有许多对皇帝查士丁尼统治不满的贵族和市民，慑于皇帝的威权他们未能公然对抗，所以从赛马会的争斗入手，从而掀起了全城反抗皇帝的浪潮。借此平定叛乱之机，查士丁尼进一步巩固了自己的权力。

子"（Logos）。"神圣智慧"的原文翻译成拉丁文就是"Sancta Sophia"，许多人误以为这是在讲圣索菲亚，从此这个误会便约定俗成，成为今天华语世界对该教堂的通称，其实应该称它为"圣智慧大教堂"。

圣索菲亚大教堂所在的位置之前曾有过两个巴西利卡（古罗马的一种公共建筑形式即方形宫），但是都在君士坦丁堡的城市暴乱中被毁掉了，"尼卡起义"正是这些暴乱之一。532年，查士丁尼下令重建大教堂，由几何学家米利都的伊西多尔（Isidore of Miletus）和特拉勒斯的安提米乌斯（Anthemius of Tralles）进行设计。皇帝要求各省总督

圣索菲亚大教堂位于今天的伊斯坦布尔。在经历了10多个世纪的风雨之后，这里如今成为汇集东西方宗教文化的博物馆。

　　基督教早期，由于大多数的民众都不识字，于是教士们在墙上发明了描述耶稣基督故事的玻璃马赛克壁画。君士坦丁大帝是使基督教合法化并大力宣扬它的罗马皇帝，君士坦丁堡的教堂都用大量马赛克来装饰美化，使用的色彩愈来愈多，金箔亦被烧制于透明的玻璃之中来使用。

贡献辖区内最上乘的建筑材料，非洲的象牙、东方的宝石和黄金源源不断涌向首都。查士丁尼在建筑方面也和其对待战争一样好大喜功，他征调了上万民工从事建设，此等劳民伤财之举，大概也是普罗柯比在《秘史》中大肆攻讦的原因。仅仅五年后的537年，圣索菲亚大教堂即告竣工，在当时的技术条件下这一工程进度令人吃惊。

　　新建成的圣索菲亚大教堂恢宏壮丽，精美奢华，成为拜占庭帝国的国家教堂，同时也是东正教最高首领、君士坦丁堡大教长的驻锡地。教堂收藏了大量的圣物，高度达15米的巨型圣像令人叹为观止。在建筑学上圣索菲亚大教堂也是成功案例，它巨大而通灵的穹顶虽然曾有过下沉，但是一千多年来经受了多次地震而岿然不动，这的确成为"改变建筑史"的神话。

今生：从清真寺到博物馆

　　1453年，土耳其苏丹穆罕默德二世攻占君士坦丁堡，拜占庭帝国灭亡，圣索菲亚大教堂迎来了一个新的时期。穆斯林统治者原本对它并没有特别的指示，实际是任其年久失修，但是面对这样一座梦幻般的建筑，穆罕默德二世也不可能无动于衷，遂下令将这建筑艺术的瑰宝改造成清真寺。教堂中的圣像、祭坛、法器和其他种种圣物被移除，而最具艺术价值的巨型马赛克镶嵌画则被无情地涂抹掩盖，因为伊斯兰教是不承认偶像崇拜的。

　　不过，穆斯林统治者的宽容开放政策也为圣索菲亚大教堂带来了福音，虽然苏莱曼一世、穆拉德三世和马哈麦德一世曾相继对它进行了改建、修缮和扩展，但是圣索菲亚大教堂的基本布局依然保存下来。一直到1934年，凯末尔领导下的土耳其政府开始了世俗化运动，圣索菲亚清真寺被改造成了博物馆。这对于圣索菲亚大教堂来说无异于一次新生，被石膏遮蔽了近500年的耶稣、圣母、众使徒和天使也得以重见天日，虽然它再也无法回到拜占庭时代的模样，但是被历史改变了的圣索菲亚大教堂，其建筑本身就已经是一部完整的历史，记录了一千多年中这个基督教世界的桥头堡如何傲然挺立东方、创造了伟大辉煌的文明。

崖壁间的佛国
笈多王朝时期石窟艺术

世之奇伟瑰怪非常之观，常在于险远而人之所罕至焉，故非有志者不能至也。

——王安石《游褒禅山记》

"国东境有大山，叠岭连嶂，重峦绝巘，爰有伽蓝，基于幽谷，高堂邃宇，疏崖枕峰，重阁层台，背岩而壑。阿折罗阿罗汉所建。"这是玄奘在《大唐西域记》中的描述，也是阿旃陀石窟最早的记载。在游历那烂陀寺和曲女城的无遮大会之外，玄奘法师也曾到阿旃陀石窟朝圣。

阿旃陀：延绵九个世纪的石窟

如果说阿旃陀石窟（Ajanta Caves）是印度的敦煌，应该不致有太大偏颇。这座从公元前2世纪开始雕琢，一直延绵到650年左右的巨型石窟壁画群，在温迪雅山的临河崖壁间蜿蜒550米，如同人

印度阿旃陀石窟，古印度佛教艺术遗址。位于马哈拉什特拉邦境内，背负温迪雅山，面临戈达瓦里河。始凿于公元前2世纪，一直延续到7世纪中叶。现存30窟（包括一未完成窟）。从东到西长550米，全部开凿在离地面10—30米不等的崖面上。

间佛国飞升于河床之上。玄奘法师到访以后的数世纪，佛教在印度逐渐势衰，而位于山林掩映间的阿旃陀石窟也逐渐荒寂，渐渐不为人所知，它下一次重回公众视野，还要等到19世纪初英国殖民者的到来。

阿旃陀石窟的建造大致分为两个阶段，公元前2世纪至公元初为第一阶段，这个时期印度佛教尚处于小乘佛教阶段，所以这修建于此期的石窟都以本生故事为主，并没有太多佛教造像或者写实主义的绘画，而是以莲花、白象和法轮等具象来表现佛陀；第二阶段的雕琢开始于5世纪初，至650年前后为止，这部分的壁画和雕塑内容更加丰富，不仅有各种佛教故事，而且还涉及许多政治和历史题材的内容，比如波斯、中国等与印度之间的往来，也有对当时社会生活场景的描绘，与内容相适应的是此期的画风写实成分更多，色彩明丽而线条奔放，极富表现力。

就如同敦煌莫高窟那样，壁画艺术构成了阿旃陀石窟的最精华部分，这也被视作印度佛教文化的最高成就。此外，建筑艺术也是阿旃陀石窟的另一大重要价值所在，现存的29个石窟中多数都是用于修行起居的精舍，这种建筑性质的独特之处在于，中间有小型方庭，四周则以雕琢于山体矩形小石窟围绕。这些佛窟都是仿照日常的木构造寺院建成的，木结构建筑的种种造型都在石窟里通过雕刻

阿旃陀石窟内室的精美雕刻经历了多年风霜，至今仍然得到较好的保存，今人从这些精美的石窟雕刻图景中能够感受到古印度佛教文化的昌盛。

而重现，这对雕刻技艺的要求极高。正如印度考古调查协会的报告所说，这些是印度现存的古代艺术尤其是绘画的最佳杰作，也是佛教文化中最重要的组成部分。

埃洛拉：三教共存的和谐之境

埃洛拉石窟（Ellora Caves）是继阿旃陀石窟之后的又一大石窟造像艺术杰作，而且两者相距并不远，埃洛拉石窟位于马哈拉施特拉邦重镇奥兰加巴德西北约25—30公里处，这里是保存最完好的寺庙石雕建筑，而且其规模要远远超过阿旃陀石窟。作为一个庞大严谨的石雕建筑群，埃洛拉石窟由34座石窟组成，其中属于佛教的有12座，印度教有17座，耆那教有5座，大致与当时印度各宗教的发展形态相吻合。

埃洛拉的印度教石窟多数建于6世纪中叶到8世纪末，耆那教石窟约雕琢于9—10世纪期间，佛教石窟要早一些，主要完成于5—7世纪间。与阿旃陀石窟不同的是，埃洛拉石窟主要以雕塑艺术而闻名，各庙宇和僧院不仅规模宏伟，雕刻精美，绘

画艺术也为其锦上添花。由于这里汇聚了印度的三大宗教，所以终年香客不绝、游人如织。埃洛拉石窟是印度石刻艺术的典范，印度传说这里的山体乃是神灵所居，门庭，精舍、院落、禅房一应俱全，从很大程度上来说，整个石窟建筑群就是在玄武岩山体之间创造了一个人间的天堂，各种信仰、各种宗教的人都能在这里找到精神的乐土。

埃洛拉中的雕刻装饰，融合了印度教与佛教的装饰艺术风格。

第260—261页：阿旃陀石窟

阿旃陀石窟位于印度戈达瓦里河岸边的山林茂密处，河床在石窟前方正好形成了马蹄形的地貌，29个石窟也就沿着河床依次排布。佛教的势衰和政治中心的迁移使阿旃陀石窟逐渐被遗忘，一直到19世纪初才被英国人发现。

从唐风到国风
奈良文化与平安文化

卢舍那大佛的最终建成标志着虔诚的圣武天皇衷心夙愿的实现。

高达 15 米的卢舍那大佛（Locanabuddha）金铜像和为之建盖的大殿，对于日本宫廷来说具有政治和宗教上的双重意义，这是天皇中心和国家本位主义的时代，也是佛教文化最为昌盛的时代。进入平安时代以后，更多融合了日本元素的国风文化也逐渐兴盛起来，成为日本文化的集大成者。

奈良文化：盛唐光辉的倒影

几乎从奈良时代伊始，它的盛唐文化底色便

卢舍那大佛建于圣武天皇时期的奈良东大寺，位于其大佛殿内部的卢舍那大佛是现存世界上最大的金铜佛像。

清晰可见。营建于 710 年的新都平城京，不仅是日本第一个固定都城，而且以其对唐长安城的高度模仿而闻名于世。平城京位于奈良盆地东北部，根据考古挖掘的发现，平城京的东西跨度约 4.2 公里，南北跨度约 4.7 公里，占地面积约为唐长安城的 1/4。平面略呈正方形，城中每 4 个町之间有笔直的道路相隔，连贯东西，纵横南北，规制整齐划一，颇似棋盘格局。皇居平城宫位于城中正北方向，与唐长安城太极宫一致。不过在平城宫以南并没有皇城部分，这与当时日本的政治形态密切相关。在城东分布着东大寺、兴福寺、元兴寺等，城西则有西大寺、药师寺和唐招提寺等众多寺庙，城南的东市和西市也是取法长安城，是城中商业经济活动的中心。

奈良的东大寺是世界上现存最大的木造结构建筑，建于 743 年至 760 年间，寺内的大佛殿就是当年圣武天皇为供奉卢舍那佛像而建造的，如今该佛像高度仍达近 16 米，也是世界上最大的金铜佛像。东大寺中另一个胜迹就是正仓院，它位于大佛殿西北方，最初是为了举行佛像奉献大典而建的，为增强仪式感，天皇将许多皇家的神器、法物、珍宝等陈列于此。1200 多年来不断丰富的藏品依旧保存于干燥通风的寺殿之内，已成名副其实的国宝，无天皇特许绝不开放展览。此外，皇陵、唐招提寺、兴福寺、大安寺、春日神社、手向山八幡神宫等都

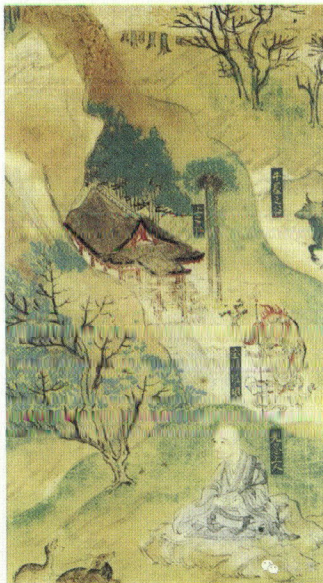

13世纪大和绘的代表作品为神护寺的山水屏风，同京都的教王护国寺的山水屏风一样，其内容也为拜访山中隐士，画中景物体现着浓郁的日本风情。

体现出唐代文化的重大影响。伴随着强势的佛教文化传入，日本原先较为本土而质朴的信仰逐渐边缘化，此后虽与佛教并行，但是相当长的时期内，这都是一种不平等的融合。

国风文化：消化融合的时代

如果说奈良时代还是唐风文化主导、日本大量借鉴学习的时代，那么平安时代就是吸收消化的时代。这个时期日本的宗教文化更趋多元，无论是佛教各宗派还是其他信仰都并行发展。对中国文化采取批判吸收的态度，文化上愈发独立于中国的同时，主体意识更为明显的文化——"国风文化"渐趋成型。

艺术方面的日本主体意识体现在大和绘的出现。大和绘是与当时流行的唐绘相对的，大约产生于10世纪，大和绘的主要特征不仅在于题材内容的本土化，而且在表现技法上也极具民族风格，线条柔和，色彩艳丽。由于大和绘的介质主要是长卷，所以又称为绘卷物，从内容上可区分为宗教题材和文学题材，武家势力兴起后又出现了战争场面为主题的绘卷物。日本书法在这个时期进入奠基阶

段，当时著名的书法家如小野道风、藤原行成、藤原佐理等，都对于本土书法风格的形成影响极大，合称为"三迹"。

平等院中的凤凰堂是平安时代佛教建筑的代表，当时的平等院是藤原道长之子藤原赖通于1052年改建的，凤凰堂属贵族宅邸中的"寝殿造"形制，寝殿造以供奉佛像的正寝为核心，两边各建配屋，用回廊与正寝连接起来，往往临水而建。这种建筑的主体结构来自唐代，但是房屋本身的细部装饰和建筑式样则是"和风"的，这种精巧阴柔有余而雄浑刚劲不足的气质，正是平安时代文化特质的体现。

平等院凤凰堂是日本平安时代建筑的代表，这种建筑融合了中国唐代风格和日本本土的装饰艺术，成为研究中日文化交流的重要载体之一。

平安时代末期的裂变
武家兴起与艺术转型

京都虽然依旧是丰富多彩的宫廷生活的场所，但已不得不同镰仓分享作为艺术和文化中心的荣誉。

　　1185年镰仓幕府的建立终结了平安时代，伴随着统治权的转移，文化和艺术中心也出现了裂变。文化总与权力如影随形，一大批文人学者和艺术家纷纷投身镰仓，从而在京都之外又形成一种新的文化，它将逐渐扩展演变，直至成为中古时代日本的主流。背后的这股推动力量，毫无疑问正是武家势力。

建筑：天竺式与唐式的"和化"

　　一些学者通过对古代日本与中世纪欧洲的比较，认为严格意义上的封建社会只存在于这两个地区，日本和欧洲在许多方面的相似，的确增强了这种说法的合理性。至少从权力分散和教俗政权的角度来看，日本和中世纪欧洲颇为相似。12世纪以

后武家势力登上历史舞台，更使得上述对比引人注目，伴随着实际统治权的嬗变，文化艺术自身也出现许多新的现象，首先在建筑方面体现出来。

　　平安时代标志着日本效法中国精神的衰落，和风艺术在融合新元素的情况下回流。从中国传入的"天竺式"和"唐式"建筑风格，在这一时期逐渐与日本传统的"和样"融合起来。天竺式建筑的特点是雄浑豪放，它对日本的影响最明显的是东大寺正门——南大门，直到今天它依旧保存完好，充分展示着天竺式的魅力。南大门被誉为日本最大的寺门，宽约50米，高度超30米，上悬匾额"大华严寺"。内部的进深和唐代形制相仿，也是两间，虽然沿袭唐制大门外有四尊造像，但是前排分立金刚

　　东大寺又称为大华严寺、金光明四天王护国寺等。东大寺位于平城京（今奈良）东，是南都七大寺之一，距今约有1200余年的历史，1998年作为古奈良历史遗迹的组成部分被列为世界文化遗产。

金阁寺经常出现在动画片《聪明的一休》中，金阁寺的正式名称是鹿苑寺，但是其建筑形制却是标准的"武家造"，是镰仓时代武士文化崛起的标志。

力士，后排左右却是石狮，这是与中国形制的区别。唐式的影响主要体现于建筑布局上，比如禅宗的伽蓝其布局形式相当规整，正门、三门、佛典和法堂居于中轴，左右则分布钟楼、鼓楼、藏经阁和神堂等，虽有部分改动但是大体一致。

镰仓时代兴起了一种极具日本特色的建筑，即武家造，这可以理解为日本的城堡，它采用集中式布局，四周以壕沟或护栏围绕，院内设置岗哨，中央的主体建筑分为四间屋子，以田字形分布。著名的金阁寺（即鹿苑寺）第二层就采用了武家造的建筑形制。这种防御功能明显的建筑式样，印证了日本与欧洲的某些共通之处。

绘画：臻于完美之境的大和绘

从平安时代萌芽以来，经过11世纪的发展，本土风格浓郁的大和绘在镰仓时期达到了更高的境界。大和绘的发达一方面与唐代文化影响消退、本土主体意识的觉醒有关，另一方面则是基于平安后期以来日益奢靡腐化的宫廷生活，大和绘最多的题材之一就是贵族的日常娱乐生活。事实上本土的和风画作原本也很清濯质朴，但是平安后期以来大和绘的色彩却相当艳丽。线条笔法竭力避免凌乱和严肃，而是营造一种华丽的场景感，意在使人身临其境。11世纪初《源氏物语》问世以来，出现了许多与之相关题材的画作，大和绘的代表作品《源氏物语绘卷》就属于此例。

大和绘的另一类题材是自然风光和名胜古迹，作者多通过对客观事物的描绘，来抒发自己内心的感受。这类画作的代表是《信贵山缘起绘卷》，线条流畅活泼、极具动感。在配色方面也较为明丽清新，通过细节笔法勾勒出诙谐生动的自然景观。镰仓时代大和绘的风格主要延续着平安时代，而从室町幕府时期风格开始变化，一直到19世纪这种古老的绘作仍然还流行着。

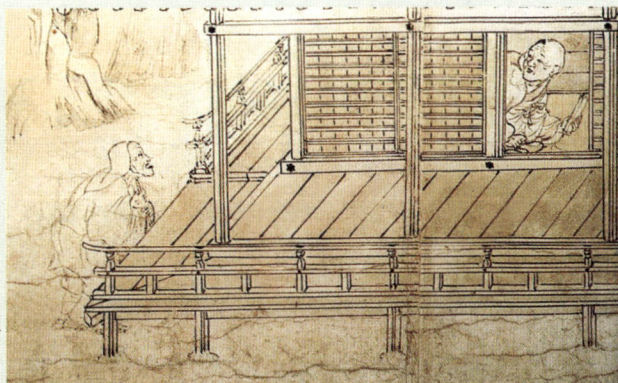

大和绘《信贵山缘起绘卷》，纸本着色，作于平安时代，尺寸为12厘米宽、31.5厘米长，现藏于日本奈良朝户孙子寺。

从拜占庭到莫斯科
俄罗斯的东正教建筑

我们没有王公，我们只有真相，只有圣子，为了圣子我们愿光荣赴死！

——诺夫哥罗德谚语

瓦良格人征服了斯拉夫人，罗斯王公又进攻拜占庭帝国。但是宗教文化却沿着完全相反的方向传播，从拜占庭到斯拉夫人，从君士坦丁堡到莫斯科。然而早期的诺夫哥罗德在俄罗斯东正教史上有着承上启下的地位，那里的圣索菲亚大教堂不仅是当时的宗教中心，更是俄罗斯现存最古老的教堂。

罗斯教堂之母：圣索菲亚大教堂

从教堂的命名就能看出，它与拜占庭东正教会的紧密联系，如果说基辅是罗斯诸国之母，那么诺夫哥罗德在宗教上也有着类似的地位。如今，这座浅蓝色洋葱顶的教堂屹立于一片草地斑驳的原野上，四周有一圈克里姆林围墙环绕。冬日雪后初晴之时，金黄色的中央穹顶在阳光照射下熠熠生辉。古拙、朴素、洗练，大概是旅人看到这座教堂时的第一印象。而正如其外表所显露的，它与后来那些规模宏大、装饰华丽的教堂之所以不同，就在于它是俄罗斯现存最早的建筑。

圣索菲亚大教堂是由诺夫哥罗德的弗拉基米尔（Vladimir of Novgorod，1036—1052 在位）于 1045—1050 年建立的，当时的主教卢卡·什蒂亚塔（Luka Zhidiata）在荣举十字架庆典上为该教堂祝圣。后来它被称作圣索菲亚大教堂，理由就和君士坦丁堡的同名大教堂一样。此后在 12 世纪至 15 世纪期间，这里一直都是诺夫哥罗德共和国的宗教中心，许多重大的政治庆典和宗教仪式都在这里举行。

圣索菲亚大教堂洁白的外墙和浅蓝色的顶部形成了清新对比，除了中央的金色穹顶之外，还有 5 个略小的蓝色穹顶围绕其四周，高度也较矮一些。从平面图来看，

虽然圣索菲亚大教堂在诺夫哥罗德而不是莫斯科，但它却是最早将东正教传播到罗斯人土地的教堂，因此被称为罗斯教堂之母，在很长一段时期内，这里是独立的诺夫哥罗德共和国的宗教政治中心。

一 话 一 说 一 世 一 界 一

这幅圣母与圣子的圣像来自于拜占庭。它于1155年被带到弗拉基米尔，后来，在1395年又流传到了莫斯科，庇佑莫斯科免于蒙古人的入侵。

这座教堂的主体结构是希腊十字形的，不过后续的扩建部分聚集在神坛那侧，使得教堂的长度增加了不少。圣索菲亚大教堂的价值不仅在其自身的建筑艺术，而且也能反映出当时东正教的建筑形制，由于拜占庭的主要教堂尤其是圣索菲亚大教堂被改成了清真寺，使今人无法得见其当年的真容，所以诺夫哥罗德的这座教堂为我们提供了一面极为珍贵的镜子。

克里姆林之心：圣母升天大教堂

每个基督教国家似乎都有一座和王室关系密切的大教堂，历代君主在这里加冕登基——在法国是兰斯大教堂，在英国是威斯敏斯特大教堂，在拜占庭有圣索菲亚大教堂，而在俄罗斯则是圣母升天大教堂。如果说诺夫哥罗德的圣索菲亚教堂代表着古代罗斯的宗教史，那么圣母升天大教堂则是莫斯科公国以及沙皇俄国的宗教之源：不仅历代莫斯科宗主教和俄罗斯大教长安息于此，历代沙皇也在这里加冕，走上权力的宝座。

圣母升天大教堂坐落于莫斯科克里姆林宫内广场的北端，附近还建有十二使徒教堂和大牧首官邸，在这个显得不够开阔的地方还建有伊凡三世纪念塔楼。虽说空间促狭，但是圣母升天大教堂却是当之无愧的国家教堂。它最早的创建者是莫斯科大公伊凡一世，绰号"钱袋"（即伊凡·卡利达），各

啬的他对于建教堂的热情并不高，但是经大主教的多次说服，"钱袋"终究开了口，仅仅一年就竣工了，当时的规模之小可想而知。

到了15世纪晚期伊凡三世的时候，教堂早已破败不堪。作为一个伟大的君主应该有纪念性的建筑，伊凡三世于1474年决定重建教堂，还聘任意大利建筑师主持工程，于是就有了今天我们看到的模样。如今这里成了莫斯科之旅的必去景点，也是东正教徒的圣地之一，教堂墙壁和穹顶上的精美彩绘，都取自圣经故事和东正教传说。从某种程度而言，它在装饰艺术上是缩小版的圣索菲亚大教堂，当然是拜占庭的那个。

位于莫斯科的圣母升天大教堂，这里不仅是莫斯科宗主教和俄罗斯大教长的安息地，也是历代沙皇加冕之所。

日常生活的马赛克

20 世纪以来，准确地说是二战结束后，对于日常生活史的重视形成一股浪潮，进而促成历史学研究的重大转向。传统的政治史、经济史和文化史等，逐渐隐去了日常生活中鲜活的主角——普罗大众，那是一种"自上而下"的看不见人的史学传统。日常生活史则打破了过去对政治、经济和文化的人为划分，以民众为研究对象综合社会生活的各方面，因而又可称为"自下而上"的历史。

平心而论，长期以来对日常生活史的忽略有着种种客观因素，传统社会的著述者都是统治集团或知识精英，他们本就属于社会中极少数群体，因此历史资料集中于帝王将相和政治军事也就不难理解。另一方面舆论媒介和知识传播的局限，又导致普通民众不得不集体失声，即便不考虑统治者封住他们的嘴，老百姓自身也缺少自我表达的载体。

还原日常生活史的另一个困难在于考古实物的匮乏，日常生活的领域本就宽泛而琐碎，因而能集中留存下来、又具历史价值的发现自然很少。姑且不说更为久远的时代，即便中世纪盛期普通民众的社会生活也是难以复原全貌的，除了英国之外，其他欧洲国家在保存社会资料方面都没有特别的意识。所以对于今人而言，日常生活史的研究是无限性的，就像反比例函数那样——种种成果都不断接近真相，却又无法还原真相。

中世纪骑士阶层的生活

堂吉诃德的理想世界

我的丰功伟绩，值得浇铸于青铜器上，铭刻于大理石上，镌于木板上，永世长存。当我的这些事迹在世上流传之时，幸福之年代和幸福之世纪亦即到来。

——塞万提斯《堂吉诃德》

中世纪有关骑士的传奇经久不衰，最早肇始于亚瑟王和圆桌武士的传说，11世纪法国英雄史诗《罗兰之歌》是其巅峰，经历中世纪世殊时异的洗礼，到塞万提斯的《堂吉诃德》成为绝响——骑士作为一种社会存在渐趋消亡，但以其为核心的文化观念却历久绵长。

骑士：封建社会的细胞

从本质上来说，上自国王和皇帝，下至伯爵、子爵等贵族，他们的首要身份都是骑士。当我们在最广义上使用"骑士"这个名词时，的确如此。因

为骑士组成了欧洲的全体军事阶层，按照基督教的学说，他们以武力护卫上帝的尘世之国。然而，在通常情况下"骑士"都是指贵族集团中的最底层，称他们是"草根贵族"则恰如其分。骑士与公爵、伯爵或子爵这些贵族相比，区别不仅在于土地的多少，更在于政治和社会地位之高低。以公爵、伯爵为主的贵族被称为"显贵"（peerage），拥有高贵的世袭头衔，也或多或少与王室沾亲带故，这也是他们总想染指王冠的根源。

与显贵们相比骑士的构成则大不相同，"chivalry"（骑士精神）一词来源于法语的"cheval"（马），对于家底并不丰厚的骑士而言，可以说马匹是他们最值钱的家当了。所以我们看到，堂吉诃德对他那匹老弱不堪的"驽骍难得"（Rocinante）却视若珍宝，显贵下了马依然可以治国，骑士没了马那就什么也不是了。但如果将他们看作是保家卫国的热血男儿，则未免以偏概全。固然他们在战时追随贵族，成为百年战争中的主力，但是更多的时候中世纪武士就是武装暴徒而已。他们骑着战马，以头盔和锁子甲覆盖全身，从自己居高临下的工事里冲下来，打劫途经的商旅或百姓。

骑士的生命力就在于作战，一旦海内升平、国泰民安，骑士们的日子可就不太好过了。一部分骑士收拾行装踏上东征的旅途，另一些则在贵族城堡中乐此不疲地骑马比武。马上比武是中世

诺曼骑士。创作于11世纪的贝耶挂毯中，刻画着威廉征服英国时一个诺曼骑士正在和英王哈罗德激战，由前两个世纪的骑兵队发展而来的兵种在12世纪迎来了全盛时期。

1346 年克雷西战役。英法双方的骑士正在混战的场面。身着红色金狮纹章的是英格兰骑兵，而蓝底金百合花是法国王室的纹章。

纪贵族最重要的社交活动之一，他们提着长枪跃马驰骋，手起枪落之间尽显男子英武之气，以此赢得人群中某位贵妇的芳心，这是骑士小说中雷打不动的桥段。法王亨利二世就死于一次骑马比武的事故。

乡绅：社会转型中的骑士

有关乡绅群体的社会来源，可谓众说纷纭。尤论是否直接从骑士演化而来，至少可以肯定有很多骑士转变为乡绅，他们是骑士阶层中的佼佼者。从社会阶层的总体分布而言，骑士正好介于贵族集团和平民百姓之间，他们虽不如显贵那样权势熏天，割据一方，但是在乡村社会中自有其优势。另外，农村中许多勤劳智慧的人们逐渐成为小地主，他们被骑士的精神价值所感染，通过赠予或者联姻的方式，得以跻身骑士群体，逐渐成为乡村中的精英阶层。

对农村中的人们来说，高高在上的贵族老爷一辈子也见不了几次，至于至高无上的国王陛下，那更是多少代人都不曾见过的。所以对他们而言，贵族阶层首先就是骑士的样子，虽然骑士与平民当然不同，但是纵向的社会流动之门从未关闭，因而在西欧尤其是英国、法国这些农奴制解体较早的国家，乡绅形成了前现代农村社会中最重要的群体。近代欧洲国家的王权，并不是以贵族为基础，恰恰是以城镇市民和乡村中更广泛的乡绅为社会基础才形成的。从这个意义上来说，不仅骑士精神对于欧洲文化观念有形塑的意义，他们的经济活动本身也构成了新社会的元素。

中世纪等级图。一幅 15 世纪的插图，描绘的是中世纪西欧社会的阶层划分，居于最顶端的教士阶层以祈祷上帝为社会服务，中层的武士贵族以刀剑武器保卫社会的安全，下层的第三等级以劳作为社会创造产品。

绿丝绒上的灰宝石
中世纪城堡的结构与功能

到 1300 年时，城堡中已经发展出一种新的、宫廷式的生活模式：人们举止优雅，听着吟游诗人的歌唱。

如果说骑士构成封建社会的细胞，那么城堡就是封建体系的神经元，它不仅统治一方百姓，更是贵族的权力所在，雄踞山间的城堡形象更增添了它的仪式感。

欧洲城堡的基本建筑结构

虽然在欧洲尤其是西欧各国，大大小小的城堡几乎遍布各地，但是最典型意义上的城堡还需进一步的厘清。首先，城堡不同于宫殿，宫殿往往是王室所在，它的居住功能几乎取代了军事功能，所以宫殿是不设防的。当然，像卢浮宫那样以城堡为基础扩建的宫殿则另当别论；其次，城堡也不是简单的军事要塞，军事要塞与宫廷相反，它基本不具备日常居住的功能。有不少城堡都是从军事要塞发展而来，但在功能上有本质区别；第三，城堡和其他的防御工事也不同，类似城墙或者碉堡一类的建筑并不是贵族所有，而是一种常设的军事设施。以此严苛标准来看，欧洲各地的城堡数量立即收缩了不少。

城堡核心部分"motte"是一座小山丘，有天然形成的，也有人工堆积出来的。大致呈圆形，侧面修筑很规整，现在许多城堡的土丘已经完全和草坪融为一体，或者成为花园的一部分，不太引人注目——比如温莎城堡的土丘。在土丘之上建有"keep"，意即内堡或者碉楼，根据城堡形制不同，keep 的名称和功能也不同，但这却是必不可少的

博马里斯城堡复原图。位于英国威尔士安格尔西岛上的博马里斯城堡，始建于 1295 年，它是同心双层帷幕城墙的典范城堡之一。

结构。发生战争的时候碉楼中储存军事物资，包括战马、粮草、作战器械等，而且也是指挥部所在。平时这里则是城堡主人的起居室，由于地势较高所以空气干燥，居住舒适，后来碉楼的体积越来越大，成为城堡的主体。不过在英国等北欧国家，在碉楼中过冬还是比较麻烦的。

在土丘和碉楼之外有一圈外墙围绕，这道城墙主要是保护碉楼和土丘的，所以往往紧贴着土丘走势而建，形状各异。外墙和城堡附属大片庭院，庭院之外的防御体系称幕墙（curtain wall），承担了城堡的主要防御功能，往往建得高大厚重。一来不易被攻城梯够到，二来也要承受投石器的巨大冲击力。幕墙的城门则比墙体本身更为厚重，由一组圆柱体建筑构成，它们之间连接起来只留下很小的缝隙用于射箭，这里也是攻城者火力最集中的部位。在城堡围墙之外有壕沟（moat），必要的话以水灌

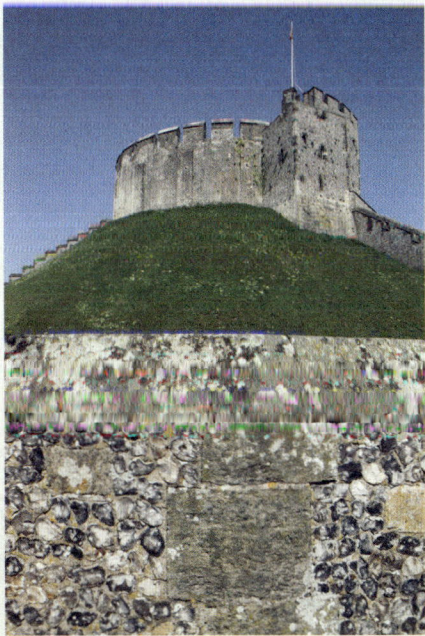

阿伦德尔城堡。位于阿伦德尔城堡中心位置的碉楼，建于人工的小土丘之上，这里在战乱频仍的年代是城堡最坚固的防御构件。

之，立即成为难以逾越的护城河。

典型案例：阿伦德尔城堡

西萨塞克斯郡的阿伦德尔城堡，它是英国最著名的城堡之一，也是最具典型意义的中世纪城堡，至今这里还是诺福克公爵的家族宅邸，现任诺福克公爵爱德华·威廉·菲茨阿伦霍华德，兼纹章院院长，是英国地位最高的显贵，女王位临议会演讲时，引导她进入维多利亚门的就是诺福克公爵。因而阿伦代尔也是名副其实的"活的城堡"。

阿伦德尔城堡的主楼很大，而且由于土丘比较高，城堡自身又地处山腰，所以刚进入阿伦德尔镇就能看见主楼巍峨耸立。护墙从主堡向西北延伸到平地，然后在树林边缘折向东北，之后往南延伸到公爵府邸，府邸是19世纪哥特式建筑复兴期间以幕墙扩建的，三面宅邸呈长方形分布，中央围成庭院，庭院西部再次围以护墙，往北攀升回到主堡。由此形成一个略似蝴蝶的平面图，城堡主楼正好就位于

蝴蝶身体的位置，护墙与幕墙围成的两翼如同翅膀。主楼曾是城堡的核心，但公爵家族已经搬到了南翼幕墙扩建的府邸中，而北翼则主要是树林景观带。

城堡内的庭院。阿伦德尔城堡的附属花园别有洞天，郁金香园在其中构成了一个引人注目的景观，从城堡花园向外眺望，不远处就是阿伦德尔大教堂，是一座典型的19世纪哥特式复兴建筑。

第 274—275 页：博迪亚姆城堡

博迪亚姆城堡又译作波定堡，1385年由爱德华·戴林格瑞奇爵士（Sir Edward Dalyngrigge）修建，当时正处于百年战争期间，因而它的防御型设计尤为明显。博迪亚姆城堡的独特之处在于，环绕其四周的护城河水域面积很大，从空中鸟瞰它更像是小湖中央的岛屿。

受奴役者创自由
庄园日常生活一瞥

一个农夫在耙地，慢条斯理没言语；
老马跌跌绊绊走，半睡半醒好悠闲。
无名地头草堆间，没有火苗直冒烟；
王朝千年匆匆过，此情此境我依然。

——托马斯·哈代

贵族与城堡固然是中世纪美轮美奂的缩影之一，但是他们只占人口极少数一部分。生活于广大乡村的农民，被束缚在对领主的人身依附纽带中，这些大字不识的文盲或者半文盲构成了中世纪人口的绝大多数——约80%—90%。因而，中世纪社会生活图景的画笔，大多是握在农夫们手中的。

庄园的日常生活

首先必须明确，庄园虽是欧洲封建经济的最基本单元，但是它们在类型和形式上却千差万别，从英格兰北方的约克郡到法国东南的罗纳河谷，从德意志东北的波美拉尼亚到西班牙的卡斯蒂利亚高原，庄园的形态简直令人眼花缭乱。不过，在庄园制核心区的法国中北部和英格兰，农民的日常生活还颇具共性。中世纪的经济进步和生活改善在这里尤为明显，也正是从这里农奴制最先解体，一系列机制的演进表明，受奴役者创造自由。

首先，庄园的规模就有相当差别，大庄园往往地跨几个甚至十几个村庄，而规模小的则可能同一村庄内就有好几个庄园。中世纪地界混乱，贵族领地、主教辖区、教区、市镇各有自己的划分标准，各种地界相互交叠：有时一个小庄园却分属几个教区，而一个大庄园居然只有一个教区。诺曼征服后的英国更典型，在那里贵族封地分散于许多不接壤的郡中，所以必须放眼全国。领主对封君摇摆不定的臣属关系，也经常导致庄园的归属朝三暮四，或许昨天还是勃艮第公爵的采邑，今天就转投内维尔伯爵名下。至于边境地带的庄园，其国籍变更也是家常便饭。

庄园经济活动以敞田制组织，这也是中世纪最重要的农业机制。领主将可耕地分为许多相互平行的长条地块，大部分由农民家庭耕种。一个家庭虽有多块耕地，但是彼此分散太远，对于大庄园来说农民要跑遍耕地，那可是个体力活儿。庄

中世纪庄园。位于肯特郡的一座14世纪庄园，庄园外围还建有小壕沟作为防御工事。

庄园平面图。中世纪的庄园是社会最基本的经济政治单元，在很大程度上构成了一个个封闭的小世界，这是欧洲封建社会盛期最主要的社会现象，这幅手绘图简要列举了一座典型的庄园必要的组成部分和功能。

园中央是居住区，领主宅邸地势最佳，四周开阔，视野良好。而农民的村舍则密密麻麻挤成一小片，附近分布着教堂、草场、磨坊、酿酒厂等设施。耕地外围有大面积牧场和林地，早期经济凋敝时还属于公有，随着农业的拓殖，耕地逐渐侵蚀周边的公有地。

田园牧歌的幻象

中世纪的庄园，并非田园牧歌般美好自在，对许多非自由身的农奴来说，即便经济有所改善，生活依旧是艰难的。他们的房屋采光极差，也无通风性可言，牲畜与家人同居一室，空气中弥漫着令现代人作呕的气味。一旦下雨地面即刻泥泞不堪，好在欧洲不存在梅雨季。他们终日劳作却依旧贫困，难得偷懒也只能睡在干草垛上——那还得时刻提防着葬身火海的厄运。农民不仅为自己的土地耕耘不止，农忙时还要去领主的直营地上干活，在货币地租不盛行的年代此乃强制劳役。

领主之间攻伐不断，沿途村庄化为丘墟，而一辈子也不出村的农民，只能忍受老爷们的好勇斗

狠。农民也面临动辄得咎遭受处罚的境地。比如领主的磨坊和酿酒厂，农民是"用也得用，不用也得用"，缴纳的使用费尽入领主腰包；庄园所属的林地，农民是不能随便进去砍柴的，因为那是领主的财产，他们只能干等着捡拾一些掉落地上的树枝；池塘中的鱼和林间的鸟，农民更是碰不得，如果有人捕捉则面临着庄园法庭的制裁，这些附属于土地的动物无一不是领主的财产。

农奴耕作图。中世纪的庄园领主不仅在经济上居于主导地位，而且对庄园内的农奴拥有广泛的司法权，因而封建社会中的大部分政府权力是不存在的，即便有，也被领主们以私权的形式瓜分殆尽。

巫师的末日
中世纪欧洲镇压女巫的现象

她腐蚀圣徒，那危险的面孔使那些就快要成为天使的人功败垂成。

——奥古斯丁

罗马教会的政治和精神权威，在各国可与世俗君主匹敌。随着英国、捷克、西班牙和法国南部所谓"异端"的兴起，教会自感绝对权威受到挑衅，陆续设立宗教裁判所，镇压各地的异端运动。镇压异端包含多个方面，其中很重要就是大规模审判和迫害女巫。

基督教传播与异教巫术

虽然女性在中世纪从未平等以待，但这并不足以解释教会疯狂镇压女巫的原因。还需探寻欧洲各民族早期传说、巫术与基督教传播的关系。罗马崩溃后的一段时期，基督教在蛮族地区传播并不顺

雷神。在北欧神话中，雷神是一个挥舞着铁锤、伴随着打雷，闪电，风暴和橡树等等景象的强人，他保护人类不受威胁。在北欧和英国、德国等国，雷神是神话传说中非常重要的角色设置。

利。一方面西部的凯尔特人、法兰克人和日耳曼人都有部落原始宗教和自然神，另一方面东欧的斯拉夫人、马扎尔人与保加尔人多信奉阿里乌斯派，这与拜占庭的宗教分布有关。

因此，罗马正教逐渐嫁接于各族群原始宗教，许多异教元素混入了基督教。面对传说中的怪兽、精灵和巫师，基督教所宣扬的上帝必须是无所不能的。早期民族史诗中的英雄，则被描写成在上帝的帮助下获得了超凡力量，最终战胜了恶魔。所以，在对原始信仰既加利用又偷梁换柱的过程中，罗马正教逐渐广泛传播，继而成为西欧的主流宗教。

在格里高利七世和英诺森三世统治下，12世纪罗马教会的权威达到顶峰。但此后教会日益腐化，精神权威从顶峰跌落下来。一方面教会内的有识之士呼吁改革，净化教会，坚定信仰；另一方面许多地方的"异端"开始反抗罗马教廷。事实上，中世纪后期的异端之所以产生，既非单一的宗教因素，范围也不限于一国。伴随着各民族国家的萌芽，须打破天主教会的一统格局。对于普罗大众来说，本民族的原始信仰也在这个大背景下部分重现。异端裁判所作为罗马教廷镇压异己势力的工具，在欧洲各地大肆迫害异端，而原来早期文化的遗存——巫师则同样成为打击的对象。

中世纪的人们对女巫施以火刑

1140 年前后，格拉提安编著《教会法规歧异汇编》，其中告诫主教说："所有主教和他们的官员应竭尽全力铲除在他们所辖教区、牧区中由魔鬼而来的各种巫术。如发现任何男女追随此类邪恶……他们背离造物主，成为魔鬼的俘虏，圣教会应清除这种瘟疫。"

残酷迫害的到来

1258 年，异端审判法庭向教皇亚历山大四世请示，是否把镇压巫师作为异端法庭的一项工作。亚历山大四世在批示中说："巫术若不是与明显的异端有关，便由其他法庭审理。"接着又说："'明显的异端'系指向偶像祈祷献祭，与魔鬼相通……"事实上就授权异端法庭镇压巫师，只要法官、神学家和教会法学家能够论证巫术就是异端。此后继任的教皇对此谕令都加以确认。

掀起镇压巫师的狂潮后，女巫成为迫害的首要对象。早期传说中，女巫有着神奇的魔力，她们是蛊惑终生的精灵，是败坏信徒心灵的祸首。所以，倍感压力的教廷对镇压女巫不遗余力。作为教廷的得力助手，阿拉贡王国的异端裁判所审判官尼古拉·艾莫瑞克在 1376 年还写了一本《异端审判法庭指导手册》，阐述了甄别标准和审判程序，迫害行为变得理论化、系统化。他将妇女说成是巫术的首要追随者，她们从本性上就容易接受巫术谬论。至于巫师的魔法，被描绘成能在空中飞行，预知未来，用符咒招来天灾、瘟疫，掀起狂风、巨浪、闪电，还能使男女不育，使孕妇流产，使马狂奔，用闪电杀人，使人情

绪发生变化，使捉拿她们的官兵心中恐惧，能使他们在受刑时不开口，等等。

教会为了混淆视听，煽动民众对女巫的恐惧和憎恶，往往把一些自然灾害指为受了女巫魔法，形成了置女巫于死地的社会环境。大量的所谓"女巫"，更多的是捕风捉影的诬告和陷害，妇女经受不住严刑屈打成招，以致被处火刑或投河溺死。15 世纪对"女巫"审讯判刑的记录急剧增加，以前仅限于法国普罗旺斯、意大利山区和西班牙的大规模灭巫行为，在本世纪蔓延到其他国家。仅 1485 年一年之中，奥地利公爵领内某地区就烧死了 41 名女巫。

宗教裁判所对女巫和其他被指控为异教徒的人，进行严刑拷打。

浪子回头金不换
芬克尔的戈德里克的故事

圣母玛丽，童贞之女；
拿撒勒人，耶稣之母。
敬启尚飨，予我护持；
与你同行，上帝之国。

——戈德里克

虽然芬克尔的戈德里克（St. Godric of Finchale，约 1065—1170 年）今天不太为人所知，但在中世纪他却是成语"浪子回头"的最佳写照。早在他生活的年代，就已有许多人为他立传，虽然从未受罗马教廷正式册封，但他在同时代人眼中即是无冕圣徒，他的传奇人生诠释了时代的精神风貌。

农家出身的圣人

戈德里克在当时之所以家喻户晓，最大的原因

戈德里克。中世纪的插图中就记载着芬克尔的戈德里克的故事，他在欧洲和圣地漂泊多年以后，选定了达勒姆附近的芬克尔作为自己最后的隐修归宿。

是他中年以后的宗教生活。同时代人为他所作的传记有三种流传至今，其中一部出自达勒姆修士雷金纳德（Reginald of Durham）之手，这也成为今天我们了解戈德里克生平的第一手资料。用雷金纳德的话说，戈德里克起于微寒，家乡在英国诺福克郡的沃波尔，他的父母社会地位和财富同样微薄，但是却富于美德和正义。戈德里克 16 岁时就背井离乡，独自外出谋生，以小商贩开始了自己的闯荡。后来他成为一名航海商人，这使他能够去到更远的地方，足迹遍布佛兰德、丹麦、苏格兰，还有广阔的地中海世界。据说 1102 年他曾护送耶路撒冷国王鲍德温前往雅法（Jaffa），这样他也有机会去圣城朝圣，大概就是在此期间他对宗教生活产生了向往。

海上漂泊多年以后，戈德里克回到英国，他在诺森伯里亚沿海的"圣岛"林迪斯法恩（Holy Island of Lindisfarne）遇见了圣库斯伯特（Saint Cuthbert）显灵，当时这位圣徒已在达勒姆大教堂安息数百年。戈德里克冥冥之中感到上帝的召唤，人生由此改变，余生都将在虔敬的宗教生活中度过。戈德里克后来又去了法国南部和罗马朝圣，回到英国他遇见达勒姆主教雷纳夫·弗朗巴尔（Ranulf Flambard），主教许诺在达勒姆附近给他一

芬克尔修道院。位于达勒姆郊区。由芬克尔的戈德里克所创立，后来成为本笃会教团的修道院，达勒姆大教堂的修士们也与此地关系密切。

处隐修之所，这就是威尔河畔的芬克尔。他在这里度过了余生60年，随着德行与人望日隆，许多大人物前来拜访这位圣人，包括坎特伯雷大主教托马斯·贝克特（Thomas Becket）和教皇亚历山大三世（Alexander III）。

洗心革面的商人

虽说如此，戈德里克的生平在历史学家看来，却是那个时代社会经济变迁的缩影。他刚开始闯荡的时候，简直就像个流浪者，待在码头上守着海浪冲来的漂泊物。当时海上遇难的商船很多，所以光靠搜罗这些残留货物也能交上好运。戈德里克用来做生意的第一桶金，大概就是出自这种机缘，前提条件是海上贸易要有一定程度的发达。戈德里克生意的扩展也多亏了欧洲商业的复兴，他才能带着货物四方奔走，互通有无。

小暴发户戈德里克也干着许多其他勾当，在那个不太平的年代，商人常常以武装商队的形式出现，这既是处于安全的考虑，也能有机会打家劫舍，戈德里克也不例外。当时他正年少得志，

纵欲轻狂也干了不少糊涂事，在这方面他早把双亲的美德丢于脑后，这些事情都是他隐修之后自己忏悔的，后来又被传记作者记录下来。所以他从圣地归来，决定洗心革面，潜心修行。他也并非没有彷徨、迷惘过，自从在林迪斯法恩见到圣徒显灵以后，他就开始纠结，在继续世俗生活还是一心侍奉上帝之间做艰难抉择，还曾一度为贵族管理庄园。

但他终究选择以宗教生活了此余生，这种转变不仅在信仰上垂范后人，也体现了当时社会经济的变迁。正如亨利·皮朗所说："戈德里克的故事，当然也是许多别人的故事。在地方性的饥荒不时发生的年代，人们只需在丰收地区廉价购买少量粮食，就可以获致巨大的利润，并以同样的方式利上加利。"

中世纪后期的海船。中世纪晚期，意大利人的单层甲板大帆船开始广泛运用于海上贸易，它们帮助意大利人向北欧、近东和地中海区域扩大了交易网络。

渴望自由
中世纪晚期的城市起义

低地国家是中世纪的"黑乡"，它虽则不是黑得暗无天日，却在小规模上显示了近代大工业的一切特点。
——艾琳·鲍尔

作为学者，艾琳·鲍尔的这段话非常值得玩味，当然说得也很有分寸。总体而言，中世纪晚期城市中的产业，虽然其规模远不能和工业革命后相比，但本质属性上并没有太大区别。这是我们今天事后诸葛亮的看法，而当时生活在城市中的人们并没有这么多理念，他们更青睐于揭竿而起的暴动。

英国农民起义。中世纪晚期是一个社会抗争此起彼伏的时期，无论是农村还是城市社会都掀起了抗税斗争，这是在经济形势恶化之时的反应。图为英国的瓦特·泰勒起义，发生于14世纪晚期理查二世在位时期。

城市反叛的背景

中世纪晚期——具体来说是14、15世纪——是社会转型的关键时期，所有的经济社会变化在黑死病之后愈加明显，原先的社会结构和体制不断崩解，新的世界即在孕育之中。然而，面对经济和社会问题，当时的人们并没有什么经验可资借鉴，更不会像理论家那样分析得头头是道，再拿出个应对方案。以手工业者为主的市民倾向于走上街头表达不满，这种示威游行往往演化为激烈冲突，处理不好则会引起全面动乱甚至战争。因为城市汇集了中世纪几乎所有的社会元素，而在有限的空间里，这些因素之间的张力极强，佛兰德地区就属于这样的案例。

之前曾简要介绍过佛兰德城市的兴起和发展，讨论百年战争的起因时也谈到过佛兰德因素。简而言之，佛兰德经济上依赖于英国，而政治上却是法国的一部分。历来这种一脚踏两船的角色从不会有好结果，当英法两个强权一旦开战，佛兰德社会就不可避免地被撕裂了。早在13世纪末，伯爵居伊·德·当皮埃尔（Guy de Dampierre，1251—1305年在位）执政时，布鲁日就爆发了城市动乱，当时的

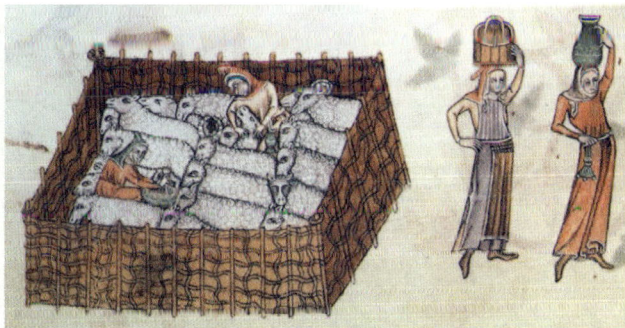

英国中世纪羊圈。养羊业是中世纪英格兰最大的经济部门之一，图为英格兰养羊业的实际日常生活。

手工业者站在伯爵一边，反对商业寡头把持市政权力。作为阿尔卑斯山以北最重要的国际贸易中心，布鲁日商业行会与英国联系密切。伯爵本想与英国联姻来示好于商人，结果引起法王腓力四世的强烈不满，出兵干涉佛兰德内政，从而激起了商业贵族的反叛。

14 世纪的城市反叛

如果说 13 世纪末布鲁日的内乱还只是预演，那么到 14 世纪城市反叛开始进入了高潮，而且一次比一次更激烈。这时城市起义的阵地转移到了根特，根特与布鲁日的不同之处在于，它主要是依靠手工业，准确来说是以毛纺织业为经济支柱，不像布鲁日那样依靠国际贸易。所以根特的商业行会势力要弱很多，相反手工业行会的寡头却成为根特实际上的统治者。1337 年以后，佛兰德伯爵路易一世（Louis I，1322—1346 年在位）放弃了之前的反法政策，百年战争爆发后倒向法国一边。这样就使根特处于和英国对立的局面，为了维护根特城的繁荣不被战争破坏，根特在雅各·范·阿特维尔德（Jacob van Arte-velde，1290—1345 年）领导下宣布中立，并与布鲁日和伊普雷联盟，以此来保护低地国家的城市产业。

由于根特的商人势力较弱，而且与手工业者的联系紧密，所以他们在城市起义中与阿特维尔德结成同盟。佛兰德伯爵仓皇逃往法国，雅各·阿特维尔德成为根特实际上的统治者。1345 年雅各死后，

他的儿子腓力·范·阿特维尔德（Philip van Artevel-de，1340—1382 年）继承了他的权力，此时阿特维尔德家族成了"僭主"，不仅统治根特城，还将起义的浪潮推向其他佛兰德城市。1382 年，继任的佛兰德伯爵路易二世（Louis II，1346—1384 年在位）率领法国军队，在罗斯贝克战役（Battle of Roosebeke）中击败了根特军队，腓力本人也在此役中丧生。此后不仅根特丧失了独立，法国军队的入侵导致佛兰德完全沦为法国的领土，城市起义基本失败了。

罗斯贝克战役。1379 年根特城爆发了反叛，起义的市民不仅宣布废黜佛兰德伯爵的统治，还进攻其他佛兰德城市并煽动法国市民反叛君主。1382 年在罗斯贝克战役中法军击败了根特民兵，其首领腓力·范·阿特维尔德败亡，其尸体被大卸八块以儆效尤。

从羊皮卷到古登堡
中世纪晚期
的知识传播

如果说在其末期之前，中世纪并没有在我们的书写方式中留下什么深刻的烙印，那么它们还是在我们的书写文化中留下了一个重要的基础。

——罗贝尔·福西耶

在古登堡发明印刷术以前，欧洲传统知识的传播模式已经延续了许多个世纪。自从加洛林王朝以后，欧洲人的书写材料就基本没有明显的变化。在那个识字率极低、知识尚属奢侈品的中世纪，书写材料几乎决定了知识传播的效率，以至于羊皮卷本身，就成了中世纪欧洲知识传统的象征。

书籍诞生前的"书籍"

这里的第一个书籍是指现代意义上的图书，第二个加引号的书籍是指形态迥异但本质依旧是书的中世纪图书。我们不能以形态的不同就否定事物的本质，书写材料虽然很微观，但却是一个以小见大的极佳范例。从书写材料本身能够看出经贸往来、物产交换，还包括技术水平的提高，而书写的载体——比如字体、装饰画、颜料、墨水等表象之

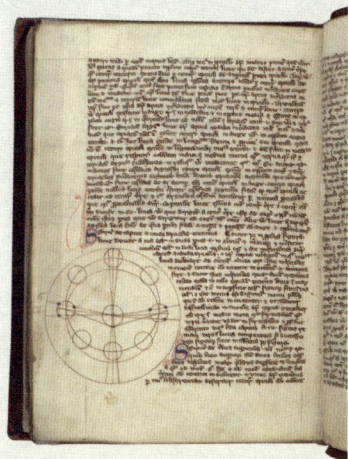

羊皮纸上的墨迹。1300 年左右的一部自然科学、哲学与数学的著作手抄本。

后，都隐藏着一部丰富生动的文化史。

虽然羊皮纸是中世纪欧洲文化的最重要象征，但是羊皮纸的大规模使用历史并不算长，至少从加洛林王朝开始。在中世纪早期应用更广泛的是从古典世界继承而来的纸草书"Papyrus"，这个词就是英语的"Paper"、法语和德语的"Papier"的最早形式，由此可见纸草的使用历史相当之早，它甚至在各民族方言形成之前就很常见。纸草开始被羊皮纸取代是 8 世纪左右的事，这与纸草的产地和伊斯兰教的兴起相关。纸草主要产自于埃及，因此中世纪早期纸草依赖于地中海商路的畅通。7 世纪以后伊斯兰世界兴起，到 8 世纪已经使地中海世界一分为二，商路被阻断导致纸草的来源逐渐枯竭，至 8 世纪中叶纸草已经淡出了书写领域，仅仅作为文献载体而存在。

羊皮纸的使用一方面归因于纸草的匮乏，另一方面得益于其自身的诸多优点。首先羊皮纸的韧性较好，它不仅可以容易地切割，而且折叠起来更方便大量保存。不仅如此，羊皮纸的尺寸，使其能够统一装订成册，中世纪形式的书籍就此诞生了。这种书籍形式与古典世界的卷轴大不相同，而且奠定了后世至今的书籍形态。

知识传播载体的嬗变

羊皮纸虽然经典，但也有自身无法克服的缺

牛皮纸契据。牛皮纸是中世纪大部分时代最主要的书写材料，这是一份1638年左右的契约，在纸张下方悬吊着立约人的火漆封印。

陷。首先羊皮纸的密度和重量较大，以此装订而成的书籍虽然和现代图书比较接近，但是它的尺寸、重量、装帧等都很特别。羊皮纸的厚度是现代纸张无法相比的，所以即便是内容不多的书，

羊皮纸手稿。以今天的眼光来看，中世纪书籍的容量的确不高，但是在当时的技术条件下，书籍装帧的精湛技艺使书成为一种奢侈品，在今天更是成为可遇不可求的文化珍宝。

用羊皮纸装订也会显得很厚。而且，书的封面由织物或者木材制成，双面再以皮革覆盖，这样一来书的厚度又大大增加了。作为中世纪的奢侈品，书的封面往往会镶嵌宝石，四个角还会包裹贵重金属，结果整部书从远处看特别像一个珍宝箱。现在还能看到许多中世纪的书籍在书角处都有空洞，当时用链子把书拴在书架上，以防止抄写手稿的修士顺手牵羊。可想而知这样的书是无法广泛传播的。

古登堡（Johannes Gutenberg，1398—1468年）发明铅活字版机械印刷术，对于欧洲文化的推进作用如何夸张都不为过，他促成了知识传播的革命性变化。虽然中国早在宋代就已发明了活字印刷术，但是欧洲的印刷术并不是从中国继承而来，而是独立研发出的近代印刷术。古登堡最关键的技术突破在于以含锑的铅锡合金制成活字，使其抗压性明显增强，这样就解决了木活字的弊端。而且随着大批量生产，印刷书籍的成本迅速下降，这是知识传播得以突飞猛进的根本原因。

技术改良的预备期

对于生活在 21 世纪的人们而言，中世纪与当下的反差甚至要大于古典世界之于今日，至少现在的许多科学常识在古希腊罗马时代就已形成，但在中世纪却成了闻所未闻的"奇谈怪论"。最典型的例子莫过于"地圆说"，虽然在哥伦布之前就有不少人怀疑过托勒密（Ptolemaeus，约公元 90—168 年）的地圆学说，但是很少有人敢于以身试法，亲自去验证"大地是球形"这一说法。中世纪科学知识的蒙昧状态，也是今天人们误解之为"黑暗时代"的原因。

实际情况也相差不多，中世纪早期的欧洲自身尚且难保，更遑论科学技术的进展？进入 12 世纪后天主教会的地位不断抬升，学术上的经院哲学成为正统，从当时背景来看经院哲学的雄心不可谓小，它要将人类所有主客观知识都纳入同一个体系中，这种魄力至今仍令人肃然起敬。经院哲学雄心的实现与否另当别论，但其最主要的结果却是科学技术的长期停滞。

虽然没有什么值得称道的重大科技革新，中世纪的技术积累仍有其独特价值。在农业部门推广的技术革新，使人口增长和土地开垦的趋势得以稳定，随之而来的是欧洲经济的复苏。商业发展有赖于农业产品的富余，城镇手工业的繁荣则是人口红利的表现，农业经营组织的改善对此也功不可没，从这个意义而言中世纪孕育着近代欧洲的技术和社会进步。

润物细无声
中世纪欧洲的技术进步

> 这类器械喷射出金属球的同时伴随着巨响和烟火，仅仅几年之前还很罕见，如今已经迅速地普及成为常见之物了。
>
> ——彼特拉克

欧洲的中世纪之所以被称为"黑暗时代"，科学技术的落后要负很大责任。与科学文化辉煌灿烂的古典时代相比，中世纪显得黯淡无光；而与文艺复兴后的近代科学革命相较则更是相形见绌。然而，缓慢的进步并不代表没有进步，在看似风平浪静的表面之下，技术改良正在潜移默化影响着日常生活。

农业领域的技术革新

在中世纪，"科学"一词的存在要打上一个问号，漫长的时代里神学囊括了所有主观和客观世界的认识，因而自然界的存在形态也被看作是信仰与精神的产物，是上帝的意志。中世纪人们的精神生活与今天大不相同，虽说不上是完全异质，但至少比今天各民族间的差别要大很多。作为认识自然界的理论基础，"科学"在中世纪失去了存在的意义而沦为神学的附属品，于是所有革新都不再是从理论到实践，相反却是经验至上的实践技术，正是从这个意义而言中世纪是存在着技术进步的。

早期中世纪的农业技术源自罗马帝国晚期，在许多地区甚至出现了退化，在随之而来的蛮族入侵和9、10世纪的动荡时代，农业技术基本停滞了。从11世纪开始，和平的到来使得生活再次平静祥和起来，而中世纪的农业技术革新由此萌动。应该指出，古典时代欧洲的经济中心在地中海盆地即

畜力重犁。中世纪早期的农夫们已经学会驾驭好几头牲畜一起工作，利用兽力来拉动农具以求更省力快速。

铁器工具。盎格鲁－撒克逊的农民也制造了许多种类似这样的铁器工具。

南欧地区，这里的土壤松软、干燥而深度有限，因此罗马时代的刮犁仅仅适应了该地区。越过阿尔卑斯山来到广大的北欧地区时，土质坚硬厚实而且气候湿冷，轻型的犁就不再有用武之地了。从10世纪开始重犁逐渐在西欧推广，这种新型犁的重量使其能够深深切入土壤之中，在尖端还装有结实耐用的金属刀片，此外犁具本身安装有轮子，这样就大大方便了操作。不过犁头深度的增加使农耕愈发依赖于畜力，只有极大的拉力才能带动深切的重犁往前走，因此原先耕牛的扇形排列在北欧就要变成8头牛双轭并行排列，这样才能确保足够的牵引力。

由此带来另一个问题，那就是耕牛拉纤重犁不方便经常掉头，每次犁地最好距离越长越好，犁地到头之后才能回头犁平行的地块，这样就催生出长条形田地，西欧农村的"敞田制"就应运而生。前文曾提到过"敞田制"是中世纪欧洲最基本的农业组织形态，这当然是与重犁

荷兰风车。风车是中世纪人最重要的技术进步之一，这种因地制宜的动力利用方式很好地实现了自然环境和经济发展之间的双赢。

知识链接："三圃制"

中世纪不仅农业技术落后，而且土地自身的肥力也很有限，在缺乏肥料的情况下恢复地力的最好方式就是"休耕"。中世纪早期的休耕地是两圃制，8世纪以后效率更高的"三圃制"逐渐推广，三个地块为一个系统，第一块春种秋收，第二块秋种夏收，第三块则留空，如此循环往复就保证总有三分之二的地块在恢复肥力之中。

的推广密切相关的。中世纪盛期的农业拓殖运动，一方面是重犁推广的结果，另一方面也受惠于"三圃制"的普及，严格来说"三圃制"并非技术革新，而是一种农业组织的改进，但是在极端"靠天收"的中世纪这仍具有相当突出的里程碑意义。

动力和能源的利用

在人类的经济活动中，动力与能源问题在任何

马鞍。罗马军团所使用的马鞍复制品，这是一项伟大的军事技术发明，在中世纪战乱频繁的时代，这种马鞍又经过了多次的改良，催生了军事技术的重大革新。

许多。人们开始从漂洗、切割石料和木料等工作中解放出来，水车基本可以代劳这些事务，而由于水车在纺织业中的应用，城镇也逐渐密布水车，当然前提条件是位于河岸或至少距离不远，可以通过水道相联通。

时代都是至关重要的，早期农业对畜力的使用被看作是人类文明的一大进步，而在中世纪风力和水力的利用也具有划时代的意义。人们利用风力的载体是风车，结构复杂的风车在12世纪的文献中就已出现，当然这取决于两个最主要的因素：首先是西欧大部的海洋性气候使得风力成为一种取之不尽的天然资源，其次则是农作物——主要是各种麦子的加工方式增加了研磨的需求，前者是供应端，后者是需求端，如此才能形成利用风力的社会经济环境。风车不仅应用于研磨各种粮食和经济作物，而且还有效推动了排干湿地的工程，这对于北欧而言尤为重要，事实上位于莱茵河三角洲的低地国家，许多地方在海平面以下，要发展农业就必须抽干湿地，修筑圩田方才可行。

与风车几乎同时推广的还有水车，这同样得益于西欧的地理形势。阿尔卑斯山以北的欧洲大陆河网密布、纵横交错，各大河流域和三角洲地带的水力极为丰富，齿轮的出现使得水车的应用面扩展了

由于垦荒运动使欧洲的森林覆盖率降低，所以木材作为燃料已开始变得稀缺。于是煤炭开始成为木材的替代品，欧洲人很早就开始开采煤矿，当然都是以浅层煤为主，13世纪列日城就有了开采煤矿的记载。

军事技术的重大进展

在中世纪欧洲平淡无奇的技术历史上，军事技术或者说战争技术的发展是少有的异彩纷呈的领域，这还得拜战乱频仍的时代大背景所赐。军事技术进步的特点在于极强的实用性，因为战场上的检验乃是以生命为代价，任何人都无法淡然处之；另一方面则由于政治权力的推动，地缘格局竞争性的加剧促使君主们加强军事技术的革新和应用，这就使军事技术不仅实用性极强，而且时效性也很突出。

中世纪欧洲军队以骑兵为主要特征，最重要的技术革新也集中于骑兵方面。9、10世纪的侵袭使

诺曼人获得了海上霸主的称号，而他们在军事技术上同样颇具天赋。据称，马刺和拱形马鞍都是诺曼人最早用于战争的，拱形马鞍使得骑士在马背上的身姿更为固定，当他们挥舞着腋下的长枪之时无须担心重心前移而发生坠马，事实上冲击骑兵的诞生就得益于拱形马鞍，它可以使骑兵以较高的速度冲杀，形成强劲的动力势能。马刺和拱形马鞍一样出现于11世纪，其主要功能在于骑兵无需马鞭而只要用脚就能控制马匹，解放双手的骑兵可将更多的注意力集中于战斗。13世纪带小齿轮的马刺出现了，现今美国西部片中牛仔们所穿戴的马刺，依然是中世纪的形制。而在后来的演化中，马刺的象征性意义逐渐突出，金马刺往往成为贵族荣誉和身份的象征。

从火器方面而言，加农炮无异于中世纪威力最大的武器，早在1324年围攻梅斯城的时候就已开始运用加农炮。对于冷兵器时代的人们而言，加农炮的巨大威力有如神助，它不仅以其沉重的摧毁性力量轰塌城墙，而且开火时伴随的隆隆巨响和耀眼火花也对人们形成了巨大心理震慑力，所以彼特拉克才会有导语中的那般记载。管风琴炮是14、15世纪使用较多的武器，这是一种在

蒙斯梅格炮。位于苏格兰爱丁堡的蒙斯梅格炮，口径达到510毫米，这是1449年由勃艮第公爵好人腓力下令制造的，他在1454年将其作为礼物赠给时任苏格兰国王詹姆斯二世。

同平台上安装许多小口径炮筒的火器，由于外形很像教堂的管风琴而得名。虽然它能在短时间内连续发射，但是其精确性和装填问题却影响其效能，因为它既无法像单口径火器那样瞄准，而且一次性发射之后还需人力慢慢填装弹药。作为火器发挥威力的必备条件，颗粒状火药的应用也推动了火器的发展。

责任编辑：詹 夺
助理编辑：薛 晨
图文编辑：胡令婕
责任校对：吕 勇
封面设计：林芝玉
版式设计：汪 莹

图书在版编目（CIP）数据

王国时代／张子恺 著． 北京：人民出版社，2020.10
（话说世界／陈晓律，颜玉强主编）
ISBN 978-7-01-021272-2

I. ①王… II. ①张… III. ①世界史－通俗读物 IV. ① K109

中国版本图书馆 CIP 数据核字（2019）第 198763 号

王 国 时 代

WANGGUO SHIDAI

张子恺 著

人民出版社 出版发行
（100706 北京市东城区隆福寺街 99 号）

北京华联印刷有限公司印刷 新华书店经销

2020 年 10 月第 1 版 2020 年 10 月北京第 1 次印刷
开本：889 毫米 × 1194 毫米 1/16 印张：18.5

ISBN 978-7-01-021272-2 定价：90.00 元

邮购地址 100706 北京市东城区隆福寺街 99 号
人民东方图书销售中心 电话（010）65250042 65289539